Parlez globish !

Eyrolles
1 rue Thénard
75240 Paris Cedex 05

ISBN : 2-7081-3109-5

JEAN-PAUL NERRIÈRE

Don't speak English...

Parlez globish !

Quatrième tirage 2004

EYROLLES

À l'éternelle jeune femme du quai Conti,
en implorant sa mansuétude
et en espérant son soutien

Sommaire

Chapitre 1

Où sont exposées les origines du présent ouvrage

Au tournant des années 1990, un poste impliquant de vastes responsabilités internationales m'a conduit à visiter un grand nombre de pays. Mon métier itinérant consistait à y promouvoir des idées, y mettre en place des programmes d'action et y contrôler le fonctionnement des projets dont j'avais eu l'initiative.

Dans ce rôle, je représentais IBM États-Unis, entreprise américaine s'il en est, multinationale émérite dont les dignitaires internationaux à portée globale étaient presque toujours des Américains. On aurait cru, à cette époque protohistorique, que l'on devait vraiment faire confiance en priorité à ses congénères munis du bon passeport et sachant chanter *The Star Spangled Banner.* Les exceptions qui dérogeaient heureusement à cette règle non écrite étaient visibles et recherchées. Tel était mon sort enviable.

Ce n'était certainement pas la fluidité, et encore moins l'élégance de mon anglais qui m'avaient valu cette promotion. Après avoir trop longtemps laissé ce dernier en jachère, faute de besoin immédiat, je l'avais tardivement remis à peu près à niveau au prix d'un effort solitaire méritoire. Le résultat se signalait par un vocabulaire plutôt succinct et que je m'attachais à enrichir un peu tous les jours ; survivante d'une scolarité ancienne, ma grammaire le servait convenablement, surtout par comparaison avec celle de la majorité de mes collègues de travail autochtones ; mon accent ne passait pas inaperçu : au total, je n'avais quand même aucune difficulté dans mes relations de travail avec les Américains qui m'entouraient ou que je dirigeais.

Mes visites nombreuses en Extrême-Orient, en Amérique latine, en Europe et un peu en Afrique me permirent d'observer que les interlocuteurs qui m'accueillaient y parlaient le plus souvent un anglais aussi approximatif que le mien : nous nous rejoignions dans l'imperfection, dans l'exotisme des accents et dans les impudeurs désinhibées de la communication. Pourtant, nous échangions fort efficacement : mes propres fautes avaient comme vertu première de guérir par contagion nombre de timidités occultées dans un exercice d'expression peu fréquent pour ces correspondants étrangers. Finalement, certains avouaient me préférer à tout interlocuteur yankee. Je notais aussi que, pour être compris à chaque coup, il me fallait m'exprimer d'une manière bien différente de celle dont je tirais quelque vanité dans la banlieue de New York.

J'en vins à dresser un faisceau de stratagèmes que je mettais en œuvre avec application d'abord, puis instinctivement, en général avec succès.

Aucun de ces artifices n'appartenait à l'anglais que des maîtres remarquables de science et de pédagogie avaient entrepris de m'enseigner jadis. Il me fallut alors conclure que la langue ainsi parlée et attendue était autre chose que l'anglais. Ma réflexion s'est poursuivie, et vous est livrée dans les pages qui suivent.

Elle découle entièrement de l'expérience. Elle n'est rédigée ni par un professeur, ni par un linguiste. Elle sort du clavier d'un praticien. J'admets que pour bien discuter de l'anglais, il conviendrait d'être anglophone de naissance, ou d'avoir consacré sa vie professionnelle à cette langue. Mais je vais ici parler uniquement d'un outil de communication mondiale, qui ne prétend même pas être une langue, et qui veut très précisément se distinguer de l'anglais. Pour en discourir, me prévaloir de ma carrière et de mon expérience d'internationaliste devrait suffire. D'ailleurs, celui qui prétendrait réserver ce sujet de dissertation aux seuls anglicistes éminents devrait par le même raisonnement interdire aux hommes le métier de gynécologue.

L'approche dont je suis l'avocat doit vous conduire à atteindre un but précis et borné, mais plus qu'utile : communiquer efficacement partout, à New York et à Londres bien sûr, mais aussi à Vladivostok et à Ushuaïa. L'objectif n'est pas ici de briller par la finesse à Piccadilly Circus, mais de traiter des affaires et des idées partout, y compris à Piccadilly Circus si nécessaire.

Vous inscrire dans cette nouvelle démarche — et la soutenir — aura aussi le mérite de vous faire défendre votre langue, le français, en contribuant à asphyxier l'anglais dans son adipeuse, mais appauvrissante, diffusion universelle : il nous suffit de le canaliser et de le circonscrire à la médiocrité intrinsèque de locuteurs de plus en plus nombreux et de plus en plus imparfaits. Il ne s'agit que d'un autre paradoxe qui demande un long développement. Il sera traité en fin de volume.

Chapitre 2

Où l'on découvre quelques anecdotes dans lesquelles une majorité de lecteurs se reconnaîtront sans peine

Lequel d'entre nous, avec son humble pratique de l'anglais, ne s'est jamais désespéré de ne pas comprendre un président des États-Unis — George Bush (aussi bien le père que le fils), Bill Clinton ou Jimmy Carter, chacun avec son accent — quand il prononce le discours sur l'état de l'Union ? Ou tout autre Britannique ou Américain s'adressant à ses concitoyens ou à ses journalistes ?

Et quel Français ne s'est pas un jour émerveillé de comprendre tout ce que Jacques Chirac disait en anglais, avec son accent qui fait le régal des chansonniers ? Son expression est convenable, elle ne manque pas d'attrait. Elle signale directement sa nationalité et est comprise quasiment partout. Que lui demander de mieux ? Nombre de ses prédécesseurs n'atteignaient pas ce niveau, voire ne s'y essayaient aucunement. Lui se laisse volontiers interviewer par Larry King — le journaliste vedette de CNN —, et il répond directement dans son anglais personnalisé (amélioré quand, étudiant stagiaire aux États-Unis, il vendait des sandwiches au poulet). Les Américains comprennent alors ce qu'il exprime, même s'ils ne sont pas tous d'accord avec sa politique extérieure. Mais comment expliquer notre propre facilité à comprendre l'anglais de notre président ?

Et comment se fait-il que nous éprouvions la même aisance à comprendre les autres chefs d'État ou hommes politiques non anglophones de naissance ? Écoutez Ariel Sharon, Tarek Aziz avant son incarcération, ou Silvio Berlusconi : un vrai bonheur ! Je n'en dirais pas autant du *Secretary of State* ni du vice-président américains. Il est vrai qu'à moins de lire la traduction de ce qui suit, ils n'auront aucune explication à ce propos.

★★★

Ma nièce Caroline quitte en 1999 la faculté de Montpellier pour aller poursuivre des études de droit international à l'université catholique du Brabant à Tilburg, aux Pays-Bas. Elle me contacte un jour par l'Internet pour me dire son total désarroi à cause de l'anglais, langue exclusivement utilisée pour l'enseignement. L'un de ses principaux professeurs est un Américain fraîchement sorti de son Wyoming. Il dispense son cours à toute allure, sans pause, avec un accent effroyable, et personne n'y comprend rien. Caroline est désespérée. Je lui suggère ma solution : « Tu vas rencontrer ce professeur en tête-à-tête, et tu vas lui expliquer que sa mission est bien de transmettre un savoir, et non d'exposer un savoir. Il ne devra considérer cette mission comme accomplie que lorsque ses élèves se seront approprié sa science. En aucun cas il ne doit se sentir exonéré de cette tâche pour avoir simplement énoncé son savoir devant eux sans qu'ils le comprennent. Le fait que son salaire lui soit versé n'indique en rien qu'il s'est acquitté de son devoir. » Suivent quelques recommandations techniques que la pratique des milieux internationaux m'avait permis de valider, et que vous verrez dans un chapitre ultérieur.

L'enseignant vacille légèrement ; il croit avoir une syncope : de sa vie, personne ne s'était encore adressé de cette manière à sa présomption bouffie. Mais il entend le message. Il poursuit la conversation avec Caroline et prend conscience que c'est elle qui a raison. Le lendemain, le régime change, et le professeur s'applique dans le bon sens. Il se tourne fréquemment vers Caroline dans l'amphi et lui lance un regard interrogateur qui signifie : « Ça va ? C'est compréhensible ? Le rythme est le bon ? » Dévouée à sa cause et amusée, Caroline lui répond par un geste qui transmet le verdict, ce geste qui servait dans la Rome antique à faire bénéficier de la grâce impériale le gladiateur vaincu. Occasionnellement, cet échange muet et discret conduit le professeur à reprendre sa formulation.

Certes, dans l'heure qui lui est impartie, il aura exprimé moins de choses qu'avec sa précédente méthode, mais ses élèves en auront absorbé beaucoup plus. N'était-ce pas là l'objectif ?

***

Je présidais en France aux fortunes de la filiale locale d'un immense groupe d'informatique sis dans le Massachusetts. La ville de Nice accueillait son congrès européen d'utilisateurs. En tant que dirigeant du cru, et comme hôte donc, il me revenait de prononcer le discours introductif, en anglais évidemment, devant un auditoire de plusieurs centaines de personnes. Je devais ensuite passer la parole au grand chef américain omnipotent, solide Texan dont la bonne santé était assurée par un exercice physique quotidien et semblait engendrer un incoercible besoin de tout faire dans la précipitation.

Conscient de mes insuffisances notoires dans la langue de Mark Twain, et encore plus dans celle d'Oscar Wilde, je m'appliquai à déclamer avec tous les subterfuges et toutes les astuces que je connaissais et pratiquais déjà selon une tactique consommée. Ayant distribué les compliments d'usage, je les complétai par quelques vues personnelles sur l'état de nos affaires en France et dans le monde, sur le rare bonheur de travailler pour une société aussi innovante et avec des clients dont le haut niveau d'exigence — qui était satisfait — garantissait la fidélité, etc. Bref, une allocution à mi-distance de l'originalité et du conformisme attendu. Je présentai alors notre leader suprême et me retirai dans mon fauteuil du premier rang, salué par une confortable salve d'applaudissements, d'une durée supérieure à huit secondes (c'est le chrono auquel il convient de se référer pour savoir comment a été reçue l'homélie).

C'est alors qu'il me fallut entendre de cet homme, pourtant brillant et riche d'idées, un discours soporifique et nébuleux. Ses phrases interminables étaient alourdies de surabondantes subordonnées à la préciosité quintessencielle. Le tout était recouvert d'un accent de Dallas aux intonations clairement rebutantes. Sans doute inquiet d'une somnolence qui menaçait l'auditoire, l'orateur avait parié que moins le discours parcourrait l'horloge, plus il aurait des chances d'être terminé avant que les paupières ne commencent à tomber. Il s'appliquait donc à en dire le plus possible au rythme d'un fusil M16 pris de folie dans sa rafale, visant délibérément la mince période qui devait lui garantir encore l'attention. Je me demande même où il trouvait le temps de respirer, les phrases s'enchaînant sans le moindre semblant d'oxygénation.

La pause café qui suivit me valut de nombreuses rencontres avec des Européens de tout le continent : certains s'efforçaient de croiser mon chemin pour discuter de la teneur de mon discours, commenter, argumenter, parfois critiquer, et le plus souvent complimenter et encourager. Mon grand patron n'était assiégé que de collaborateurs zélés et dont le sens de l'intrigue avait un rapport tangible avec ses futures distributions de stock-options. Parmi mes interlocuteurs, un Suisse de Zurich me donna le fin mot de l'histoire : « Ce que vous avez dit était bien observé, et en plus, vous, on comprend ce que vous racontez. »

Ainsi m'apparut que l'aisance dont profitait notre Texan dans sa langue maternelle n'avait pas été un atout pour lui, mais tout au contraire un handicap, tandis que mon inaptitude congénitale et les efforts mobilisés pour la compenser avaient été retournés en un clair avantage concurrentiel.

***

Marcel Dial était directeur régional d'une autre grande multinationale pour la région Méditerranée à la fin des années 1970. Je l'ai retrouvé non loin de New York quelques semaines après que sa destinée professionnelle l'avait appelé pour une affectation de deux ans dans les services du siège américain. Dans ces sociétés, les séjours de formation et de travail en expatriation américaine sont programmés au terme d'une pieuse et exigeante régularité, qui n'est pas très différente de celle qui enjoint à certains fidèles de se rendre dans la ville capitale de leur Église au moins une fois dans leur existence, s'ils en ont les ressources.

Marcel m'a raconté ses frustrations : c'était pour lui un martyre que de participer à une réunion de travail sur un sujet pour lequel il détenait la compétence et l'expérience autorisant son avis, alors qu'il se trouvait incapable, empêché même, de l'exprimer. Il observait que tout le monde parlait en même temps et vite, et que chacun cherchait à s'imposer et à compenser par le volume sonore et l'interruption discourtoise l'indigence de son savoir. Rien de cela ne pouvait aider Marcel à suivre et encore moins à participer. Lorsqu'il avait enfin médité et peaufiné la phrase riche qu'il allait prononcer, et qu'il s'estimait prêt à prendre la parole pour faire partager sa conviction, le débat s'était enfui ailleurs : encore une fois, le train était parti en le laissant sur le quai. Avec ce continuel métro de retard, il accumulait sur l'estomac les contrariétés et les aigreurs, et finissait par se demander pourquoi on l'avait envoyé à l'état-major, dans la lumineuse proximité des grands sachems qui ne l'entendraient jamais parler. Amertume et abattement alternaient : ils le faisaient décliner vers une morosité chronique dans laquelle il se montrait atrocement critique à l'encontre de ces Américains, qui le côtoyaient sans savoir puiser dans la richesse qu'il voulait leur offrir.

***

Tous les employés des entreprises planétaires auront au moins expérimenté un jour le pire, à savoir la conférence téléphonique internationale, souvent appelée *conf-call*[1]. À l'instant prévu, dans dix-huit bureaux disséminés sur les deux hémisphères, des collaborateurs se réunissent autour d'une table portant un microphone spécial et se

1. Pour « *conference call* ».

trouvent connectés simultanément sur un réseau téléphonique grâce auquel tout le monde peut communiquer avec tout le monde. N'importe qui peut participer au débat, à condition de faire preuve du minimum de discipline, et de n'interrompre personne au cours de son propos. En fait, ce sont toujours les mêmes qui se lancent. D'autres, aussi équipés en savoir et en vécu, n'arrivent guère à prendre la parole dans ces réunions. Les Anglo-Saxons y dominent automatiquement les échanges, accompagnés de quelques sauvages qui, pour avoir vécu un moment dans des pays de langue anglaise, ou pour d'autres raisons, se sentent assez à l'aise pour intervenir. Que de substance perdue dans les timidités et les carences de l'organe de communication ! Ceux qui en savent le plus ne le disent pas, et ceux qui en savent le moins jacassent sans se faire comprendre de tous…

***

J'ai exercé mon industrie au service d'une entreprise qui avait l'habitude d'organiser des réunions de travail, appelées *meetings* dans son jargon particulier. Il s'agissait encore d'une multinationale. Elle ne nuisait à personne, et faisait même du bien dans les pays où elle opérait. Elle figurait pourtant parmi ces sociétés que certains, naguère, qualifiaient de « monopolistiques, apatrides et vénales ». Elle traitait des affaires dans cent vingt-cinq pays par représentation directe. À Paris, son quartier général européen abritait une bonne quarantaine de nationalités différentes. Dans cet environnement cosmopolite se repéraient quelques rares courageux qui tentaient de bredouiller un début de français. Ils formaient une exception zoologique à laquelle les autres, convaincus de la supériorité conférée par leur aisance dans une certaine forme d'anglais perverti, portaient un intérêt distant et amusé.

Ce *meeting* précis regroupait à mes côtés Carlos, originaire de Saragosse, Giancarlo, qui avait été muté depuis Milan quinze jours plus tôt et avait grandi à Bari dans les Pouilles, Jorma, qui arrivait d'Helsinki, Eugenio, de Lisbonne, Satakésan, citoyen de l'empire du Soleil Levant et venu spécialement pour la circonstance, Soledad, adorable Chilienne avec laquelle il convenait de ne pas discuter de politique, Robert le Belge, qui se faisait appeler Bob pour avoir l'air plus Anglo-Saxon, et pour finir Marcel, de Lausanne. Nous attendions posément l'arrivée de Jim en provenance de New York ; il avait fait escale le weekend à Londres et devait y avoir récupéré William, notre correspondant britannique. Un message téléphoné depuis l'aéroport de Heathrow nous avait appris que l'avion allait leur infliger un sérieux retard.

Tout en patientant, cette pittoresque Tour de Babel manifeste la plus grande gaieté, et aussi la plus grande efficacité, ce qui n'est aucunement incompatible. Les trois francophones s'abstiennent d'employer leur langue et, en présence des autres, ne discutent entre eux que dans la fort commune forme d'anglais qu'ils arrivent à dominer bien inégalement. Carlos et Soledad font de même en évitant le castillan. Tout le monde s'amuse fort. L'attente se poursuivant, il est décidé de consacrer le temps à échanger les expériences de chacun sur la mise en place d'un nouveau concept de marketing. Bonne idée qui évitera de galvauder les heures en billevesées.

La galanterie conduit à donner en premier la parole à Soledad : elle nous sert, dans une langue hésitante et mal dégrossie, dominée par un abominable accent, un exposé concret et fructueux de difficultés vécues sur le terrain. Giancarlo nous relate des succès fracassants, obtenus en obviant de bonne heure à une partie des problèmes rencontrés par Soledad. Vient mon tour. Les autres suivent. Les questions s'échangent, tant pour obtenir des éclaircissements et des compléments que pour s'assurer d'une compréhension correcte.

Surviennent William et Jim : « *Hi, guys. Nice to see you. Sorry for being so late.*[1] » Nos amis s'installent. Jim prend la parole pour organiser la réunion, sort de sa sacoche un ordre du jour, appelé ici *agenda*, et commence en exposant son point de vue. Personne ne parle plus. Personne n'ose poser de question, pas même pour une clarification. Personne n'apporte le moindre complément, ou même cette contestation partielle qui, un instant auparavant, rehaussait le débat. William intervient avec finesse, en de rares occasions, sans se formaliser de ce que Jim a décidé que, désormais, il allait se prénommer « Bill ». Au final, nous bénéficions pour partie d'un conciliabule entre nos deux amis anglo-saxons, et pour partie d'un exposé magistral sous forme de monologue dans la langue du Wisconsin.

Jim est pourtant un collègue charmant. Cela dit, quelques erreurs professionnelles dans la conduite des hommes ont par le passé mis en lumière des insuffisances dont nous sommes informés : elles ont sévèrement limité sa progression dans la hiérarchie. Comparé aux autres participants, il est plutôt moins gradé et ses acquis professionnels sont moins manifestes.

Aux États-Unis, sans doute, ses propos ne recueillent pas toujours la concentration dont il aimerait voir salué leur contenu. Certains susurrent perfidement qu'outre-Atlantique, il se résumerait à ce qu'à la Légion étrangère,

1. « Salut tout le monde, content de vous voir, désolé pour le retard. »

et dans un cliché un peu plus musclé, on appellerait un « sous-excrément ». Il en va tout autrement ici. Son aisance en anglais fait qu'il est écouté dans un silence qu'il prend pour approbateur et religieux. Il s'en pourlèche, il déclame, il pérore. La poitrine bombée, il pontifie. Son discours est ponctué de gestes vigoureux tracés dans l'atmosphère d'un impérieux index dressé avec une autorité qui peut aussi simuler la bienveillance envers le peu que nous sommes.

Il cite les noms et les propos des plus hauts galonnés de l'entreprise, rapportant des phrases qui devraient nous éclairer, et qu'il assure avoir recueillies de la « bouche du cheval », comme il dit en empruntant l'argot des *bookmakers* (la plupart des participants se demandent de quel cheval anglophone il peut bien s'agir…). À moins qu'il ne nous serve des ragots de cafétéria, transmis par des bavards oisifs qui n'ont jamais rencontré le président autrement qu'en effigie, à la une de la presse interne. Allez savoir… Le voyageur qui descend de la diligence jouit d'un charisme incomparable auprès des ploucs que nous nous sentons être devenus par le miracle de son apparition.

Si quelqu'un prend la parole avec les tâtonnements habituels, il feint de comprendre instantanément, même s'il n'a rien saisi : il est trop inquiet de vexer l'interlocuteur en lui dévoilant que son propos est incompréhensible pour un Américain. Le résultat est pire, car la victime ainsi traitée en conclut, en écoutant la réaction aberrante de Jim, que son verbe a certes été compris mais n'a même pas rencontré assez de vigilance pour être assimilé. Ou alors Jim interrompt avant la fin de la phrase et repart sur son idée, insensible à l'accablement qui se peint peu à peu sur les visages et commence à dangereusement virer vers l'antipathie larvée.

À la pause café, je me renseigne auprès de mes autres collègues. Globalement, ils ne comprennent rien à ce qui se dit dans la salle maintenant. Tous déplorent le manque d'échange. La plupart auraient des choses à raconter mais ne savent ni quand les proférer, ni comment les exprimer. Pire qu'une chape de plomb, la prostration a recouvert les épaules avec la légèreté d'une pierre tombale. La rancœur couve secrètement. En petits groupes fragmentés, la conversation reprend entre les sous-développés de la langue, qui parvenaient pourtant si facilement à communiquer entre eux dans leurs difformités linguistiques respectives.

D'où vient que cette réunion, si productive, si détendue et si chaleureuse avant l'arrivée des deux anglophones natifs, soit devenue un soliloque ou au mieux un brillant colloque intime entre deux initiés, en présence de tous les autres qui restent pétrifiés et cois ? Pourquoi la Chilienne, le Japonais, le Belge, le Suisse, l'Italien, le Portugais et le Français, tous professionnels réputés dans le sujet qui les réunit, adoptent-ils cette attitude servile et subalterne ? Qu'est-ce qui peut bien soudainement mériter leur humble déférence ? Pourquoi diantre chacun d'entre eux se comporte-t-il maintenant comme un lapin hypnotisé par le boa constrictor auquel il réalise qu'il va devoir servir de plat du jour dans la minute qui va suivre ? D'où vient que le contenu du *meeting* soit si radicalement amputé alors que chacun débordait d'expériences à partager ?

Bon sang ! Mais c'est bien sûr : de ce que Jim et William parlent une langue, leur langue, l'anglais, et que les autres communiquent entre eux dans un autre dialecte qu'il me reste à décrire et à définir, et sur lequel les deux anglophones natifs ne peuvent s'aligner.

Qui n'a pas laissé divaguer un jour un anglophone natif sans comprendre son propos et sans oser le lui faire répéter ?

Quel Nantais ou quel Marseillais n'a pas remarqué qu'il est moins facile d'échanger avec un Écossais qu'avec un Portugais, dans une langue que les uns et les autres appellent encore l'anglais ?

Qui n'a pas observé que les Japonais préfèrent communiquer avec nous, en pseudo-anglais, et que la peur de perdre la face en congèle la plupart devant des Américains ?

Qui a tort ? Celui qui ne comprend pas l'anglophone natif, ou celui qui n'arrive pas à se faire comprendre du Vietnamien égaré ? L'anglophone natif, ou l'indigène du village global qui descend du paysan du Danube et fait de son mieux dans ses balbutiements ?

Chapitre 3

Où l'on discute de l'utilité et du besoin d'un outil permettant de communiquer mondialement

Chacun de nous le sait, et le livre de la Genèse le relate très bien en son Chapitre 11, les hommes, initialement, parlaient tous la même langue. Pour les punir de leur présomption immobilière, l'Éternel dit : « Allons ! descendons et confondons leur langage, afin qu'ils n'entendent plus la langue les uns des autres. » Comme dans tout ce qu'il entreprenait, le Tout-Puissant manifesta une redoutable efficacité. Et il les dispersa loin de Babel, sur la face de toute la terre.

De cette très fâcheuse histoire provient l'essentiel de nos maux.

Le besoin suscitant par son urgence des solutions, les tentatives pour remédier à cet état de choses n'ont pas manqué depuis, servies par des approches parfois viscérales, parfois réfléchies et organisées.

Les nations conquérantes semblent imposer sans peine leur langue d'origine aux peuples alliés ou soumis. C'est ce qu'entreprit Athènes dès qu'elle eut jeté les bases d'une alliance navale au Ve siècle avant Jésus-Christ. Son dialecte, l'attique, domina l'administration de la ligue et fut disséminé par ses militaires et ses marchands à travers la mer Égée, au point qu'il en devint la *lingua franca*. La brièveté de la suprématie politique d'Athènes ne détruisit pas le rayonnement d'une langue qui devait compter Sophocle, Aristophane et Thucydide comme génies et ambassadeurs.

Cette antériorité et la gloire de ses auteurs valut à ce parler d'être retenu par la cour des rois de Macédoine. Alexandre le Grand (356-323 avant J.-C.) l'imposa comme langue officielle de son empire, et l'exporta jusqu'en Inde avec ses troupes et sa civilisation. Ce phénomène couvrait aussi le reste de la Grèce, dont les villes avaient chacune leur patois : jusqu'à cette soumission, elles n'étaient jamais parvenues à se doter d'un organe de communication unifié et documenté.

Sous l'influence des pratiques linguistiques locales, et d'un appétit simplificateur au sein d'une population peu cultivée dans son ensemble, le grec ainsi parlé s'était considérablement altéré pour devenir ce que nous connaissons sous le nom de *koinè*, littéralement la « langue commune ». Il suffit à un praticien de la littérature classique de se plonger dans les textes en *koinè* pour réaliser l'écart entre leur langue — saupoudrée d'innombrables impropriétés et approximations ou réductions — et la pureté des textes d'auteurs approchés lors d'études appelées naguère les « humanités ».

En effet, en parcourant plusieurs dizaines de siècles, sans aucun de nos actuels moyens de communication, tant physiques que virtuels, le grec avait acquis des mots, en avait laissé dépérir d'autres. Il avait permis l'affadissement de nombreux vocables. Ainsi, il s'était mis à substituer des verbes composés pratiques à des conjugaisons anciennes plus délicates à manier. Puis il avait un peu oublié la rigueur originale des différents temps du verbe, et perdu sournoisement la distinction entre des mots voisins mais non synonymes à l'origine (tels *καλός* et *αγαθός*, au départ « beau » et « bon », déviation bénigne et fréquente dans d'autres langues vivantes).

Gardons-nous donc de croire que l'élégance et l'exquise précision des grands écrivains antiques se retrouvent dans ce sabir du pourtour méditerranéen. Nous en avons un témoignage précis dans les deux textes les plus lus de tous les temps : l'Ancien et le Nouveau Testament de la foi chrétienne.

Le premier de ces ouvrages est connu sous le nom de *LXX* (pour « soixante-dix » en numérotation latine) ou plus usuellement de « Bible des Septantes ». Il fut longtemps le seul Pentateuque d'une chrétienté où presque personne ne lisait l'hébreu, et aussi le livre de la loi de Moïse pour l'importante communauté juive hellénisante que nous connaissons encore sous le nom de *diaspora* : elle n'aurait guère pu lire la Torah dans le texte d'origine. Ce document est supposé avoir eu pour auteurs soixante-dix lettrés et docteurs de la loi[1], opérant simultanément à Alexandrie, suite à la requête du souverain égyptien Ptolémée II Philadelphe, peut-être aux alentours de 260 avant Jésus-Christ.

Le second livre est attribué à des disciples ou apôtres que le Christ n'avait pas recrutés parmi les gens riches ou cultivés, tout au contraire : il a pris la peine de nous faire comprendre pourquoi. Leur langue fourmille d'inexactitudes : elles permettent de dater les sources — comme dans toute langue vivante — et d'en repérer les rédacteurs, chacun ayant tendance à reproduire ses fautes et ses tournures complaisantes dans des écrits différents. Comme le remarque l'écrivain américain W.E. Vine, cette

1. Selon une correspondance présumée contemporaine de l'époque, ils auraient en réalité été soixante-douze (on compterait six auteurs dans chacune des douze tribus d'Israël).

langue « doit être distinguée de celle des auteurs aspirant à la gloire littéraire… L'Esprit Saint s'exprimait absolument dans la langue du peuple[1] ».

Ce grec de la rue et du port, si négligé, est pourtant celui qui a le plus imbibé notre civilisation occidentale, bien davantage encore que l'anglais à ce jour ; ce fut aussi la langue de Byzance et celle qui est devenue le grec actuel, toujours vivant, toujours évoluant, héritier de trois millénaires de transformations quotidiennes.

Par un mystère qu'expliqueraient mieux l'historien et le linguiste, c'est ce grec qui se maintint comme le véhicule parlé et écrit de préférence dans la Rome républicaine, puis dans la Rome impériale. Pourtant il arrivait d'un pays colonisé. Sans doute sont-ce l'étendue de sa diffusion préalable et la densité des Hellènes franchissant l'Adriatique pour rallier la péninsule italienne, qui ont fini par introduire puis entretenir à Rome une langue aux accents de provenance étrangère. L'émigration à travers cette mer n'aura pas attendu le XXe siècle et les privations albanaises. Et peut-être est-ce l'habileté maritime des Grecs qui leur a conféré une présence prédominante sur les flots, donc sur les rivages, puis dans le commerce, au point d'y répandre leur langue.

Avec une ambition normale pour un conquérant, Rome entreprit pourtant d'exporter le latin (le dialecte initial de la région du Latium) comme langue officielle et administrative à travers l'étendue de ses conquêtes. Mais la grande puissance de l'Antiquité échoua à en faire le parler de tout un chacun dans sa trop colossale géographie. Il n'en reste pas moins le rôle public à défaut de la prépondérance populaire, une féconde littérature

1. Aujourd'hui, nous devrions nous attendre à Le voir accepter un peu de verlan et d'argot sous la plume des auteurs sacrés… Seigneur, pardonnez ce blasphème !

dans une version honorablement normalisée, et un impact déterminant sur la langue française, que nous affectionnons.

C'est la langue que choisit l'Église catholique romaine pendant que les frères schismatiques d'Orient se contentaient de leur grec bien pratique, bien répandu, et qui permettait de lire les textes sacrés sans l'intervention des traducteurs et des prélats. Avant le concile Vatican II, le latin était le symbole de l'unité de l'Église : les maîtres de mon enfance le pratiquaient bien au-delà des formules sacramentelles et de l'office divin ; tous les fidèles connaissaient des récitations pas toujours comprises, mais dont l'identité soulignait leur appartenance à une foi identique : *Introibo ad altare Dei — Ad Deum qui laetificat juventutem meam…*

Comme beaucoup dans le monde écolier, les prêtres d'alors avaient appris le latin au cours de leurs études secondaires. Ils l'avaient par la suite perfectionné au séminaire. Ils étaient à leur aise dans l'emploi du latin. Ils l'avaient enseigné pendant des siècles, et la tradition n'était pas encore abandonnée lorsque, élève banal, j'apprenais sous leur férule « *rosa*, la rose », et « *puer, abige muscas* ».

Faute de mieux, au siècle avant-dernier, lors des escales de son navire de guerre dans des mouillages secondaires de l'Amérique latine, mon trisaïeul officier pouvait encore communiquer en cette langue au moins avec ses homologues brésiliens, argentins ou chiliens, et certainement avec les religieux bombardés interprètes qu'il y rencontrait. Le latin fut pendant longtemps l'armature de la communication dans le monde connu. Il est permis de s'interroger sur les prononciations que chaque nation avait infligées à cette langue morte dont aucun locuteur ne pouvait fixer la norme parlée. Quelques gribouillis sur un morceau de papier devaient aider à lever ambiguïtés et incompréhensions résultant du passage de l'écrit à l'oral. Enfin, il semble que tout cela ait fonctionné pendant des siècles.

Les milieux internationaux où l'urgence dicte la promptitude vont toujours vite à répandre le jargon qui assure la transmission directe, exacte, rapide et claire des ordres et instructions. Ainsi, la marine des galères, éteinte au milieu du XVIIIe siècle, parlait une langue technique étonnamment unifiée entre les forces de Venise, de France, d'Espagne, de Gênes et de l'Ordre de Saint-Jean, que nous appelons aujourd'hui l'Ordre de Malte. Pourtant, à bord de ces navires, quand ils employaient un parler courant, non technique, les marins s'exprimaient respectivement en vénitien (encore bien différent à notre époque de l'italien), en provençal, en catalan, en génois — qui aurait donné naissance au corse actuel —, et dans les différentes langues des provinces où étaient répartis les chevaliers de la Valette qui armaient les « galères de la religion ». Or ils se comprenaient tous dans leurs énoncés, et leurs chiourmes également, dès qu'il s'agissait de faire avancer et combattre le navire. Les mots techniques étaient les mêmes à bord de toutes leurs unités.

Moins connu encore était le langage du sifflet. À l'époque des navires en bois et à voile, les maîtres de manœuvre, appelés « boscos » en français (terme transposé directement de *boatswain*, que l'anglais abrège en *bosun*), donnaient leurs ordres à l'aide d'un sifflet suffisamment strident pour couvrir les bruits de l'ouragan ; ils atteignaient ainsi sans risque de confusion les matelots gabiers opérant dans la haute mâture. Ces élégants instruments, parfois en argent massif, sont encore des articles prisés chez les antiquaires spécialisés. Ils produisent deux sons séparés d'une octave, et une foule de techniques supplémentaires — pour un son bref, piqué, long, roulé, vibré, etc. — permettent de pimenter une petite composition. L'objet n'est plus utilisé que pour signaler l'arrivée ou le départ d'un officier à bord des navires de guerre : trois mélodies plus ou moins longues signalent trois niveaux de grades méritant de plus ou moins grands honneurs. Jadis, des centaines d'ordres bien différenciés se transmettaient ainsi. On trouve peu de documents sur ce sujet rare[1], mais leur étude révèle que le langage du sifflet était largement unifié, et que les marins anglais ou français comprenaient à peu près identiquement la partition signifiant « carguez le cacatois de misaine » (alors que le mot « misaine » désigne chez nous le mât avant d'un navire qui en comporte trois, et que, chez eux, le mot *mizzen* indique le mât arrière, que nous appelons « artimon »). Le besoin avait donc créé un moyen de communication qui dépassait les frontières linguistiques.

Sur une mer par définition ouverte à toutes les nations, la communication internationale, entre gens qui naviguent, a conduit à d'autres efforts d'unification du langage. Le code des signaux en est la dernière manifestation, réussie et admise de tous. Quarante pavillons, correspondant principalement à des lettres et des chiffres, permettent d'émettre des milliers de messages différents en les combinant au maximum par quatre simultanément. L'explication s'en trouve dans un ouvrage disponible à cet effet dans toutes les langues. Ainsi, « MMR » veut dire « Le malade a un chancre induré unique sur l'appareil génito-urinaire », et « SBFE » signifie « Je fais route à toute vitesse vers le lieu de l'accident et espère y arriver à l'heure indiquée », ou encore « NE3 » pour « Continuez votre route avec beaucoup de

1. On pourra notamment consulter l'ouvrage du capitaine de vaisseau Thomas LETOURNEUR, *Dictionnaire des commandements faits avec le sifflet à bord des bâtiments de guerre*, 1824.

précautions, il y a un barrage en travers ». « NC » est connu de tous les marins du monde pour transmettre le message « Je suis en détresse et j'ai besoin immédiatement d'assistance ». Ces deux pavillons (N et C) sont obligatoires à bord de tout navire, même petit, dès qu'il est susceptible de s'aventurer à plus de 3 700 mètres d'un abri. Partout sur les flots, on les désigne couramment par les termes *November-Charlie*.

À d'autres moments de l'histoire, l'italien avait eu son heure de gloire comme langue de l'élégance. Porté par les conquêtes territoriales d'après 1492, et par le partage pontifical du monde à Tordesillas entre Portugais et Espagnols, la diffusion du castillan était inéluctable. À l'époque, l'anglais était encore un dialecte mal ficelé, entretenu dans une île lointaine et inculte dont l'isolement ne serait rompu qu'en 1909, avec Louis Blériot et son aéroplane. Il en allait ainsi depuis ces périodes de l'histoire où les ancêtres des *lords* victoriens parcouraient les forêts vêtus de peaux de bêtes et chaussés de sabots, tandis que ceux du Premier ministre victorien Disraeli, autre honorable gentleman, étaient prêtres dans le temple de Salomon ; c'est du moins ce dont Disraeli se targuait devant les pairs du royaume, avec une superbe peu propice à sa popularité. L'anglais a bien pris sa revanche depuis...

La langue qui eut ensuite le privilège de dominer le monde fut la nôtre, le français. Académicien engagé, Marc Fumaroli nous raconte avec talent notre place pendant le siècle des Lumières, terme qu'il assigne à la période qui s'étend de 1715 (mort du Roi-Soleil) à 1814 (au moment où l'Empereur réclamait qu'on lui apportât ses aigles à Fontainebleau, à la veille de sa brève villégiature à Portoferraio sur l'île d'Elbe). Dans son remarquable ouvrage *Quand l'Europe parlait français*[1], il nous détaille cette suprématie persistante. Comme le monde se réduisait alors à l'Europe, ou à ce qu'elle avait créé et dominé depuis son exploration de la Terre, le français était réputé le moyen de communication admis de tous : nous nous portons mal depuis que nous l'imaginons descendu de son auguste socle, et notre légendaire ego a bien de la peine à s'en remettre.

La redistribution historique des cartes après la bataille qui rendit célèbre la morne plaine de Waterloo, et l'inquiétante vague d'anglophilie des années 1820-1830, nous valurent des propositions intelligentes de linguistes, de savants ou de chercheurs qui pensaient pouvoir rationaliser le labyrinthe des parlers. Après tout, le génie français avait remis de l'ordre dans les poids et mesures encombrés de livres, d'arpents, d'onces, de verges, de lieues et de brasses. N'avait-il pas inventé puis répandu un système métrique dans lequel tout le monde, sauf les Grands-Bretons et leurs fils du nouveau monde, trouvait un modèle de logique et de sens pratique ? Ne pouvait-on en faire de même parmi les héritiers de Babel ? Qui allait nous empêcher d'extraire d'un néant fangeux une langue cartésienne, sans exceptions stupides ni verbes irréguliers rebutants, complétée d'une prononciation abordable et prédictible dès la lecture ? Les expériences ne manquèrent pas.

C'est ainsi qu'un Français nommé Jean-François Sudre proposa en 1858 une méthode connue sous l'appellation « Sol-Ré-Sol »[2] : le soutien de Napoléon III et de Victor Hugo (qui pour une fois tombaient d'accord) n'arriva pas à la tirer de l'obscurité.

1. Le livre de poche, 2003.
2. Données tirées du *Quid* 2004.

Le Kosmos, de l'Allemand Eugen Lauda, créé en 1844, avait connu le même sort sans lendemain.

Un peu moins oublié, le Volapük cher au général de Gaulle, proposé par l'Allemand Johann Martin Schleyer en 1879, parvint à regrouper rapidement 500 000 pratiquants.

Parmi ces initiatives, la plus célèbre fut celle que lança Louis-Lazare Zamenhof en 1887, et qui fut baptisée Esperanto, avec un remarquable instinct de *marketing* (pardon, je devrais dire de « mercatique »). Il est loin d'être enterré, tant son architecture maniable est attrayante pour une intelligence curieuse : enfin une langue logique, commode et riche, dont l'apprentissage requiert de cinq à vingt fois moins d'efforts que toute autre étude analogue[1]. Trente trois mille volumes sont présumés enrichir sa bibliothèque. Les locuteurs sont innombrables, mais pas assez nombreux encore pour en faire le mécanisme de communication rêvé par son fondateur pour couvrir les sept mers, les cinq continents et les quatre parties du monde. Une Union française pour l'Esperanto est installée à Paris au 4 bis rue de la Cerisaie, dans le quatrième arrondissement (01 42 78 68 86) ; on peut aussi consulter son site Internet, www.esperanto-france.org.

D'autres tentatives structurées suivirent, dont le peu de résultats connus ne justifie qu'une courte mention dans ces lignes : Mundo Lingue (1888), Universala (1893), Novilatin (1895), Idiom Neutral (1902), Tal (1903), Perio (1904), Ido (1907), Latino sine flexione (1908), Timiero (1921), Novial (1924), Occidental ou Interlingue (1922), et enfin Interlingua (1951).

---

1. VILLEMIN (Gérard), *Langues dans le monde*, Internet.

Dans ce dédale touffu, l'entreprise la plus prometteuse et la plus égoïste, mais que peu de gens acceptèrent à l'époque, doit être attribuée au Britannique Charles K. Ogden, assisté de I.A. Richards, en 1929. C'était l'époque du plein rayonnement d'une Grande-Bretagne qui régentait enfin les flots pour de bon[1], et ne se voyait pas vraiment devenir la Grèce de la nouvelle Rome qu'elle avait fondée quelques siècles plus tôt en Virginie ou dans le Massachusetts. Le Royaume-Uni était l'intervenant majeur dans le commerce intercontinental ; tout ce qui pouvait y augmenter les échanges allait lui rendre service au premier chef ; un dispositif de communication mondial ne pouvait que contribuer à cette ambition intéressée. Ogden en proposa un, dérivé de sa propre langue bien évidemment, à un tournant de l'histoire où la domination de l'anglais n'était pas encore écrasante au point d'en venir à la prépotence observée de nos jours.

Son approche est connue sous le nom de *Basic English*, ce que nous devrions traduire par « anglais fondamental » si *basic* n'était pas ici l'acronyme de *British American*[2] *Scientific International Commercial*. L'ensemble est encore mal connu en France.

L'idée était pourtant brillante et aurait pu en attirer plus d'un. Au terme de longues analyses, le lexique se trouvait fixé à 850 mots : 600 substantifs, 150 adjectifs, et une centaine de vocables désignés comme

1. « *Rule Britannia, Britannia, rule the waves* » (« Gouverne, Britannia ! Britannia, gouverne les flots ! », suivi, quelques mesures plus loin, par les « Britanniques, jamais, jamais, jamais, ne seront asservis… » : il s'agit d'un air populaire et hyper-patriotique rédigé outre-Manche en 1740 par James Thomson).

2. Gardons en mémoire, dès à présent, qu'Ogden, en 1929, voyait le *British* et l'*American* comme deux langues assez différentes pour mériter des mentions séparées.

« structurants ». Le tout complété d'une grammaire qui abandonnait ses formes complexes et éludait les difficultés des verbes en associant des formes à d'autres verbes simplifiés (« *I am able to…* » en lieu et place de « *I can* », et « *You are allowed to* » pour remplacer « *You may* », etc.). Tout cela pouvait être maîtrisé rapidement par des utilisateurs appliqués : une quarantaine d'heures en un mois suffiraient, selon les promoteurs actuels de cette langue, qui officient encore, *via* leur site Internet www.basic-english.org/institute.html.

Ce dessein avait, de notre point de vue cocardier, le triste mérite de considérer la prééminence de l'anglais comme acquise. En quelque sorte, « puisque l'heureux premier pas est commis, voyons ce que nous pourrions en faire ». Une abdication, donc… tirant argument de ce que l'anglais était déjà, à cette époque, la langue auxiliaire de six cents millions d'humains. Cette proposition était-elle justifiée ? Les thuriféraires de cette approche faisaient montre d'une sévère radicalité quand ils affirmaient : « Il y a plus de 1 500 langues encore utilisées dans les différents pays… le besoin capital de notre époque, ce sont 1 480 langues mortes supplémentaires.[1] » Espérons que le français en aurait réchappé et aurait fait partie de la vingtaine de *happy few.*

De nombreuses communications sont disponibles sur l'Internet à ce sujet et l'anémique notoriété résiduelle n'empêche pas une survie active. Certains de ces textes ont pour auteur Charles Ogden lui-même. Leur ancienneté ne trompe personne : il y voit le chinois comme riche de quatre cents millions de locuteurs possible, évoque la Première Guerre mondiale faute d'avoir encore

1. http://ogden.basic-english.org/be22.html, Part II, Chapter 2, « Basic as an International Language ».

souffert la Seconde, et assure que le meilleur camarade d'apprentissage oral est le gramophone. Mais cela n'arrive pas à périmer son idée, ni à dissimuler qu'il la concevait bien lui-même comme la première étape d'une conquête plus complète de sa langue maternelle : « En ce qui concerne ceux pour lesquels ce n'est qu'un premier pas, l'extension du *Basic English* vers l'anglais normal peut être vue comme une croissance naturelle... Il sera découvert que le *Basic English* lui-même constitue une fondation unique pour toute étude plus avancée de la langue.[1] »

Quoiqu'il en soit, le succès ne fut pas vraiment au rendez-vous ; le *Quid* traite d'ailleurs de cette aventure en 28 mots seulement, et encore n'y voit-il qu'une approche préliminaire à un apprentissage plus complet de l'anglais.

Les tentatives se sont donc multipliées, mais il en va diversement des initiatives humaines : les meilleures intentions, et les mieux soutenues par un effort intellectuel de qualité, ne sont pas toujours celles qui aboutissent. L'histoire des langages informatiques ne manque pas de le confirmer : des savants, des universitaires, des utilisateurs compétents s'accordèrent de bonne heure (dans les années 1960) pour définir l'instrument de programmation scientifique idéal, et l'appelèrent Algol (pour *Algorithmic Language*, et non par référence à une étoile double et pulsante dans la constellation de Persée). Brillant succès d'estime, échec commercial. Forte de sa suprématie alors intacte, IBM imposait sans peine un concurrent parvenu à maturité et pratique, bien que certainement moins raisonné : Fortran (pour Formulation Transposée). L'approche pragmatique et rustique

1. http://ogden.basic-english.org/be24.html, Part II, Chapter 4, « Basic as an Instrument of Thought ».

l'emportait au détriment de la construction impeccablement dessinée… Mais l'une comme l'autre sont rangées dans les musées de la paléo-informatique depuis un bon moment, tant les choses vont vite dans ces nouvelles techniques de l'information.

Ce fut dans l'enthousiasme que l'année 1977 vit culminer la prise de conscience de ce que les ordinateurs de marques et de conceptions différentes gagneraient à communiquer directement entre eux à l'aide de réseaux d'interconnexion locaux ou mondiaux. Le but était d'échanger des informations qu'il aurait autrement fallu ressaisir au moyen d'une coûteuse forme de dactylographie, ou transférer sur des supports magnétiques transmis manuellement d'un ordinateur à un autre. Des cerveaux vraiment éminents conçurent la manière méticuleuse et consensuelle devant les amener à définir l'ensemble raisonné de protocoles qui devait être appelé OSI (*Open Systems Interconnection* : on en devine l'origine et l'appui principal). Rarement architecture d'ordinateurs vit autant de savants et de fées cérébrales se pencher sur son berceau. L'informatique serait bien plus puissante, bien plus aisée et bien plus fiable si tout le monde s'était à rallié à ce système.

Cet important et intelligent exercice de standardisation n'eut pas le temps de mettre bas, la satisfaction par ailleurs du besoin conduisant à un avortement déchirant au début des années 1990. Échafaudé et mis au point dans la hâte et l'empirisme par les universités nord-américaines et le ministère de la Défense des États-Unis, un système dissident, mal pensé, mal préparé, assez pauvrement adéquat, allait submerger ce marché à une vitesse fulgurante : IP, pour *Internet Protocol*, qui permet effectivement à tous les ordinateurs de communiquer entre eux, et fait le délice de ceux qui « surfent » sur la « toile ». Encore un essai fragmentaire et approximatif qui a réussi à déloger ce que l'intelligence avait conçu et se préparait à rendre disponible avec toute sa capacité logique et rationnelle : en dépit de l'abîme qualitatif qui sépare IP des intéressantes initiatives et des définitions de protocoles dans le cadre de l'OSI, ces derniers ont été culbutés par les flots du premier.

Dans ce déconcertant raccourci historique vécu en une seule fiévreuse génération, les langues de l'informatique ne font ici que nous éclairer sur celles de l'homme : les plus belles trouvailles, celles dont la perspicacité aurait dû engendrer les plus foudroyants résultats, n'ont pas débouché sur grand-chose.

Bien conduits et sincères, les efforts ont abondé en vue de trouver un appareil unifié pour communiquer à la surface du globe. Et rien n'a fonctionné. Les réflexions les plus élaborées ont produit les conceptions les plus judicieuses, mais aucune n'a réellement connu la bonne fortune de remplir sa mission en ravissant le monde au point de s'installer dans ses moindres recoins. Tout au contraire, une certaine forme d'anglais semblerait s'être maintenant imposée sans grand partage.

Chapitre 4

Où est présentée la situation à ce jour

La situation n'est pas brillante, ni pour la communication internationale, ni pour les autres langues que l'anglais. Tout le monde s'en plaint, chacun la déplore. Une hyperpuissance unique dans l'histoire du monde détient depuis quelques années un empilement inédit de privilèges : le monopole instantané de l'influence technologique la plus approfondie ; une capacité unique à projeter une force militaire pour régler à sa guise un conflit dans n'importe quel coin du monde ; un rayonnement culturel à la hauteur de ses moyens matériels de diffusion, sinon du talent de ses auteurs, de ses créateurs et de ses interprètes ; enfin, un ascendant économique suffisant pour faire trembler une planète suspendue aux lèvres du président de sa Réserve fédérale.

Sa langue, assez voisine de celle du précédent empire grand-breton, est réputée ouvrir toutes les portes du globe. Elle envahit tous les secteurs, s'affiche sur tous les tee-shirts, peuple tous les menus de nos restaurants, imbibe nos cabarets et notre télévision, couvre le monde de ses *jeans* (dont elle s'empresse d'oublier que le modèle comme le nom dérivent de « Gênes ») en étoffe *blue denim* (dont elle ne créditera pas plus nettement les indigotiers de la ville de Nîmes pour leur invention de ce tissu).

Tout Français normalement câblé donne raison aux auteurs et penseurs engagés dans le farouche et élégant combat de la langue, et chacun s'applique pourtant à parler anglais aussi bien que possible, quoique souvent fort mal : présentée partout comme dominant le monde, nous entendons cette langue articulée brillamment jusque dans la bouche de certains citoyens qui ne sont pourtant pas connus pour leur américanolâtrie. Au premier rang de cette cohorte, monsieur José Bové, qui lutte contre la mondialisation sauvage en employant sauvagement une excellente version du langage mondial.

Il n'est pas le seul à agir ainsi, et le résultat d'un décompte serait sans appel.

Le 22 février 2003, au sortir de la cataracte de récompenses officielles qui sanctionnaient son exceptionnel film *Le Pianiste*, Roman Polanski déclare, dans un français sans faute : « Pour qu'un film soit un succès international, il faut malheureusement qu'il soit en langue anglaise[1] »...

Les brevets seraient maintenant à rédiger en anglais, ce qui soulève une *bronca* fulgurante parmi tous les protecteurs de notre langue.

Je me trouvais en mission à Pékin en mai 1989, pendant les manifestations qui devaient conduire quelques jours plus tard à la répression place Tien An Men. Tous les soirs j'y rencontrais des étudiants avides de discuter avec l'étranger. Je fus surpris, non pas de leur aptitude à communiquer dans leur anglais, mais du fait qu'une forte proportion de leurs banderoles soient rédigées en cette langue, et aucune dans la nôtre. C'est qu'ils voulaient harponner l'attention mondiale en mobilisant les journalistes venus un peu en avance pour couvrir l'imminente visite historique de Gorbatchev : les jeunes « mutins »

1. France Inter, programme de 8h00, le 22 février 2003.

avaient compris que leurs idéogrammes n'y réussiraient jamais, et que seul l'anglais ouvrirait cette porte sur l'univers.

Dans ce paysage international, l'Internet, en véritable invention américaine, est devenu la locomotive de la communication ; principalement en anglais, hélas. Depuis peu pourtant, bonne nouvelle, les utilisateurs anglophones y seraient devenus minoritaires (47,6 % des internautes ; mais les Français n'y figureraient que pour 3,5 %, derrière les Coréens[1]. Mesurons bien l'écart... Sans doute faut-il espérer n'y voir à ce jour qu'une pénétration plus rapide et plus précoce du réseau des réseaux dans le milieu anglophone).

Mais comment ne pas y lire aussi la suprématie de la langue anglaise ? Le site Internet des Nations unies propose (en janvier 2001) presque douze fois plus de pages en anglais (ou dans une langue qui s'y apparente) qu'en français : faut-il vraiment réclamer une photo ? Et pourtant les deux langues sont réputées s'y trouver à égalité, puisqu'elles jouissent chacune du statut de « langue de travail ».

Les choses iraient-elles mieux dans notre seule vieille Europe ? Que nenni...

Secrétaire de l'Office franco-allemand pour la Jeunesse, Babette Nieder nous le confirme : « En France et en Allemagne, et dans toute l'Europe, l'anglais est devenu le symbole de l'international. »

Dans un accès de félonie, la Banque centrale européenne, alors que le Royaume-Uni ne fait pas partie de cette institution, viendrait d'imposer l'anglais comme langue commune officielle pour tous ses documents.

---

1. Rapport de l'association Le Droit de Comprendre, *Les Français et leur langue en 2001*.

Il va sans dire que les autres nations non anglophones rencontrent le même problème que nous, souvent en version aggravée. Maurice Druon évoque la question à propos des institutions européennes : « À l'heure actuelle, il faut, pour permettre à chacun d'user de sa langue dans les diverses institutions, emprunter cent trente-deux filières de traduction. Le système est ruineux en personnel, et néfaste pour les résultats… Lorsque dix pays nouveaux seront admis, tels la Pologne et la Hongrie, nous habiterons la tour de Babel. Il va falloir absolument sortir du système. On ne peut plus différer de résoudre la question, toujours repoussée, du langage.[1] »

En effet, nous lisons que la combinatoire des rencontres linguistiques va exploser : « Le nombre de combinaisons possibles passera de 110 à 420. Une équipe de 105 interprètes sera alors nécessaire pour la tenue d'une réunion… Le coût d'interprétation d'une langue supplémentaire est estimé à environ huit millions d'euros par an. Et où dénicher un Maltais parlant le finnois ?[2] »

Au sein de l'association Le Droit de Comprendre, des chercheurs engagés et désintéressés ont publié un intéressant rapport sous le titre *Les Français et leur langue en 2001*. Ils y confessent que :

> *« Depuis notre dernier rapport, c'est à dire en moins de deux ans, les indices d'une brusque pénétration de l'anglais dans le monde du travail français se multiplient… Il semble que les conditions se réunissent progressivement pour que l'hégémonie absolue de l'anglo-américain s'étende à la majeure partie du tissu économique français… L'anglophonisation généralisée des fonctions de direction des grandes entreprises françaises est mainte-*

1. Dans la rubrique « Le franc-parler », *Le Figaro*, 23 juillet 2002.
2. KOVACS (Stéphane), « Le français lutte pour sa survie en Europe », *Le Figaro*, 26 juin 2003.

nant un fait presque accompli… À de rares exceptions près, et à des degrés divers, l'anglais est maintenant partout la langue utilisée, de façon exclusive ou non, par les grandes entreprises françaises pour tout ce qui concerne le fonctionnement de leurs instances de direction, la communication externe et les relations internationales du groupe… L'énorme majorité de la formation linguistique offerte par l'Administration aux fonctionnaires en poste ne porte que sur l'anglais. Le ministère de l'Emploi et de la Solidarité, en particulier, n'en offre pas d'autre… Maints chercheurs, peut-être la plupart, se sentent grandis de délaisser le français qu'ils ressentent comme une langue provinciale et passéiste, et de passer à l'anglais qui leur paraît la langue scientifique sérieuse. Écrire en anglais, c'est entrer dans le monde des vrais savants… De plus en plus fréquemment, des thèses d'universités françaises sont partiellement écrites en anglais, parfois presque en totalité… Tous ceux qui ont le pouvoir en France, parce qu'ils imitent les vrais puissants du monde dominant, le monde anglo-saxon, ont choisi de renier leur culture et d'habiller ce reniement de l'habit fringant de la modernité… Les parlementaires, quelle que soit leur bonne volonté, sont tout à fait impuissants, et les gouvernants, soucieux de leur carrière, craignent trop d'être brocardés pour tenter de faire respecter la loi et pour agir selon l'intérêt national… Il ne fait aucun doute que les inspecteurs des finances sont particulièrement nombreux, sinon à mépriser la langue française, du moins à se soucier fort peu de son avenir et des conséquences de son recul… Ne nous cachons pas que la situation est mauvaise et que l'avenir paraît sombre… Le temps n'est plus aux insultes ni aux regrets, il est à la prise de conscience de l'ampleur du recul de la langue française et de sa marginalisation dans notre vie économique, sociale et culturelle...[1] »

Une étape supplémentaire est encore franchie dans le processus de deuil : « Ce qui est certain, c'est que devant l'incompétence de l'État, son incurie et la quasi-trahison des hautes institutions, le salut ne peut venir que de l'intensification de la résistance associative. » Et ailleurs : « La désertion massive de la langue française par nos élites au profit de l'anglo-américain, notamment dans les entreprises et la haute administration, ne semble avoir suscité jusqu'à une date récente aucune forme de réprobation ou d'inquiétude, sauf dans les rangs de nos associations... Nos gouvernements n'ont aucune politique pour la langue française, et ils s'en moquent totalement. » Plaidoyer un tantinet *pro domo*, diront certains, en observant que l'association dénonce l'asthénie des autres acteurs et recommande, comme seule avenue d'action, la résistance associative... Mais procès-verbal certainement réaliste : on peut se protéger des vagues, on peut encore endiguer les marées. Ici, le phénomène a une telle ampleur, une telle portée, qu'il s'apparente plutôt à la dérive des continents : lutter contre de semblables mouvements des plaques tectoniques, c'est plus difficile...

---

1. Je remercie l'association Le Droit de Comprendre de m'avoir permis de citer de longs extraits de son travail. Le Droit de Comprendre est composé des quatre associations suivantes : Avenir de la langue française (ALF), Défense de la langue française (DLF), Association pour la sauvegarde et l'expansion de la langue française (ASSELAF) et le Cercle littéraire des écrivains cheminots (CLEC).

Dans le même texte, nous lisons ailleurs :

« *Globalement, la langue française continue d'être trahie par les "élites" de notre pays qui se résignent de plus en plus à la domination de l'anglais en France même, voire la favorisent… La presse écrite, les affichages dans les rues, les médias audiovisuels, l'Internet, témoignent de l'américanisation de la communication institutionnelle ou commerciale… D'autre part, la pression de la réglementation européenne se fait sentir dans le sens d'une plus grande tolérance à l'égard d'une langue "facilement comprise" dont on devine facilement quelle elle sera… Toute la stratégie du patronat français s'organise pour que l'anglais devienne la langue obligatoirement connue, sinon employée, par tous… Les gouvernants craignent d'être moqués en tentant de faire respecter la loi, et les parlementaires sont impuissants… La sur-représentation de l'anglais est aussi fortement épaulée par une anglomanie systématique de tout le secteur public, qu'il soit national, européen ou international, dont les serveurs parlent anglais, soit en première langue, soit en seconde langue obligatoire, et cela, dans tous les pays sous domination de l'Otan… Les grands "pantoufleurs" de l'Inspection générale des finances et les conquérants des strapontins des grandes institutions internationales issus de la haute administration civile et militaire française sont aussi souvent de grands déserteurs de la langue française et les meilleurs zélateurs de la langue de l'Empire auquel ils donnent ainsi le gage le plus visible de leur servilité.* »

L'observation clinique du mal est sans appel, et les éléments qui sont déclarés responsables et coupables sont bien franco-français : gouvernants, parlementaires, haute fonction publique, et bien entendu, patronat et mercantis de l'industrie privée. En bref, tout le monde sauf l'homme de la rue et le Français *lambda*. Rectifions au passage que les hauts fonctionnaires de l'Inspection des finances sont précisément ceux qui n'ont pas pantouflé, puisqu'ils sont demeurés au service de l'État, pour le dire précisément dans leur jargon. Ce sont les autres, ceux qui sont partis chercher la soupe dans le privé, qui sont les « pantoufleurs ». Erreur sans gravité…

Mais l'observation de notre environnement de tous les jours ne laisse pas de doute, en revanche, sur le sérieux des informations ainsi citées : à Paris même, de 5 à 10 % des enseignes publicitaires seraient à ce jour rédigées en anglais. Et dans nos médias, nous trouvons pléthore de messages publicitaires dont le slogan est de plus en plus souvent en anglais. On clouera France Telecom au pilori pour avoir fait paraître dans trois quotidiens majeurs, en pleine page, la publicité suivante : « *Global One with France Telecom — For your worldwide business solutions* ».

Le comble du sacrilège aura été atteint dans l'attentat commis par la première entreprise française (et qui a toutes raisons d'en être particulièrement fière), qui est aussi la plus enracinée dans nos valeurs et la plus attachée à notre terroir : l'artisanat. À la mi-octobre 2003, nous découvrions à travers nos étranges lucarnes une publicité qu'elle avait produite, tout à fait percutante, mais qui mettait uniquement en scène des comparses parlant un anglais aux fortes consonances américaines. Où allons-nous ?

Sur un trop grand nombre de vols aériens internationaux s'arrêtant à Paris, les annonces du personnel de bord ne se feraient que dans la langue maternelle de la compagnie aérienne qui affrète l'avion, en plus de l'anglais ; mais en oubliant le français, langue obligatoire de l'escale[1]. Incidemment, je me demande combien de personnes, dans les équipages d'Air France sur les vols

1. Rapport de la l'association Le Droit de Comprendre, *Les Français et leur langue en 2001*.

du Caire ou de Tel-Aviv, seraient capables de transmettre les messages dans la langue de l'autre escale. Il suffit, il est vrai, d'une seule hôtesse polyglotte (ou d'un unique *steward* : encore un emprunt crapuleux à l'anglais, mais dont la première apparition sous la forme phonétique stuard remonte pour nous à 1669...[1]).

Il convient ici de rappeler l'accident du vol 52 de la compagnie colombienne Avianca, non loin de l'aéroport Kennedy desservant New York, dans une partie de Long Island appelée Cove Neck ou Oyster Bay, le 25 janvier 1990. L'avion, un Boeing 707 en provenance de Bogotá et dérouté d'aéroport en aéroport au cœur d'une effroyable tempête de neige, se présenta enfin à Kennedy et signala, par radio, « carburant disponible au minimum ». Après qu'il eut malencontreusement manqué une première approche dans le blizzard, l'avion fut mis en attente par le contrôleur aérien malgré les contestations véhémentes d'un pilote et d'un copilote pratiquant mal l'anglais limité de la navigation aérienne. L'équipage impuissant fut alors contraint de tourner en rond en attendant le prochain espace dégagé qui lui permettrait d'atterrir. Les prières insistantes du commandant de bord pour faire comprendre le drame en déroulement n'aboutirent à aucune compréhension dans la tour de contrôle. Les deux navigants virent alors les quatre réacteurs s'éteindre l'un après l'autre en panne sèche, et l'avion plana avec la légèreté d'un fer à repasser pour se poser dans les marais, tuant soixante-treize personnes. La dernière parole de leur conversation enregistrée dans le

1. *Le Robert*, dictionnaire historique de la langue française, janvier 1999. Toutes les dates d'apparition que j'attribue à des mots proviennent de cette source.

CVR[1] fut « *¡Están locos!* » (« Ils sont fous ! »). À Bogotá, ils avaient sans doute la fierté et le luxe de deviser en castillan avec les équipes de la navigation aérienne. L'enquête (locale, donc américaine) conclut à une « erreur de l'équipage ». Soixante-treize familles déplorèrent certainement qu'une pratique quotidienne d'une langue, étrangère à leurs oreilles hispanisantes mais efficace, n'ait pas mieux préparé ce personnel navigant technique à une communication en situation de crise dans le jargon des échanges mondiaux avec les tours de contrôle. Personnellement, je préférerais largement que les pilotes des lignes intérieures d'Air France échangent en anglais avec Orly ou Roissy tous les jours, et j'espère qu'ils ne me joueront pas la même funeste farce le jour où une tempête de suroît couvrira l'Ouest du continent et contraindra mon avion à se dérouter sur Edimbourg.

Mais ce genre de compromission, dont je viens de me faire l'avocat intéressé, n'est que la première qui conduit à la situation déplorée par tant d'observateurs courroucés. Après tout, le patois des tours de contrôle n'excède pas quatre cents mots, et la plupart des pilotes ne parlent guère anglais au-delà des nécessités immédiates liées aux procédures d'aéroport et aux communications entre appareils. Il en va de même pour les militaires, en particulier aviateurs et marins, qui répètent exercices et opérations interalliés dans le cadre de l'Otan : toutes les évolutions sont nomenclaturées dans des manuels en anglais ou, plus exactement, en américain. Lorsque notre amiral chef d'escadre devait prendre le commandement d'une manœuvre totale, j'ai ainsi vu la sixième Flotte américaine de Méditerranée obéir sans l'ombre d'une

1. « *Cockpit voice recorder* », celle des deux boîtes noires (en réalité de couleur orange) qui recueille l'enregistrement des conversations dans le poste de pilotage.

hésitation ou d'une méprise à des officiers français qui donnaient ou transmettaient les instructions dans la langue partagée par tous les pays du traité, instructions synthétisées en une poignée de formules toutes prêtes. Mais j'ai aussi vu la plupart des mêmes officiers incapables de communiquer, ne serait-ce que dans une conversation anodine, avec leurs homologues américains lors des agapes clôturant rituellement la semaine passée à opérer de conserve. Leur anglais était vraiment subélémentaire, mais suffisant pour le quotidien du métier des armes.

Professeur à l'université McGill de Montréal, Axel Maugey cite et soutient notre grand linguiste Claude Hagège quand il déclare : « Si la France veut vendre à l'étranger ses produits de luxe, ses parfums, ses vêtements, ses vins, ses fromages, etc., de nombreux clients préféreraient qu'on s'adressât à eux en français, langue prestigieuse sauf pour certains patrons snobs ou apatrides.[1] »

Je doute que, dans cette citation, les clients « nombreux » soient aussi majoritaires : la paresse intrinsèque et la difficulté à parler une langue étrangère n'auraient pas besoin de cette exhortation pour imposer notre français dans ces échanges commerciaux si c'était encore possible.

Par ailleurs, je redoute que le champ de validité de cette opinion doive effectivement être circonscrit aux seuls secteurs industriels cités — luxe, parfums, vêtements, vins et fromages —, dans lesquels notre présence est indiscutable encore en cette époque. Il est certain que bien des professionnels de tous pays y emploient un

1. MAUGEY (Axel) « Le besoin de français à l'étranger », *Revue de l'Association des membres des Palmes académiques, AMOPA*, n° 161, juillet 2003.

jargon dans lequel le vocabulaire français est assez généreusement représenté pour leur donner la soif d'entrer dans le cercle des intimes en apprenant notre langue. Très bien.

Mais je sais que cela est entièrement chimérique dans la majorité économique des autres spécialités d'exportation. Monsieur Hagège n'a sans doute que rarement eu l'occasion de tenter de vendre une centrale nucléaire à Séoul, un TGV à Lima ou un ensemble d'ordinateurs à Ryad. Faire de son mieux en langue anglaise n'est ni snobisme ni défaut d'amour pour la patrie : ce n'est que vertueux souci de survivre économiquement. Nécessité fait loi.

Je serai soutenu dans cette théorie par Ted Stanger, durable correspondant du magazine *Newsweek* à Paris et citoyen de Columbus dans l'Ohio : « Du côté des intellectuels et de la classe politique, le problème est différent : ils peuvent vilipender la mondialisation, parce qu'ils opèrent dans un contexte qui est 100 % domestique, où la concurrence n'existe pas vraiment. Pour vivre, contrairement aux autres, ils n'ont pas besoin des marchés étrangers.[1] »

C'est de ce même journaliste que nous vient le « coup de grâce[2] » (comme l'on dit textuellement en anglais : *koo-deh-grahs*, avec l'accent qui convient). N'ayant rien à gagner ni à perdre, il nous livre le verdict ultime : « Inutile de se cacher plus longtemps la cruelle vérité : entre l'anglais et le français, la guerre est finie. L'anglais l'a emporté haut la main, voici bien des décennies, et les

---

1. STANGER (Ted), *Sacrés Français, un Américain nous regarde*, Éditions Michalon, avril 2003.
2. Outre « coup de grâce », les anglophones utilisent aussi « coup », « coup de poing », « coup de main », « coup de théâtre », « coup d'œil ». Qui a fertilisé le voisin ?

Français qui sont tout sauf naïfs font semblant d'ignorer que leur langue est en perte de vitesse au niveau mondial. » Et de nous faire observer que France Telecom s'est appliqué à écrire sa raison sociale en oubliant à dessein les deux accents aigus de ses « é ».

Dans *Paris Match*, hebdomadaire hautement respectable, Hervé Lavenir de Buffon relate la conversation d'un sénateur américain déclarant sans une once de vergogne : « Il y a aujourd'hui environ 6 000 langues dans le monde. Et 5 999 sont de trop.[1] » Eh oui ! Parbleu, doit se dire ce brave parlementaire, pourquoi diable faire compliqué quand on pourrait faire simple ? Sommes-nous encore vraiment à l'abri d'un semblable holocauste ?

Le même observateur diagnostique « qu'il s'agit, du côté de l'anglais, d'imposer cette langue en Europe et dans le monde pour réaliser le rêve anglo-saxon d'une planète globalisée, marchandisée, dollarisée — bref, américanisée ». Et il complète son propos en citant un précepte attribué à Winston Churchill : « Un monde, un marché, une monnaie, une langue », pas si différent de « Un pays, un peuple, un guide », formule qui s'est fait connaître en 1933 dans un autre pays, et traduite ici librement par l'auteur. Le général de Gaulle, qui maîtrisait un français dont l'exceptionnelle précision n'avait d'égale que sa richesse et son inébranlable correction, aurait déclaré qu'une Europe affligée de l'anglo-américain comme langue véhiculaire serait, tôt ou tard, américanisée[2].

Qu'ajouter à tous ces verdicts ? *De profundis clamavi ad te Domine*… Voici donc où nous en sommes arrivés après

---

1. Hervé LAVENIR DE BUFFON, « Le français, une langue pour l'Europe », *Paris Match*, n° 109, janvier-février 2003.
2. *Ibid.*

quarante ans d'alertes officielles et bruyantes, d'avertissements solennels, d'excommunications prononcées par nos linguistes les plus brillants, de protestations ampoulées et grandiloquentes vociférées sans doute aussi par quelques hommes politiques en mal de popularité qui peuvent voir là une cause prometteuse de suffrages. Il est même trop tard pour fantasmer sur l'exhumation des Bourgeois de Calais ou la résurrection de *Joan of Arc*. Et j'ajoute au déshonneur en publiant un livre qui sera identifiable mondialement, de manière univoque, par son numéro ISBN, à savoir son *international standard book number*. La boucle n'est-elle pas bouclée ?

Pourtant cette pénétration de l'anglais ne semble avoir été l'objet d'aucun effort collectif concerté. Il est difficile d'imaginer le complot ourdi au service d'une volonté impérialiste farouche et structurée, mais soigneusement camouflée. Cependant, le résultat est là : le statut de moyen populaire de communication globale est maintenant occupé par une langue autre que la nôtre.

Après ce constat, le devenir devrait sembler encore plus sombre.

Car les parents, qui ont eu tant de mal avec l'anglais et qui lui ont trop souvent attribué la cause de leurs limitations professionnelles, dépensent sans compter pour que les fruits de leurs entrailles ne souffrent pas de la même impotence : nous arrivons à une société où se tirer d'affaire en anglais n'est plus un différentiateur positif, tout le monde ou presque pouvant y prétendre, malheureusement au prix de sacrifices nullement accessibles à tous. C'est en être incapable qui devient une caractéristique négative.

Dans le conflit que j'évoque, pourtant, les escarmouches ne vont pas disparaître de si tôt. Puisque c'est leur raison d'être, en effet, certains s'opiniâtreront à s'époumoner encore sur une cause terminée. Ceux qui voulaient concurrencer l'anglais continueront à courtiser la reconnaissance en perpétuant le combat, sans oublier leurs « casoars et gants blancs ». Certains y trouveront métier et emploi, et ils ne seront pas les premiers à changer d'optique devant l'incontournable. Ils œuvreront ici avec la probité de quiconque a associé sa vie à une cause altruiste. Ferveur enflammée certes, mais nécessairement partisane, comme il convient à tout service exalté d'une croisade pathétique.

Ensuite, il faut bien l'admettre, le Français entretient une dilection unique pour les batailles perdues, à condition qu'elles le soient au prix de l'abnégation courageuse, offrant l'exemple et l'enseignement des dévouements suprêmes.

L'école d'application de la Cavalerie à Saumur tire une juste fierté de ses trois cent vingt-cinq cadets partis pour s'immoler devant le raz de marée vert-de-gris en juin 1940. Sacrifice glorieux.

L'infanterie de marine glorifie ses anciens qui, le 1er septembre 1870 à Bazeilles, tirèrent contre les Bavarois jusqu'aux dernières cartouches prélevées dans les gibernes des blessés et des morts. Sacrifice glorieux ; rue à Paris dans le cinquième arrondissement.

La Légion étrangère, troupe exceptionnelle et reconnue comme telle par toutes les armées du monde, célèbre régulièrement le 30 avril la bataille de Camerone : tragique engagement de 1863 qui vit la mort de cinquante-trois vaillants militaires au service de notre nation devant deux mille Mexicains ; les douze prisonniers survivants étaient tous blessés, mais la mission avait été accomplie. Sacrifice glorieux.

Les Chasseurs ont la bataille de Sidi-Brahim, véritable drame qui s'est joué en 1845 face aux trois mille cavaliers de l'émir Abd el-Kader : quatre cent soixante-quatorze morts au champ d'honneur et dix survivants pour raconter le haut fait d'armes. Un air de fanfare militaire est encore souvent joué pour en perpétuer la mémoire. Sacrifice glorieux ; rue à Paris dans le douzième arrondissement.

Au titre d'une exagération grandiloquente et démagogique, la marine de la Révolution et de l'Empire a longuement vénéré la fin enjolivée du vaisseau *Le Vengeur*, qui coula pavillon haut le 13 prairial an II sous les boulets de trois navires anglais, entraînant dans la mort trois cent cinquante-six indomptables marins qui préféraient à la captivité la noyade en chantant. Barère en fit une épopée. Sacrifice glorieux. C'était au sein de la bataille navale dite « de Prairial » : notre flotte y atteint par ailleurs ses objectifs[1], mais y perdit cinq mille hommes qui ont, eux, proprement disparu depuis dans les oubliettes de l'histoire.

Et pour finir, l'exemple proposé à tous les écoliers est celui de Vercingétorix, jeune chef qui s'est bravement rendu à Jules César en jetant ses armes aux pieds du futur empereur à la fin du siège et de l'écrasement d'Alésia. Sacrifice glorieux ; rue à Paris dans le quatorzième arrondissement.

À l'opposé, le Français qui a le plus pesé sur l'histoire du monde par sa victoire, le 5 septembre 1781, est sans conteste le trop méconnu amiral de Grasse. C'est lui qui, en battant la Royal Navy à l'entrée de la baie de Chesapeake, amena le général Cornwallis à succomber dans Yorktown, devant Washington accompagné de Lafayette et Rochambeau (les militaires français ont, pendant ce

1. Ceci n'empêche pas la Royal Navy britannique de revendiquer de son côté cet engagement comme une victoire. Prudente, chaque nation a baptisé cet affrontement d'un nom différent : « combats de Prairial » pour nous, « Glorious First of June » pour eux. Personne ne peut s'y retrouver…

siège, supplanté leurs camarades américains tant en nombre de combattants qu'en victimes). Cette action eut pour résultat la perte de la guerre d'Indépendance américaine par la couronne britannique, la constitution des États-Unis d'Amérique, et la suite de l'histoire, avec la composante linguistique que nous savons. Qui se souvient de cette bataille gagnée glorieusement, et de cet amiral mort plus tard en disgrâce, sans lequel cependant la géopolitique serait tout autre aujourd'hui ?

Avec l'engouement français pour les batailles perdues dans le sacrifice ultime, nous allons ajouter à la gloire immortelle de nos aïeux le combat contre une langue qui a tout pour nous épuiser dans nos stériles échauffourées d'arrière-garde. L'anglais *squatte* confortablement l'espace mondial, et sans doute pour longtemps.

Mais est-ce bien l'anglais que nous entendons ainsi parler de nos jours, et que nous nous efforçons d'ânonner, le plus souvent dans la souffrance et dans l'approximation ?

Chapitre 5

Où est discuté le véritable positionnement actuel de l'anglais

> *« L'affirmation selon laquelle l'anglais est, de manière incalculable, la plus riche des langues parlées en ce monde, est maintenant devenue un cliché. C'est la plus riche des langues pour la raison qu'elle a librement emprunté à pratiquement toutes les autres langues parlées à la surface de la terre.*[1] »

C'est par cette certitude impavide que William et Mary Morris débutent l'introduction de leur dictionnaire consacré à l'origine des mots et des phrases dans leur langue.

Il est vrai que les mots ne manquent pas en anglais : 615 000 entrées dans l'édition 1989 de l'*Oxford English Dictionary* selon Bill Bryson, le linguiste qui a si bien disserté sur l'anglais alors que sa langue maternelle était l'américain[2]. Impressionnant programme pour ceux d'entre nous qui aimeraient maîtriser parfaitement l'une de ces deux langues.

Cette richesse vient pour une grande part de l'accumulation des mots découlant de plusieurs sources distinctes, dont les françaises depuis qu'en 1066 Guillaume partit

1. MORRIS, *Dictionary of Word and Phrase Origins*, Happer & Row publishers, 1977.
2. BRYSON (Bill), *Mother Tongue*, Penguin books, 1991.

de Normandie pour conquérir la grande île. Il faut vraiment vouloir se compliquer la vie pour aller affecter des noms différents au porc, au bœuf, au mouton et au veau selon qu'ils sont encore sur leurs quatre pattes ou déjà dans l'assiette : *pig/pork, ox/beef, sheep/mutton, calf/veal.* Il sera observé que ce sont les racines françaises que l'on retrouve dans la partie nutritive et goûteuse de cet échantillon de termes.

Dans ce pullulement surabondant, Bill Bryson nous apprend aussi que Shakespeare aurait utilisé de 16 000 à 30 000 vocables différents, selon des sources forcément contradictoires, l'une d'entre elles poussant la précision jusqu'à indiquer un total de 17 677.

Le même auteur nous révèle encore que son compatriote avantageusement diplômé doit sans doute jouer sur un lexique de 20 000 mots en réception. D'autres pensent qu'un Américain ordinaire se trouve à la tête d'un capital de 12 à 15 000 vocables différents. Qui croire ?

Des échanges de courrier sur l'Internet semblent indiquer que nos dictionnaires sont moins touffus que leurs cousins britanniques, ou du moins que celui retenu par Bill Bryson : on y lit que le *Petit Robert* se flatte de présenter 60 000 mots, et que le *Littré* s'enorgueillirait de 80 000 entrées.

Imaginons, pour la facilité du raisonnement, que notre dictionnaire le plus complet puisse offrir 307 500 entrées, soit la moitié de celui d'Oxford, pour soulager la démonstration. On devrait à ce stade conclure que la langue anglaise souffre d'une profusion importune : ainsi, pour le lettré qui comprend 20 000 mots, la probabilité de tomber sur un vocable inconnu serait deux fois plus élevée que chez son homologue entre Flandres et Roussillon. L'arithmétique le dicte.

Débats futiles au demeurant, notre langue étant sublime et ne pouvant souffrir aucune comparaison, nous l'avons lu bien souvent et observé nous-mêmes. Nous en sommes fiers, et les anglophones tout autant de la leur.

Mais qui sont ces anglophones ?

Par définition, l'anglais est une langue parlée dans une contrée nommée Angleterre. Puis, par extension, dans les zones adjacentes ajoutées pour former la Grande-Bretagne : l'Écosse et le Pays de Galles. Enfin, pour compléter le Royaume-Uni, l'Irlande du Nord[1].

Quarante-quatre autres nations indiquent qu'elles reconnaissent l'anglais comme leur langue officielle ou de nation privilégiée : officiellement, cela concernerait 508 millions de personnes, soit 12 % de l'humanité[2]. Dans cette « communauté » linguistique, une majorité absolue (291 millions) se trouvent être citoyens des États-Unis d'Amérique ; ils catéchisent forcément le reste. Je retiendrai ces chiffres, bien que d'autres sources, prenant sans doute en compte l'imperfection des parlers dans certaines zones africaines ou asiatiques, n'identifient que 370 millions de vrais locuteurs acceptables, pour ce qu'ils appellent l'anglais, avec quelque complaisance. S'y ajouteraient 100 millions d'individus allophones pratiquant couramment cette langue, et un chiffre pouvant atteindre

1. En respectant ces définitions officielles de notre voisin, il sera souligné en passant que les îles, dont Jersey et Guernesey, ne font ainsi partie ni de l'Angleterre, ni de la Grande-Bretagne, ni du Royaume-Uni. À quoi faut-il les rattacher ?

2. Ces chiffres sont tirés du *Quid* 2004. Le site de l'université canadienne de Laval dénombre pour sa part 53 pays dont l'anglais est une des langues officielles, soit un total de 1 868 470 900 personnes (www.tlfq.ulaval.ca/axl/Langues/2vital_inter_anglaisTABLO.htm), mais en comptant en totalité l'Inde, le Pakistan, le Congo, et de nombreux autres pays où l'anglais est de fait très minoritaire. À qui se fier ?

700 millions d'humains riches d'une « certaine connaissance de l'anglais », c'est-à-dire susceptibles de conversations élémentaires et incomplètes, ou bornées à un secteur professionnel étroit (comme dans l'hôtellerie). Il se pourrait encore qu'environ un milliard et demi de nos congénères parlât « un peu d'anglais », c'est-à-dire assez pour demander l'addition et où se trouvent les toilettes : tout consolidé, un peu plus de deux milliards et demi d'humains intéressés, sinon à l'aise, et qui, à l'unisson, aimeraient améliorer leur maniement de cette langue.

Pour nous concentrer sur les femmes et les hommes qui sont nés anglophones, il faut noter sans délai que tous les peuples concernés infligent à l'anglais des aménagements innombrables. À tel point qu'en 2002, M. William Gates trouvait économiquement avantageux d'en isoler dix-huit versions « abâtardies » différentes, chacune méritant son correcteur orthographique séparé dans les logiciels de Microsoft : Afrique du Sud, Australie, Belize, Canada, Caraïbes, États-Unis, Hong Kong, Inde, Indonésie, Irlande, Jamaïque, Malaisie, Nouvelle-Zélande, Philippines, Singapour, Trinidé (sans doute Trinidad-et-Tobago au sud de l'arc antillais) et Zimbabwe, en plus de l'inévitable référence au Royaume-Uni[1]. Les habitants de vingt-six nations n'ont d'autre choix que de se raccrocher au parler d'un voisin ; et les citoyens des sept États anglophones des îles antillaises, eux, n'ont qu'à se satisfaire de leur regroupement dans la rubrique

1. Il est vrai qu'il en trouve quinze différentes pour le français ; mais qui d'autre qu'un citoyen de Seattle pourrait croire que la République française autorise des parler différents en métropole et dans ses départements de la Réunion ou des Antilles ? Ou que le royaume enclavé de Monaco parle une langue autre que celle que nous entendons à Menton, et qui est constitutionnelle depuis le 25 juin 1992 ?

générique « Caraïbes », malgré la disparité de leurs créoles pittoresques, riches d'enchevêtrements avec leur anglais respectif.

Les Américains et leurs cinquante États sont regroupés en une seule variante, sans doute difficile à maintenir à jour : en mutation constante et bâclée, leur langue galope hors de tout contrôle, sans bénéficier de la part de ses locuteurs du respect que nous attendons des nôtres, et que certains voudraient voir servi par une censure dont la virulence approcherait la frénésie fanatique.

Les grandes entreprises multinationales savent que les contrats rédigés par leurs juristes dans un pays anglophone ne s'appliquent pas dans les autres : en raison du droit qui n'est pas unifié, cela va sans dire, mais surtout du vocabulaire, qui l'est encore moins. Il leur faut systématiquement traduire d'un anglais dans un autre anglais.

L'Église catholique a, pour sa part, jeté l'éponge : un seul catéchisme en anglais de Londres… Dieu reconnaîtra les siens, hors des variantes encombrantes et délicates à régler.

Témoignant de cet incroyable foisonnement, un diplomate nous donna une leçon gastronomique en 1945, au sortir de la guerre, quand production agricole et circuits de distribution n'avaient pas encore achevé leurs reconstructions en France. Un urgent ravitaillement de blé fut ainsi quémandé aux généreux libérateurs américains. « *Corn* », demanda dans son meilleur anglais londonien notre fonctionnaire polyglotte. « Maïs », comprit le destinataire quelque part dans un ministère de Washington. (En américain, *corn* signifie « maïs », et « blé » se dit *wheat*, mot qui correspond plus exactement à « froment ».) Tragique méprise qui ne fut réalisée que lorsque les cargos *Liberty Ships* commencèrent à décharger et les boulangers à pétrir. C'est ainsi que les enfants maintenant sexagénaires se rappellent avoir mangé un curieux pain jaunâtre, à l'époque considéré comme infâme, et récemment promu au rang de précieuse curiosité culinaire.

Les touristes en partance pour les États-Unis devraient, sans exception, se voir communiquer, dans l'avion qui les y emmène, un court lexique des mots qu'il serait préférable de connaître. C'est ainsi que *freeze* ne veut pas dire uniquement « congeler ». Prononcé, ou plus souvent braillé, par un policier muni d'une arme, il signifie : « Restez immobile, avec les mains doucement écartées du corps, sinon je suis bien décidé à ouvrir le feu sur vous. » Les Britanniques ne connaissent pas ce terme, sauf s'ils sont spectateurs assidus des productions télévisuelles américaines. Leurs policiers en tenue ne sont pas armés, et leurs détectives en civil diraient, en détaillant : « Police, je suis armé, ne bougez plus ! » Un peu comme les nôtres : « Haut les mains, pas un geste ! »

Arrivant à New York, un habitant de Liverpool aurait ainsi bien des chances de vivre la navrante et tragique mésaventure d'un jeune Japonais qui ne connaissait pas cette curiosité linguistique. Par la porte qu'il a broyée d'un coup de pied, un policier accède à la chambre de l'étudiant, dans un hôtel bon marché pour visiteurs impécunieux, revolver au poing, en hurlant « *Freeze!* ». Le Japonais désemparé le regarde en souriant, ne comprend pas, et soupçonnant que la production de ses papiers faciliterait les choses, se met en devoir d'extraire son passeport de la poche arrière de son pantalon, sur la fesse droite — celle que, très justement, les tailleurs appellent « la poche revolver ». Hélas, le policier croit qu'il va y quérir une arme et règle la situation de deux projectiles calibre 357 magnum, également mortels, qu'il lui loge dans le thorax. L'enquête établit que l'erreur du policier n'avait pas été de tirer, mais de rechercher le narcotrafiquant en se trompant de numéro de chambre.

Les lecteurs ayant visité le Canada auront noté l'excellent français parlé à Montréal, en particulier par les présentateurs de télévision ou de radio. Mais s'ils ont entendu une émission donnant la parole aux auditeurs, ils auront été frappés de ne plus rien comprendre dans nombre de ces interventions. Le parler de la rue n'est pas toujours conforme à la version officielle.

Les accents et la manière de s'exprimer en anglais sont encore plus éloignés les uns des autres que ne le sont le parisien et le québécois : on a affaire à un véritable musée. Un Sud-Africain, originaire de Port Elizabeth mais résidant à Paris, y consultait un jour un médecin généraliste à la double nationalité franco-américaine, qui officiait pour la communauté anglophone de la capitale : ce docteur était même muni des médicaments d'origine, afin que personne ne soit perdu. Observant une analyse de sang lourde d'un cholestérol menaçant, le praticien l'interroge, dans la langue présumée internationale, sur sa consommation d'oeufs : « *How many a week?* » (« Combien par semaine ? »). Et mon ami de répondre : « *Four to six* » (« De quatre à six »), ce qui est encore mesuré. Le médecin, incrédule et effaré, réplique pour confirmation : « *Forty six?* » (« Quarante six ? »). Eh oui, l'anglais de Capetown n'est pas vraiment le même que celui de Cape Cod, et même ces deux anglophones n'arrivaient pas à se comprendre verbalement.

Pour aggraver les choses, dans plus d'un pays réputé anglophone, on assiste à une résurgence des nationalismes d'importation sous forme de nouveaux communautarismes linguistiques : ils promeuvent des langues étrangères devenues locales, avec la même pugnacité que certains autonomistes régionaux en France, mais avec un tout autre succès. Il en résulte un affaiblissement de l'anglais sur ses terres mêmes de prédilection. Parmi les nations en risque de mutation vers le multilinguisme, avec la paupérisation simultanée de leur langue anglaise, citons au moins les États-Unis d'Amérique : on n'y compte pas moins de 200 stations de radio et 300 de télévision émettant en espagnol, ainsi que 200 journaux imprimés en cette langue[1]. Les grandes administrations américaines, au premier rang desquelles le fisc (IRS) et la sécurité sociale, offrent d'emblée la possibilité de causer en *español* avec les opérateurs téléphoniques ou de remplir des formulaires libellés dans cette même langue. Les difficultés linguistiques belges n'auront pas servi d'enseignement au Capitole : par concessions successives, à partir de la Floride et de la Californie, la recherche de popularité électorale fait dépérir une unité d'expression dont un jour la disparition sera chèrement regrettée.

Concluons donc que ce que nous croyons être l'anglais n'est ni unique, ni unifié : complexe, trop riche, dérivé en de trop multiples versions divergentes, peut-être atteint de myxomatose sur ses propres terroirs d'origine, mais ayant joyeusement tapiné pour infester le monde entier et en faire une zone d'ascendant indiscutable. C'est surtout une langue privée de toute autorité de régulation. Ted Stanger nous le confirme, en profitant cependant pour ironiser injustement sur ce que nous avons de meilleur et dont il est sans doute envieux : « La langue anglaise inspire bien moins de soucis surtout telle qu'elle est parlée (mal) et écrite (très mal) aux États-Unis. Il n'existe pas chez nous d'assemblée d'augustes vieillards estampillée "académie anglaise" pour la défendre. Et c'est peut-être pour cela qu'elle est en constante mutation, un signe de grande vitalité, vous en conviendrez.[2] »

---

1. Données tirées d'un article trouvé sur Internet (www.alexander.iofm.net/lang16.htm).
2. STANGER (Ted), *op. cit.*

Cette absence tutélaire est bien regrettable pour les anglophones natifs. Leur langue trouve 60 % de ses locuteurs en un seul pays, les États-Unis d'Amérique. Est-ce pour autant son domicile ? Par la capacité normative, en aucun cas ; par la généalogie, encore moins ; par la foule et l'influence, probablement. Quelle est sa terre d'élection : l'Angleterre ? les États-Unis ? le Canada ? Pourquoi pas Singapour, qui reconnaît l'anglais comme langue officielle, à égalité avec le tamoul, le chinois et le malais ? Personne n'en sait rien : c'est une langue sans domicile fixe, contrairement à la nôtre dont l'ethnie majoritaire est bien connue. L'anglais actuel, langue SDF, avec tout ce que cela implique malheureusement pour lui. Certains anglophones rêvaient de faire de leur langue l'impératrice des langues pour couvrir tout le monde. Ils y sont parvenus, mais quelle impératrice ! Ils n'ont plus maintenant qu'une Messaline vagabonde et prostituée, omniprésente mais claudicante et loqueteuse, et que tout le monde peut couvrir. Dans chaque pays pourtant, il vous sera dit que maman est irréprochable, et c'est ce qui me sera répondu. Chacun voit midi à son cadran solaire, et seuls les non-anglophones natifs ont ici le privilège d'une observation panoramique.

Chez nous, les professeurs enseignent ce que nous appelons encore l'anglais. Nombre d'entre eux vous accorderaient (officieusement) qu'ils sont inquiets sinon écœurés par ce qu'ils en découvrent maintenant : tous azimuts, un mollusque informe et tentaculaire. Ils voient bien que le dilemme est pour eux de transmettre soit une ancestrale langue flamboyante mais à un stade d'obsolescence avancée, soit un horrible parler courant toléré, instable et nauséabond. L'alternative rappelle celle de l'arabe en Afrique du Nord : faut-il étudier l'arabe littéraire, le vrai, le pur, celui d'une pensée plus que millénaire et de la récitation liturgique ? Ou bien l'arabe purement dialectal qui permet de parler de couscous et de marchander des babouches, mais ne sert plus à grand chose une fois rendu à Jérusalem, à Médine ou à la Mecque ?

Pour baptiser de manière plus appropriée ce qui est ainsi pratiqué par les anglophones, j'emploierai désormais le terme d'« angloricain », puisque les Anglais ne se reconnaissent pas dans ce qu'ils entendent à Houston, et les Américains se trouvent bien interloqués quand ils arrivent à London.

Que dire alors de la langue qui tente de s'en rapprocher et que s'efforcent de parler les Français, les Italiens, les Coréens, les Brésiliens, les Russes, les Chinois et les autres, qui sont quand même tous ensemble majoritaires, à hauteur de 88 %, sur cette planète ?

De même, que dire de celle que se mettent à pratiquer les anglophones natifs lorsqu'ils traversent ces contrées et se découvrent incapables de communiquer autrement qu'en mortifiant encore un peu plus leur idiome quotidien d'origine ?

Quel est le positionnement réel de cette langue, que l'on nous dit être la référence absolue et qui, au mieux, n'est parlée légitimement que par moins de 12 % de l'humanité ; qui ne compte plus ses variantes, tant en accents qu'en répertoires ; dont on ne sait guère si la version de York est meilleure que celle de New York, et encore moins si celle de Montpellier (Hérault) est vraiment transcendée par celle pratiquée à Montpelier (dans le Vermont, le quatorzième État américain, découvert et baptisé ainsi par notre compatriote Samuel Champlain en 1609) ; une langue qui se transforme n'importe comment, sans règle ni structure, dès qu'il s'agit de communiquer ailleurs que dans le pays de naissance de chaque intervenant ?

Sa version la plus récente et la plus actuelle se trouve sur l'Internet. On y lit aussi cette confondante autocritique : « La langue de l'Internet est vraiment une langue internationale, et elle a l'apparence d'être écrite en anglais. Mais ce n'est pas le même anglais que celui dont nous sommes familiers, c'est du *netglish*, et ses présuppositions sont différentes.[1] » Le parler de Bab el Web, en quelque sorte…

Acceptons-le, notre terrain de jeu s'est récemment ratatiné en raison des progrès des communications tant physiques (transport, en particulier aérien) que dématérialisées (télécommunications, en particulier l'Internet). À une époque où ce dernier n'était pas encore réalité, ce fut l'observation, précoce et donc prophétique, d'un directeur du centre pour la Culture et la Technologie à l'université de Toronto, le professeur Marshall McLuhan. Disparu en 1980, ce visionnaire fortement attaché à la pensée de Pierre Teilhard de Chardin nous a laissé une œuvre prédisant un univers meilleur : les commodités d'intercommunication y rapprocheraient les hommes et faciliteraient leur accès à la divinité. Pour décrire cet univers, alors en train d'émerger, il inventa un aphorisme qui a fait fortune, sans que grand monde sache le lui attribuer : le « village global », petite planète dont la taille pratique ne cesse de se recroqueviller, et dans laquelle un Parisien rallie Melbourne en moins de temps qu'il n'en fallait, il y un siècle et demi, pour se rendre de Paris à Libourne. Rappelons que la définition de nos départements était, lors de leur création, celle de territoires dont la taille permettait à tout habitant, et à tout courrier, de rejoindre la ville principale en vingt-quatre heures dans le

1. HADEN ELGIN (Suzette), *The Language Imperative*, Perseus Press, janvier 2001.

pire des cas. Il n'y a plus dans le monde présent de ville principale se trouvant au-delà de vingt-quatre heures de Paris pour une personne qui doit se déplacer physiquement ; et le courrier, devenu virtuel, arrive partout en une fraction de seconde. Toutes les cités sont interconnectées électroniquement à la vitesse de la lumière, et tout est à la portée de tous.

Dans ce monde, les anglophones natifs sont minoritaires dans un rapport de un à huit, nous l'avons vu. Les autres s'expriment comme ils le peuvent. Je soutiens que la langue ainsi pratiquée tant par les uns que par les autres n'est certainement plus l'anglais, pas même l'angloricain, dont les spécifications sont encore à écrire, mais un véhicule de communication vulgaire qui s'en différencie par de nombreux traits méritant explications. « Vulgaire » est pris ici au sens étymologique et premier : « Très répandu, admis, éprouvé, mis en usage par le commun des hommes (sans aucune valeur péjorative). Se dit de la forme de langue connue de tous, opposé à littéraire.[1] »

Auteur francophone de nationalité canadienne, mais de naissance argentine, Alberto Manguel s'inscrit en renfort de cette théorie : « L'anglais, proclament gaiement les statistiques, est devenu notre *lingua franca*, et de Châlons-sur-Marne aux îles Tanimbar, les bâtisseurs du Web et de Babel s'échangent leurs données technologiques dans la langue dite de Shakespeare. Or ce n'est pas ça du tout. La langue des ordinateurs, amoindrie, mystérieusement tronquée, phonétiquement

1. *Le Petit Robert*, dictionnaire alphabétique et analogique de la langue française, 1969.

simplifiée et grammaticalement incorrecte, n'a que peu en commun avec la riche langue d'Hamlet ou même de Faulkner ou de Virginia Woolf...[1] »

Dans la même publication, l'écrivain martiniquais Patrick Chamoiseau surenchérit : « Ainsi cette clameur anglaise qui empoigne toutes les bouches du monde n'est plus qu'un code technico-commercial dépourvu des fastes indéchiffrables de la langue de Shakespeare ou de celle de Milton. »

Autre écrivain dont personne ne discutera le crédit ni l'autorité, Alain Decaux en est arrivé à la même conclusion : « Le langage si pratique que l'on utilise partout dans le monde est de moins en moins de l'anglais. C'est une langue nouvelle, née de l'anglais, dont les racines sont anglaises, mais qui foisonne de néologismes, d'approximations, de déformations.[2] »

Marc Fumaroli avance un jugement équivalent : « L'anglais qui s'impose aujourd'hui dans le monde entier est une langue vernaculaire et technique dispensant de tout style... C'est bien le caractère sommaire, commode, élémentaire, passif, ne demandant à ses locuteurs aucun engagement ni dans la manière ni dans la matière de leur parole, qui fait l'essentiel de sa puissance d'attraction. La "transparence" molle de cet anglais global est le contraire de la clarté vive et précise que réclamait le français des Lumières...[3] »

---

1. MANGUEL (Alberto), « Retour à Babel », *Le Figaro littéraire*, 17 octobre 2002.
2. « L'aventure de la langue française », *Revue de l'AMOPA*, n° 155.
3. FUMAROLI (Marc), *Quand l'Europe parlait Français*, Livre de poche, 2003

Il est temps de l'admettre, c'est à tort que nous voyons dans l'angloricain, *a fortiori* dans l'anglais, la langue universelle : ce qui se parle partout, c'est un autre dialecte. Ce parler, utile, indispensable, invoqué par les auteurs que je viens de citer, mérite un nom qui le particularise clairement par rapport à *English*, et coupe officiellement son lien de filiation. Ou plutôt, qui n'en maintienne qu'une trace pour des raisons euphoniques et de reconnaissance mondiale. Je l'appellerai le « globish »[1].

Le mot vient donc de « globe ». Il pourrait aussi tirer son étymologie du mot anglais *glob*, qui définit un amas assez informe de quelque chose. Les prononciations sont différentes : le « o » de « globe » et donc de « globish » est le même que celui de *bone* et de *stone*, tandis que celui de *glob* est l'équivalent de ce que nous entendons dans *stop*, proche du son « a » dans notre langue, et aussi de la première voyelle de *father*, pour les locuteurs d'outre-Atlantique.

Le globish découle de l'angloricain, c'est indéniable — et, plus en amont, de l'anglais. Mais il en diffère tout autant que la *koinè* différait du Grec de Thucydide à l'époque où le message du Christ commençait à se répandre. Le globish est un idiome impur et dépenaillé,

1. Employé depuis 1989 par l'auteur, le terme « globish » est une marque déposée. Un usage du terme dans la ligne de la présente théorie est promis à une large autorisation. Le même terme a aussi été utilisé par un chercheur pour désigner une simplification orthographique, au terme de laquelle l'anglais s'écrirait comme il se prononce, et *vice versa*. Homonymie regrettable.
Les locuteurs du globish méritent un nom les signalant : nous les appellerons les « globiphones ». Les plus cérébraux d'entre eux pourraient revendiquer le terme « globicéphale », mais le mot a déjà été mobilisé par un mammifère marin de la famille des dauphins, muni d'une tête ronde et dépourvue de rostre.

qui ne vise ni à la compréhension d'une culture, ni à l'acquisition d'un talent permettant de briller à Hyde Park ou Central Park, mais qui poursuit une triviale efficacité, toujours, partout, avec tout le monde.

Le globish a le tort de n'être pas encore reconnu par tous : lacune que le présent ouvrage entreprend de corriger en précisant sa définition et en assignant à son recensement terminologique un ancrage définitif.

Chapitre 6

Où se trouve décrit le globish

Soulignons encore une fois que le globish n'est pas une langue : il n'en est qu'un substitut providentiel. Il ne permet d'approcher aucune érudition, n'ouvre pas la porte au plaisir attendu d'une littérature luxuriante, et ne consent que des conversations à caractère pragmatique, si ce n'est cupide. Il est important d'en faire la publicité en le confinant strictement à son ambition : la seule communication planétaire. L'objectif que je poursuis en définissant le globish est donc modeste : c'est ce qui va le rendre accessible à tous.

Le globish se parle avec peu de mots

Le vocabulaire nécessaire est restreint à 1 500 mots. Pas un de plus si possible.

En globish, celui qui pense bien faire en enrichissant son lexique personnel au-delà du 1 500e vocable commet une lourde erreur : il se rapproche de l'angloricain ; et plus il s'en rapproche, plus il augmente ses chances d'être aussi mal compris à Montevideo que le Néo-Zélandais ou l'Irlandais.

Il vous faudra donc mettre au point cette pratique : parler avec peu de mots, même si vous en connaissez beaucoup plus.

Mais, objecteront les incrédules, peut-on vraiment communiquer avec un catalogue aussi étriqué ?

Et comment ! Mille cinq cents mots, c'est plus que copieux, peut-être même excessif. Déjà, avec 850 termes, vous vous en tireriez très honorablement dans la plupart des circonstances. Nous l'avons appris d'Ogden.

Que les parents et grands-parents examinent sans indulgence les conversations qu'ils entretiennent avec leurs descendants âgés de cinq à sept ans. Ne sont-ils pas d'une grande richesse, tant affective que factuelle, tous ces entretiens où il leur est demandé pourquoi l'herbe est verte, pourquoi le ciel est bleu et pourquoi les radis sont de deux couleurs ? Et pourtant, qui soutiendra que tout l'inventaire de ces bambins excède 1 500 mots, dans la version productive qu'ils emploient lorsqu'ils s'adressent aux adultes ?

Observez aussi des personnes qui ont durablement séjourné en pays réputé de langue anglaise, ont regagné la France depuis de longues années, et ont laissé péricliter une facilité d'expression qui faisait votre admiration à l'époque de leur expatriation. Vous serez étonné de noter que leur langue s'est incroyablement oxydée : l'expression en semble toujours aussi coulante, l'accent étant demeuré ce qu'il était, et la diction sans doute identique. Mais l'assortiment de leurs tournures s'est déplumé sous l'effet du passage des ans. Ces compatriotes s'en plaignent et interrompent souvent leur propos pour demander : « C'est quoi, déjà, le mot correspondant à… ? » Pour la plupart, ils sont revenus à une liste de termes très inférieure à 1 500 mots, mais se débrouillent instinctivement en recourant aux méthodes que je décrirai dans quelques paragraphes. Rien ne paraît de leur faiblesse, et ils portent beau, mais une analyse attentive décèle leur régression ; ils arrivent pourtant assez efficacement à leurs fins, avec une subtilité linguistique désormais très élaguée.

Écoutez les étrangers touristes en notre belle patrie quand ils s'adressent à vous en français. Ne vous attachez pas à ceux qui articulent péniblement les quarante mots permettant de surnager, mais concentrez votre examen sur ceux dont la facilité vous fascine. Essayez d'appréhender l'étendue de leur lexique, vous serez surpris de constater combien il est étroit et comment ces locuteurs arrivent à conduire des entretiens fertiles ou intéressants avec un patrimoine minime dans une langue qui n'est pas la leur.

L'environnement carcéral nous donne une autre démonstration de ce qu'avec un recensement de 1 500 mots, on peut faire face à toutes les joies et difficultés de la vie. Insuffisamment connue, une association du nom de Relais Civique[1] y entreprend un travail de haute qualité méritant certainement plus que le peu de publicité (désintéressée) qui en sera faite dans ces lignes : pour ces volontaires bénévoles, qui opèrent principalement en Île-de-France, l'objectif est de doter des détenus mineurs d'une collection de mille mots français. Selon l'observation des animateurs de ce programme, cette population carcérale et juvénile n'a en effet apprivoisé qu'une liste de 700 ou 800 mots, dont seulement 400 à 500 communs avec notre propre langage. « Le reste appartient au langage de leur bande, incompréhensible par la société majoritaire.[2] » Voici donc des prévenus ou condamnés qui arrivent à communiquer entre eux avec une capacité bien resserrée.

1. « Programme 1000 mots », Relais Civique, 67 place du Docteur Félix Lobligeois, 75017 Paris (volontaires recherchés).
2. Voir la page www.relaiscivique.info/millemots.htm.

Le Relais Civique évalue qu'en dotant ces jeunes citoyens d'un avoir de 1 000 mots, il arriverait à les équiper des « armes dont disposent les gens "forts" de notre société... » L'ambition n'est pas « de faire des détenus des gens honnêtes, mais plus modestement de leur donner le vocabulaire sans lequel toute insertion dans notre société reste impossible. Cette condition n'est bien sûr pas suffisante, elle n'est que nécessaire. [...] À 1 001 mots, on passe à l'élève suivant[1] ».

Avec 1 000 mots en français, vous détiendriez donc ce qui est nécessaire. Imaginez avec 1 500 en globish ! Nous sommes loin de l'anglophone natif condescendant : il utilise avec une gracieuse délectation quelque 10 000, voire 15 ou 20 000 mots différents, du haut desquels il peut vous contempler avec un dédain vaguement ennuyé chaque fois que vous ouvrez la bouche. Et chaque fois que votre oreille se montre peu perméable.

Enfin, il convient de noter que la radio Voice of America a reconnu officiellement ce chiffre de 1 500 comme celui qui correspond à l'angloricain international de référence. Elle diffuse des programmes destinés à couvrir le monde : les textes en sont rédigés à l'aide d'une liste de mots délibérément circonscrite afin de toucher un effectif d'auditeurs le plus considérable possible. J'y reviendrai dans les lignes consacrées à l'apprentissage qui vous sera suggéré. Le site Internet de cette radio[2] présente ces mots avec leurs définitions, lesquelles sont rédigées uniquement avec les mots définis dans la liste. La preuve serait ainsi induite que tout mot anglais, quelles que

1. *Ibid.*
2. www.voaspecialenglish.com.

soient sa rareté et sa spécificité, peut être défini par des mots plus simples : tout concept, toute idée pourraient être ramenés à ce parler plafonné.

Mille cinq cents mots, cela suffit donc tout à fait. Avec cet éventail, vous pourrez vous inspirer des orateurs de la classe politique qui, en français, attirent la sympathie et sont les mieux compris. Nicolas Sarkozy se place facilement dans ce peloton de tête. Homme de terrain que n'ont pas déformé de brillantes études à l'ENA, il en donne la démonstration dans ses apparitions télévisées. La presse l'analyse et l'en complimente : « En professionnel de la communication, le ministre de l'Intérieur fait passer son message grâce à des mots simples. Les lexicologues ont calculé que 84 % du vocabulaire qu'il utilisait appartenait au français quotidien.[1] » Il se disait aussi que Laurent Fabius ne causait dans le poste qu'avec trois cents mots différents, mais c'est peut-être un peu exagéré. Quoiqu'il en soit, nous sommes loin de Michel Jobert qui, dans un débat télévisé avec Jacques Delors à propos du président Georges Pompidou et du Premier ministre Jacques Chaban-Delmas, avait qualifié ce dernier de « coruscant », estimant sans doute que « brillant » n'était pas suffisant. Les auditeurs auront certainement été impressionnés par cet étalage de virtuosité… Les succulents imparfaits du subjonctif, chers au cœur de M. Raymond Barre, étaient non moins élégants ; mais agrémentaient-ils l'efficacité de son propos auprès de la

1. Judith Waintraub dans *Le Figaro*, suite à l'émission « Cent minutes pour convaincre » consacrée le 9 décembre 2002 à Nicolas Sarkozy.

grande masse du peuple ébahi[1] ? En globish, suivez l'exemple des plus jeunes parmi les personnalités politiques ci-dessus évoquées.

En outre, être capable d'utiliser 1 500 mots, c'est en fait en dominer un bien plus grand nombre. Une quantité considérable des termes retenus en globish se combinent pour en faire d'autres : *back-door*, *dream-team*, *bottleneck*. D'autres se déclinent et vous enrichissent de leurs enfants : *teach-teacher*, *territory-territorial*, *neutral-neutrality*, *seven-seventh-seventeen-seventeenth-seventy-seventieth*, etc. On pensera aussi, bien entendu, aux formes dérivées normales, telles que *nice-nicer-nicest*, *good-better-best*. Et enfin aux conjugaisons des verbes — *to love, he loves, loved, loving* —, de même qu'à celles des auxiliaires et des irréguliers, particulièrement bizarres — *to be*, *I am*, *you are*, *I was*, *you were*, *been*, *being*, et *to get*, *I got*, *getting*, complété ici ou là de *gotten*. Les Américains emploient ce dernier, tandis que les autres, dans leur pureté imaginaire, le réprouvent (en oubliant opportunément qu'ils permettent sans plus de scrupule *forgotten* comme participé passé de *to forget* ; où est le rationnel dans cette langue bouleversée en tant de métamorphoses composites ?).

Qui plus est, en angloricain, les vocables sont fréquents qui fonctionnent à la fois comme nom et comme verbe, voire comme adjectif. Ils remplissent deux ou trois usages, parfois plus, mais ne comptent que pour un dans les 1 500 retenus. Ainsi *fast* peut-il être l'adjectif « rapide », l'adverbe « rapidement, vite », le verbe « jeûner » et le substantif « jeûne », entre autres. Vous croirez ne posséder

1. Monsieur Barre n'est-il pas le dernier Premier ministre qui aurait sans hésitation trouvé plaisir dans la distinction entre « encore eût-il fallu que vous le sussiez », « encore fallait-il que vous le suciez » et « encore eût-il fallu que vous le suçassiez » ?

que 1 500 mots, mais par ce procédé de duplication intestine, vous en pratiquerez réellement 3 500 en globish ! Vous serez donc plus fortuné que ce que ce millier et demi ne semblait annoncer.

En complément, dans nombre de cas en globish, vous aurez aussi la jouissance quelque peu antécédente du langage technique de votre profession ou de votre passion, si leur exercice motive votre intérêt pour la communication internationale. Des dizaines, voire des centaines de termes anglais propres à votre métier ont perturbé votre français : ils s'ajoutent de fait à la liste patronnée. Vous n'y pouvez rien, c'est une autre richesse initiale, et elle contribuera à votre confort.

Au-delà de la liste du globish, à laquelle vous devez vous tenir quand vous vous exprimez, vous reconnaîtrez des mots angloricains qui ressemblent aux nôtres mais ne sont pas homologués. Une fois accoutumé à leur prononciation, vous les distinguerez dans la bouche de vos interlocuteurs. Vous entendrez ainsi les anglophones natifs utiliser : *pachyderm*, *pacific*, *pacification*, *pacifist*, *packet*, *pact*, *paddock*, *paganism*, *pair*, *pale*, *palm*, *palpable*, *palpitation*, *pamphlet*, *panacea*, *panegyric*, *panic*, *panoply*, *pannier*, *panorama*, *pantaloons*, *panther*, *pantomine*, etc. Inutile de les lister tous : cent mots exactement commençant par les seules lettres « pa » dans un petit dictionnaire de poche[1]. Vous imaginez pour la totalité du volume… Ils sont écrits ou prononcés de manière souvent familière, et parfois inattendue ; leur identification peut requérir un travail, mais leur acquisition est alors assurée. À ne pas utiliser, pour la plupart, quand vous parlez en globish, mais à ne pas dédaigner par principe pour la compréhension.

1. CHAFFURIN (Louis), *English-French Larousse*.

D'une manière constante, les mots se terminant en « ion » appartiennent à cette catégorie : *delegation*, *information*, *restriction*, *emission*, *erection*, etc. Mais ils n'ont pas toujours le même sens qu'en français ; circonspection (*circumspection*, parfois l'orthographe titube un peu...) donc dans leur maniement.

Terminons, pour faire bonne mesure, par les mots abhorrés de nos linguistes : ceux qui ont estropié notre belle langue en s'installant chez elle sans être agréés officiellement à l'origine. Il y en aurait 3 222 selon un expert[1], et vous en connaissez forcément une jolie petite foule. N'avez-vous aucune idée de la signification de *black, feeling, light, zap, cool, vamp, patch, etc. ?*

Vous comprenez ces vocables lorsqu'ils apparaissent dans l'angloricain parlé, à condition que leur prononciation vous soit transparente. La notion que vous leur attribuez est souvent suffisante pour saisir la portée de la phrase entendue. Mais parfois ils ne nous sont parvenus qu'avec un sens restreint ou même déformé, gauchissant le concept plus spacieux dont ils bénéficiaient dans leur dictionnaire d'origine. Cela peut conduire à des contresens. La méfiance est donc prescrite. Elle doit conduire à l'étude de façon à clarifier la compréhension des mots concernés.

Ainsi, qui ne connaît le mot *squat*, qui nous a donné « squatter » ? Pourtant, il ne faudrait pas traduire « *I was squatting on the turkish toilet* » par « Je m'étais installé illégalement sur le siège inoccupé des WC à la turque » (pour suivre la définition du *Petit Robert*), mais par « Je m'étais accroupi sur... ». *Tilt* a également traversé les mers et les océans d'une manière plutôt chaotique. La

1. Henriette Walter, linguiste citée par VICTOR (Florence), « To be or not to bilingue », *Madame Figaro*, n° 1013, 24 janvier 2004.

plupart de nos concitoyens l'associent au concept d'une idée lumineuse, d'une compréhension surgissant subitement, telle une étincelle ; sans doute parce que, sur les billards électriques, c'est le mot qui apparaît pour signifier que quelque chose d'imprévu, comme une secousse violente, a interrompu le déroulement normal des opérations : « Ça a fait tilt. » En fait, en angloricain, il veut dire « incliner », et il rend compte de la manipulation physique infligée à l'engin, lequel proteste en mettant fin à la partie pour cause de triche. Et *flipper*, qui pour beaucoup a donné son nom aux appareils d'amusement évoqués ici, ne signifie pas « petit marteau actionnable enrobé de caoutchouc », mais « nageoire » ou « palme » pour le plongeur et le chasseur sous-marin.

Slip m'a un jour fourni une impayable controverse entre mon épouse Michèle et sa voisine Beverley. Cette amie venait nous chercher pour nous escorter à la fête dominicale de sa paroisse, à Stamford dans le Connecticut, au nord-est de New York. Michèle, en ce début d'été, propageait notre image d'élégance à l'aide d'une ravissante robe de cotonnade que sa légèreté rendait agréable sur les bords de la Méditerranée : c'était le rivage que mon affectation nous avait fait quitter quelques semaines auparavant. Ce genre de toilette était imposé par la touffeur moite de ces étés torrides que réserve le climat continental de la côte orientale aux États-Unis. Nous avions vite noté la pudibonderie vestimentaire des naturels[1] de cette région, dont les femmes continuent imperturbablement à porter des collants en plein cœur de la canicule,

1. Un soupçon m'ayant été formulé à ce sujet, je précise que « naturel » n'est pas une transcription inféodée de l'angloricain *native*. C'est le terme bien français par lequel Bougainville et la Pérouse désignaient les peuplades rencontrées lors de leurs explorations.

pendant que les Marseillaises se bronzent *topless* sur les plages de la corniche (on pourrait dire en monokini, mais ce n'est guère plus français que *topless).*

Un peu inquiète quant à la transparence de son vêtement en éventuel contre-jour, mon épouse consulte Beverley. Celle-ci lui répond avec la franchise parfois abrupte qui rend sa race quelque peu abrasive : « Oui, elle est un peu transparente, je pense que vous devriez porter un *slip.* » Michèle en rougit d'outrage jusqu'aux oreilles : « Mais je porte toujours un slip ! » Beverley, qui a peur d'avoir commis un impair : « Oui, certainement, je voulais dire un slip un peu plus opaque, quoi, je veux dire moins transparent. » L'incident se poursuit dans le quiproquo au-delà du compte rendu qui en sera fait ici : en angloricain, *slip* ne veut pas du tout dire « culotte » mais « jupon », d'où le savoureux malentendu…

Une autre méprise due à une incorrecte interprétation a eu des conséquences historiques considérables et demeure peu connue.

Au moment où la Seconde Guerre mondiale approchait militairement de sa fin, le président américain Franklin D. Roosevelt fit savoir qu'il n'accepterait rien du Japon ni de l'Allemagne en dehors d'une « reddition sans condition ». Les alliés le suivirent dans cette détermination farouche. Pour un Européen, ce genre de phrase signifie : « Je dois me rendre, mettre à la disposition de l'ennemi mes étendards, mes armes, mes bagages, mes biens, ma femme et mes enfants. J'ai perdu d'une façon si totale et dans des conditions tellement infamantes que je ne puis plus négocier quoi que ce soit. Je ne représente plus aucune capacité de nuisance, et dois donc sacrifier tout ce que j'avais espéré préserver. » Forts de cette tragique compréhension, et adroitement prévenus des atrocités de l'Armée Rouge à son entrée en Prusse orientale, les soldats allemands ont combattu dans d'impitoyables batailles contre les armées arrivant de Normandie ou de Provence, et levées en France. Pourtant leurs chefs militaires et leur peuple ne souhaitaient plus qu'une chose devant leur inéluctable défaite : négocier séparément un armistice rapide avec le général Dwight Eisenhower. Après avoir ainsi cessé le feu à l'Ouest, ils espéraient reporter sur le front de l'Est toute la capacité militaire épargnée, pour y contenir la déferlante soviétique qui allait un peu plus tard faire tomber le rideau de fer sur le glacis qu'elle aurait conquis. Cette perspective allait demeurer un rêve, certainement en raison de la répugnance des Occidentaux à abandonner l'URSS et le petit père des peuples après leurs sanglants sacrifices, mais sans doute aussi en raison d'un contresens de traduction sur les possibles conséquences de la « reddition sans condition ».

Car l'expression *unconditional surrender* ne date pas de cette encore récente période de l'histoire. Sa célébrité, et son sens réel pour ceux qui l'employaient en 1944-1945, remontent à 1862. Ulysses S. Grant, officier de l'US Army qui avait dû la quitter pour cause d'éthylisme huit ans plus tôt, y était revenu à la faveur de la guerre de Sécession et encerclait Fort Donelson, dans le Tennessee. La place et ses 27 000 soldats sudistes étaient commandés par le général de brigade confédéré Simon Bolivar Buckner, futur gouverneur du Kentucky. C'était un ancien camarade de promotion et ami intime de Grant à l'Académie militaire de West Point ; il avait matériellement et moralement secouru de près son copain pendant sa grave période alcoolique et après son expulsion de l'armée. Il fit savoir à Grant qu'il était prêt à déposer les armes, et souhaitait discuter les termes de cette cessation des hostilités. Grant fit répondre : « Aucun terme autre qu'une reddition sans condition et immédiate ne sera accepté. »

Ainsi se rendirent les douze mille Sudistes survivants ; ainsi fut gagné par le Nord le premier engagement de la guerre civile ; ainsi fut découvert et reconnu le récent général Grant, dans une incroyable vague de popularité, à un moment où les victoires étaient rares et réclamées. Les initiales de ses prénoms, US, pour *Ulysses Simpson*, le rendirent célèbre sous le « nom de guerre[1] » *Unconditional Surrender Grant*, bien qu'à sa naissance, l'état civil l'ait enregistré sous le nom de *Hiram Ulysses Grant*[2]. C'est ainsi également que le terme *Unconditional Surrender*, « reddition sans condition », entra dans la légende. Et ainsi son sens fut-il déformé, car les prisonniers furent traités du mieux possible, avec bien des égards cordiaux, les vainqueurs s'en sentant responsables maintenant que ceux-ci se trouvaient sans défense et démunis entre leurs mains. Leur chef, Buckner, demeura un ami proche de Grant, au point qu'il fut l'une des quatre personnes qui tinrent les cordons du poêle lors des obsèques de celui qui était dans l'intervalle devenu le dix-huitième président des États-Unis d'Amérique. Pour les citoyens de ce pays, « reddition sans condition » signifie encore : « Rendez-vous, n'ergotez pas, ne chicanez pas, vous serez bien traités, je me porte caution de votre destin. » Le soin pris par les États-Unis à reconstruire l'Allemagne et le Japon à partir de 1945 ne dément pas cette théorie, même si d'autres motifs économiques et politiques,

1. En américain, le terme français « nom de guerre » est employé tel quel.
2. Ses noms de baptême lui donnaient primitivement les initiales « HUG », ce qui ne faisait pas très sérieux, le mot signifiant en anglais « embrasser, étreindre, serrer dans ses bras », d'où le changement en « USG » lors de son entrée à l'Académie militaire de West Point. Simpson était le nom de famille de sa mère.

forcément puissants, n'en furent pas éloignés. Pour leurs ennemis de 1944, l'interprétation était tout autre ; des milliers d'hommes sont morts, et le communisme s'est installé dans bien des pays qui n'en demandaient pas tant, en raison peut-être aussi de ce fourvoiement dans les termes que chacun croyait comprendre correctement.

Cette frontière à 1 500 mots pourrait nonobstant vous procurer le sentiment d'une certaine exiguïté, et j'expliquerai comment la conjurer : dans cette liste de base, vous trouverez *wise* pour « prudent, sage, sagace » ; mais vous chercherez en vain *intelligent, clever, astute, prudent, canny, discerning, sapient, farseeing, intuitive, judicious, sensible, prudent, sage, learned, shrewd, cunning, crafty, artful, foxy, keen, sharp, wary, mindful, cognizant, acquainted with, smart*, etc. Si un Carolinien méridional (de Charleston) ou vous-même utilisez un adjectif de cette seconde liste, la précision n'en sera que meilleure, la pertinence plus convaincante, la nuance sémantique plus exacte... dans le seul cas minoritaire où vous vous adressez à un anglophone natif. Mais dans le village global, cet appel à la subtilité diminue les chances de communiquer efficacement avec les 88 % de l'humanité.

Il faut faire un choix en faveur de la supposée fine fleur amphigourique, ou de la majorité opprimée et pratique ; en faveur de la perfection aristocratique, ou de la conclusion de la commande qui va échapper à celui qui n'aura pas été bien compris par le donneur d'ordre à l'autre bout du monde. Il revient à chacun d'embrasser son destin : le vôtre devrait être un efficace et rustique pragmatisme vous permettant d'atteindre les localités les plus distantes.

Enfin, vous en comprendrez bien davantage que vous n'en parlerez : cela vous aidera lorsque vous converserez avec des anglophones natifs, que vous écouterez avec patience. D'ailleurs, il est vraisemblable qu'au moment de son achat nombre des lecteurs de cet ouvrage pratiqueront correctement, du moins suffisamment l'anglais. Tant mieux pour eux, ils s'en porteront bien à Brighton, à Honolulu et à Seattle. Car en compréhension, c'est-à-dire en version, plus le lexique domestiqué est varié, plus le détenteur de cette richesse linguistique a de chances de comprendre l'influente minorité constituée des Britanniques, des Américains, des Australiens, etc., dont les efforts pour se convertir au globish sont encore incertains. Qui peut le plus peut aussi le moins : ces mêmes praticiens qui passeront au globish entendront encore plus aisément les barbares des autres nations qui, faute de choix, resteront confinés aux frontières du tableau recommandé ici.

Cependant la difficulté est de taille : reconnaître un grand nombre de mots, mais ne se servir que de 1 500 d'entre eux... Pour ces lecteurs un peu en avance, comme pour les anglophones natifs, le problème consistera à rationner leur lexique en fonction de ce répertoire rétréci à dessein, en favorisant ainsi leur expression en thème, sans forcément perdre ce qui fait leur force en version. Mais n'est-ce pas la même chose dans chaque langue maternelle : en français, votre éventail réceptif contient des dizaines de milliers de mots que vous identifiez et comprenez admirablement, tandis qu'au mieux quelques milliers (voire quelques centaines...) suffisent à votre activité productive ?

Mais alors, quels sont les 1 500 mots à retenir ?

Il serait bien pratique que toutes les nations se mettent d'accord sur cette liste magique. Si les Français y arrivaient, ils pourraient en éclairer une nouvelle fois le monde. Le procédé le plus en ligne avec nos mœurs démocratiques pourrait être de saisir les linguistes, qui enrôleraient les Académiciens, qui alerteraient le président de la République, qui s'assurerait de diligenter le

Premier ministre, qui nommerait une commission parlementaire, laquelle s'enrichirait des conseils d'experts choisis parmi professeurs, écrivains et penseurs mandatés par toutes les couches sociales et toutes les sensibilités de la nation... Ceux-ci formeraient un comité qui consulterait le plus largement possible, sans oublier les syndicats représentatifs. Le comité produirait un rapport avec une recommandation, qui serait examinés par la commission parlementaire, transmis au gouvernement. Après moult études, celui-ci déposerait un projet de loi sur le bureau de l'Assemblée. Le texte en serait débattu, remanié, enrichi d'amendements retardateurs, et enfin voté. Plus tard viendraient les possibles décrets d'application.

Il suffirait que les Italiens, les Boliviens, les Ivoiriens et les autres se prennent de la même idée démocratique, et notre initiative, qui aurait consommé bien des années, ne servirait plus à rien, puisque chacun aboutirait à une énumération différente. Ici, il est préconisé de ne pas s'en remettre à l'habituel cours d'action semi-libéral à la française.

Il vous est suggéré d'adopter, sans plus de discussion, une liste de mots dont les sources ont démontré leur validité et coïncident pour l'essentiel : j'ai opté pour une synthèse de celle utilisée par la radio internationale Voice of America et du dictionnaire de *Basic English* selon Ogden. Des consultations appliquées de citoyens britanniques et américains m'ont éclairé sur le bien-fondé de ce que je retenais et de ce que je rejetais. Il m'aura fallu y ajouter une numérotation (*one*, *two*, *three*, etc.), qu'aucune de ces deux listes ne proposait, et quelques autres vocables peu nombreux.

En annexe est fourni un lexique rudimentaire, en secours de la version. De plus, le site Internet www.jpn-globish.com rend disponible un dictionnaire de traduction dans les deux sens, exploitable sur ordinateur.

L'ensemble est imparfait, certainement. Mais pourquoi le bouder si cela peut rendre service, et fonctionne dès à présent ?

Connaître les mots ne saurait être suffisant en globish

Réduire une langue à un vocabulaire serait formellement abusif. Pour définir intégralement le globish, il me faut le compléter de quelques observations sur l'accent, la grammaire, et surtout la manière de vous exprimer : cette dernière justifiera un chapitre entier à elle seule.

Il faut que votre accent soit compréhensible, ce qui ne veut pas dire qu'il doive être parfait. Et que pourrait bien vouloir dire « parfait » dans un monde aussi varié et brumasseux que l'angloricain ? Dépasser le stade auquel vous êtes compris partout n'a rien de nécessaire. Observez Arnold Schwarzenegger et écoutez son accent d'une oreille discriminante. Il faut, pour le couper, une serpe autrichienne : cela ne l'a pas empêché de se faire élire gouverneur de l'État de Californie, malgré une expérience et un passé politiques moins rembourrés que ses biceps.

Malheureusement, le Français est souvent victime d'une prononciation anglaise à laquelle les observateurs reconnaissent un charme certain, mais qui n'aide pas toujours à la compréhension. Elle est fantaisiste et peu coutumière aux oreilles de la plupart des anglophones natifs : la raison en est que les Français jouissent du rare privilège de n'avoir jamais quitté leur pays au profit d'une émigration massive vers les terres de langue angloricaine. La France détenait son propre empire colonial, et les citoyens aventuriers ou désavantagés dans l'Hexagone pouvaient partir au Sénégal, à Pondichéry ou à Saigon avant de songer à New York *via* l'office d'immigration installé à Ellis Island[1]. Et, à partir de 1850, nos bagnes se sont installés en Guyane, en Algérie, en Nouvelle-Calédonie et à Obock, tandis que les Britanniques avaient fondé Botany Bay en Australie[2]. Le résultat est que, nulle part en terre de langue anglaise (ou présumée telle), l'accent français n'a jamais été bien connu. Il n'a pas été non plus celui de l'immigrant perçu comme pauvre et voleur d'emploi, dénigré et brimé injustement.

Les cohortes d'arrivants qui ont peuplé les États-Unis et d'autres anciennes colonies de sa gracieuse Majesté y ont d'abord été affublées de surnoms manifestant qu'ils n'étaient l'objet ni de la plus grande considération, ni du plus évident respect. Ceux qui voyaient pour la première fois la statue de la Liberté, avec l'émotion intense que communique encore leur musée, étaient Allemands (*Krauts*, les choucroutes), Italiens (*Wops*, *Greasers*), Polonais (*Polacks*, victimes de toutes les histoires que nous réservons aux Belges, et que les Belges réservent aux Néerlandais), Russes (*Russkies*, *Borscht-breath*), Juifs (*Kikes*, *Yids*), Irlandais (*Micks*, *Potato heads*), Japonais (*Japs*, *Yellow bellies*), Indiens (*Towel heads*), Africains (*Jungle bunnies* et bien des choses moins gentilles), Mexicains

1. Selon le professeur Jean-Baptiste Duroselle (*Revue de l'AMOPA*, n° 161), entre 1800 et 1914, la période de peuplement intensif des États-Unis, nos 100 000 émigrants vers cette terre ne se comparent guère numériquement aux 17 millions de Britanniques, 16 millions d'Allemands, 10 millions d'Italiens, 3 millions d'Austro-Hongrois, 700 000 Grecs, etc. Nos soldats et marins, nos officiers ont libéré les États-Unis de la colonisation britannique, mais nous avions d'autres terres, francophones ou presque, pour accueillir nos entrepreneurs amateurs d'émigration.
2. Cent mille condamnés parmi nos compatriotes auraient ainsi été « expatriés », l'équivalent, donc, de la population française qui s'est volontairement installée aux États-Unis.

(*Chicanos*), Chinois (*Chinks*, *Slopes*), et quand même aussi Anglais (*Limeys*, les « citronneux », pour la raison que la Royal Navy prescrivait médicalement le jus de ce fruit préservé dans le rhum, pour éviter le scorbut).

Peu de Français au milieu de tout cela, et nous avons tout juste été affublés du surnom de *Frogs*, les « grenouilles », attribué par les Britanniques par allusion à un mets, jouissant de plus de curiosité que de faveur de la part des étrangers venant fréquenter nos tables.

Ainsi, notre accent n'a jamais été associé au dénuement et au dynamisme des miséreux peu qualifiés qui débarquaient principalement de la vieille Europe. Il nous pare, tant à Londres qu'ailleurs, d'une certaine classe, d'une aura d'élégance, et quelques personnes du sexe opposé lui trouvent même parfois des intonations aux frontières de l'érotique. Ted Stanger nous le dit : « Un accent français est toujours considéré comme sexy aux États-Unis, à condition que son propriétaire se mette à parler en anglais. Avec leurs intonations à la Maurice Chevalier ou à la "Dipardiou" (Gérard), les séducteurs français font des ravages…[1] » Que dire des Françaises !

Tout cela nous rend uniques, mais nous n'en sommes pas pour autant plus compréhensibles que les Angolais ou les Turcs. Il faut donc dominer à peu près l'accent. Mais quel accent viser, parmi la multitude de ceux disponibles en langue anglaise ?

Vous n'allez pas rechercher l'accent de Fort Worth, au Texas, épouvantablement ordinaire et difficile à comprendre, même pour d'autres Américains. Ni celui de Sydney, dont on a toujours l'impression qu'il découle du parler des convicts et des femmes dites de mœurs discutables qui formèrent le premier peuplement de la

1. STANGER (Ted), *op. cit.*

colonie. Ni celui du Transvaal, qui colle au palais, peut-être en raison de l'influence hollandaise dans sa prononciation, suite à la colonisation initiale. Celui de Londres ferait l'affaire sans doute, mais lequel ? Celui de la reine ou celui du chauffeur de taxi avec lequel vous aurez bien du mal, même en tendant l'oreille ?

La réponse précise à cette interrogation est en réalité secondaire : encore une fois, il faut négocier un accent correct, qui évite au maximum les incompréhensions. Dans votre expression orale, vos difficultés principales viendront en premier lieu de ce que le globish est une langue mutilée avec préméditation pour être limpide au plus grand nombre. Il ne faut pas y ajouter une prononciation qui créerait une entrave supplémentaire.

S'il fallait quand même répondre, je dirais que l'accent idéal est celui que ne possède aucun anglophone natif, et que qualifie habituellement le terme *mid-atlantic*. Disons qu'il est intermédiaire entre ceux de New York et de Londres, ce qui ne vous avancera guère. Mais il vous sera dit plus loin comment le travailler.

La grammaire, pour finir, est déterminante : plus elle est correcte, meilleur est le résultat. L'effort ne doit pas s'arrêter à mi-chemin. Une syntaxe pertinente et complète améliorera vos chances d'être compris, que ce soit dans les échanges avec des illettrés lointains ou avec des anglophones natifs. Cela est absolu en langue parlée, et encore plus en langue écrite.

Ce point est important chez nous, en français : la perfection de la syntaxe contribue à ranger un rédacteur ou un orateur parmi les gens fréquentables. Admettons que c'est malheureusement bien secondaire dans la plupart des pays concernés par l'angloricain, et tout particulièrement aux États-Unis : dans ce domaine aussi, les Américains sont très élastiques. Des fautes qui vous feraient passer pour un crétin sans éducation en français sont indifférentes au lecteur ou à l'auditeur de Kansas City ou même d'Auckland à partir du moment où le sens est transmis. Amusez-vous à comptabiliser la proportion d'Américains qui disent et écrivent « *If I was...* » au lieu de « *If I were...* », le second étant plus pur et recommandé, le premier plus courant et déjà toléré par certaines grammaires (à tort !). Vous pourrez bientôt leur donner quelques leçons impromptues de correction. Leur proportion de barbarismes ne doit en aucun cas vous fournir une raison pour abandonner au milieu du gué votre étude grammaticale.

Vous atteindrez vite un niveau efficace, et cela suffit bien pour ce qui est de parler globish !

Courage donc, le résultat récompense l'investissement.

Chapitre 7

Où est expliquée la manière de s'exprimer en globish

Le but, une fois de plus, ce n'est pas l'élégance, ce n'est pas la conformité, ce n'est pas la qualité, c'est l'efficacité prosaïque. Ceux qui ne s'inscrivent pas dans ce programme sont fondés à apprendre une autre langue merveilleuse, l'anglais, avec un autre espoir en tête.

Le globish se parle avec peu de mots, vous venez de le voir : 1 500, auxquels on ajoute éventuellement ceux d'un jargon professionnel particulier.

Avec cet outil, votre accent imparfait et votre grammaire partielle, vous devez être compris, aussi bien à Ispahan qu'au Soudan ou qu'à la Nouvelle-Orléans.

Pour atteindre cet objectif, il vous faut enregistrer quatorze techniques complémentaires, dont aucune n'est vraiment habituelle.

Mesurer et évaluer la cible avant de communiquer en globish, et s'y adapter

C'est une obligation quasi-alimentaire, puisqu'elle conditionne la survie. Certains pourraient croire qu'elle s'applique à toute communication, y compris dans le parler national : ils auraient raison, mais peu de gens s'y appliquent — sans trop de dommage, il faut l'avouer. En globish, c'est fatal.

Par écrit, c'est à l'évidence impossible, puisque le destinataire du courrier n'est pas présent pour vous donner des signes de sa facilité en globish. Et ce n'est pas si grave puisqu'il pourra toujours relire plusieurs fois votre envoi et faire discrètement appel au dictionnaire si besoin est. En version rédigée, en sens inverse, vous pratiquerez de même. Je traiterai donc peu de la communication écrite dans ce chapitre.

À l'oral, il vous faut en revanche vous livrer à une appréciation active, et vous ajuster à la qualification de celui ou celle qui, dans votre auditoire, se trouve au stade d'entendement le moins bon. Comment s'y prendre ?

Jauger l'interlocuteur isolé

Il n'y a pas d'autre méthode que de tester, de faire parler, d'écouter les réponses, de mesurer leur pertinence par rapport à la question posée, d'en noter mentalement la richesse et d'en évaluer la correction grammaticale. L'accent et les hésitations ne sont pas toujours des preuves concrètes d'une grave insuffisance qui vous poserait problème. La capacité en version de votre interlocuteur est parfois formidablement meilleure que celle manifestée dans son thème.

Utilisez des mots ordinaires et des mots plus sophistiqués appartenant à l'éventail borné du globish, observez la compréhension, et vous vous ferez vite une idée de ce qui est saisi dans votre message. Admettez pourtant que les difficultés de transmission peuvent fort bien être de votre fait : après tout, qui dit que votre accent a un son angélique aux oreilles qui ne vous ont jamais entendu ? Quoi qu'il en soit, c'est à vous de vous mettre à la portée de votre interlocuteur.

Jauger le groupe

Le groupe s'approche avec la même préoccupation, mais avec des techniques tenant compte de sa taille. Des questions posées à l'assemblée en début de réunion permettront de découvrir les participants qui comprennent et n'hésitent pas à prendre la parole pour répondre. Si leurs répliques sont cohérentes et adaptées, ceux-là ne poseront plus de problème. Il faut alors s'intéresser en priorité à ceux dont l'incompréhension ou la concentration se traduisent par le silence et par un froncement de sourcil révélateur. Les questionner directement pour les sonder aidera à se faire une opinion suffisante pour conclure qu'il faudra fournir un effort supplémentaire à leur adresse, ou bien les larguer momentanément de façon à favoriser la rapidité des échanges avec tous les autres, en se promettant de les prendre à part ultérieurement pour leur réserver un traitement personnel approprié. Toute démarche est bonne à partir du moment où elle est intentionnelle, mais on assiste trop souvent au pire pour des raisons accidentelles, habituellement liées à la paresse ou à l'incompréhension des mécanismes de communication internationale.

Autre recette : prendre le groupe à témoin, en prétendant ne pas se souvenir d'un mot pourtant courant, et le demander en en donnant la définition. Par exemple : « *What is the word meaning to return to good health: to cure? To become well? I am sorry, I cannot find the exact word.* » Puis dénombrer les participants qui répondront : *to heal.* S'il y en a un seul, c'est qu'il est le meilleur et qu'il va vous falloir travailler durement pour vous mettre au diapason des autres...

Commettre des erreurs délibérées

Pour l'intervenant qui se trouve en face des 88 % de non-anglophones natifs de la population mondiale, il est encore plus important de machiner quelques fautes destinées à bien mettre en lumière son incapacité : ces essais dosés auront l'immédiat mérite de décoincer la communication, de la rendre fluide et d'enlever leurs complexes à ceux qui en avaient, à juste titre, puisqu'ils n'avaient pas encore pris connaissance de la présente théorie.

Quel bonheur, à Kiev ou à Kyoto, de s'esclaffer devant sa propre incapacité à prononcer un mot angloricain assez correctement pour être compris, d'insister ensuite en l'écrivant sur un tableau, pour enfin lire le radieux sourire de soulagement qui éclaire tous les visages et signifie : « Celui-ci ne nous écrase pas de sa supériorité ; s'il rit de son imperfection, il ne rira pas de la nôtre, et si même il en riait, nous saurions qu'elle n'est que l'égale de la sienne. »

Jauger l'auditoire

Plus difficile est la perception d'un groupe assez important pour être qualifié de foule, dont la taille, ajoutée aux circonstances, interdit l'interactivité. Les participants sont figés et ne peuvent intervenir que par des réactions collectives : tollés, gazouillis, murmures, applaudissements… Il faut pourtant pouvoir juger de leur niveau. Si aucun coûteux spécialiste n'a été prévu pour l'interpréter simultanément, l'orateur organisé s'appliquera à respecter le globish et les techniques décrites ici avec toute la rigueur possible. Qui plus est, il préférera passer tardivement dans le programme, et profitera d'une pause café ou d'un repas pour se forger une opinion concernant les femmes et les hommes qui l'attendent. Des rencontres informelles, la tasse à la main, sont plus révélatrices qu'une table organisée : cette dernière est en général planifiée pour installer autour de l'orateur des indigènes notoirement à leur aise en communication internationale. Des questions posées au représentant de la structure invitante pourraient avoir leur mérite, mais les réponses seront souvent euphorisantes à dessein : « *No problem, everybody understands English here*[1] » (sous-entendu : « Vous nous prenez pour des demeurés, ou quoi ? »).

Jauger et conditionner les anglophones

Un effort différent est attendu de la personne qui intervient devant des anglophones natifs, nombreux ou solitaires. Elle peut débuter en commettant quelques erreurs et en émettant des signaux d'ignorance qui devraient logiquement conduire ses interlocuteurs à répliquer en « petit nègre » : « *Very good!* » Le but, comme je le détaillerai au Chapitre 9, est de les convaincre *illico* que leur devoir, tout comme leur intérêt, est d'être compris : ils feraient mieux de s'y appliquer, et votre cas pourrait se révéler difficile pour eux. Autant le leur faire savoir sans atermoiement ni ménagement.

Il est donc tout à fait nuisible de commencer en présence d'anglophones natifs par une démonstration de *maestria* : elle pourrait viser à leur faire saisir que vous devez être considéré puisque vous êtes proche d'eux en pétulance dans leur superbe langue. Mais elle aurait le résultat opposé. Réalisez bien qu'ils ne tiennent pas toujours en haute considération des concitoyens qu'ils peuvent estimer inférieurs ; pourtant, ceux-ci parleront toujours leur langue mieux que vous. La qualité de l'expression n'est donc pas suffisante pour garantir leur

1. « Aucun problème, tout le monde comprend l'anglais ici. »

estime. L'annonce orchestrée de vos infirmités linguistiques, vos révoltes devant le débit de leur faconde, votre insistance à faire répéter au-delà de ce qui est nécessaire pour avoir enfin compris, ne sont que des procédés destinés à vous faire respecter et à obtenir d'eux les efforts que vous méritez.

Le globish veut que vous travailliez votre rythme

Le globish se parle lentement, en articulant le mieux possible. Ainsi, les programmes radiophoniques de Voice of America en *Special English* sont sciemment diffusés à un rythme de prononciation équivalant aux deux tiers seulement de la cadence d'une conversation normale.

Le téléphone porte cette exigence à un niveau superlatif. Nombreux sont les Français qui, tout juste sortis du vol Air France à l'aéroport de Kennedy, ont eu à contacter le bureau de l'une des agences de location de voitures afin de prendre livraison d'un véhicule réservé par télécopie ou par l'Internet. Lequel d'entre nous n'a pas reçu en retour une cacophonie épouvantable et incompréhensible ? À la vitesse d'un bolide d'Indianapolis en phase de sprint, la réponse aura été éructée par une employée pressée, dans un patois effarant coloré de l'accent des quartiers sud du Bronx, le tout ne servant qu'à dire : « Traversez la rue par le passage clouté et montez dans le bus qui affiche notre logo : il vous amènera chez nous. » Celle-là aurait dû apprendre à parler en globish. Et la réponse du client en espadrilles, mendigotant un peu plus de clarté, a intérêt à être prononcée très très lentement, en très très bon globish. Que celui qui n'a jamais péché jette la première pierre…

Ceux qui y arrivent naturellement, et ceux qui ont du mal à y parvenir, doivent encore se souvenir qu'une diction rapide s'équilibre par des pauses de longue durée : elles donnent à l'interlocuteur le temps de digérer ce qui est entré dans son oreille, est parvenu à son cerveau, y est enregistré mais n'est pas encore décodé. Lors de l'écoute d'une langue étrangère, la matière grise a souvent besoin de méditer un instant pour reconnaître les vocables dont la prononciation est déconcertante.

Je me souviens de l'un de mes patrons américains auquel j'avais proposé un assortiment de documents de nature à éclairer une décision. À la fin de mon propos il m'annonce : « *I want the mall.* » Il y avait bien dans notre ville une zone commerciale, appelée *shopping mall*, mais je n'arrivais pas à saisir ce qu'elle venait faire dans notre conversation, ni pourquoi il m'en passait commande. Dieu merci, une fois la requête transmise, une pause longue permet à mes neurones de décrypter : « *I want them all* », pour « Je les veux tous ». Ouf ! Cette scène se déroulait à une époque où je n'avais toujours pas perçu que le vrai credo n'était pas l'anglais, ni même l'angloricain, mais un globish encore à naître. Dans un entretien plus impétueux, à bâtons rompus, il m'aurait fallu dévoiler mes carences en réclamant la lumière. J'aurais sinon secrètement prié pour que la suite du propos vienne vite éclairer ce sur quoi j'aurais tenté de faire l'impasse, en misant sur la chance. Quand vous vous exprimez, faites comme les bons orateurs : observez des pauses dont la durée, jamais inférieure à cinq secondes (c'est très long), permet de déclamer *in petto* et *molto lento* : « J'espère que ce que je viens de vous dire vous est bien rentré dans la tête et que vous l'avez compris. »

Le globish n'autorise que des phrases courtes

Sans en arriver cependant au mythique « Moi Tarzan, toi Jane », le nombre maximum de mots autorisé pour construire une phrase est de vingt-six, pas plus que de lettres dans l'alphabet. L'écrit permet de respecter facilement cette norme, que tout le monde aurait intérêt à révérer, même en français.

Les périodes à la Bossuet étaient bonnes au Grand Siècle, devant des croyantes fortunées qui avaient tout le temps de se consacrer à l'Aigle de Meaux. De nos jours, nous devons seulement penser utile.

Seront donc proscrites les incises, les constructions tarabiscotées, les subordonnées relatives et circonstancielles qui faisaient encore le bonheur de nos institutrices peu après que la 2e DB eut libéré Paris. Alors qu'il était éditorialiste au journal *L'Aurore*, Georges Clemenceau aurait écrit (approximativement) sur une affichette interne : « Une phrase se compose d'un sujet, un verbe et un complément. Celui des journalistes qui veut rajouter un adjectif vient demander mon autorisation. Quiconque intercale un adverbe se verra licencier. » À méditer pour ceux qui rédigent ou s'expriment oralement en globish.

Le globish utilise beaucoup de mots...

...pour la raison qu'il en a peu à sa disposition, comme vous le savez désormais. Cela crée une difficulté qui se résout par l'accumulation de termes approximatifs, ou grâce au contournement par périphrases : quantité de vocables anglais n'ont pas leur équivalent direct dans notre nouveau véhicule de communication internationale, et il faut « faire avec ».

Illustrons par l'exemple. L'angloricain a un terme très choisi pour désigner l'ensemble des enfants qui partagent des parents communs, ou au moins un père ou une mère ; c'est-à-dire les frères et sœurs, plus les demi-frères et les demi-sœurs : *siblings*. N'importe quel anglophone natif un tout petit peu cultivé connaît ce mot. Il n'a pas de traduction exacte en français : il se trouve dans le voisinage de la « fratrie », réintroduite récemment dans notre langue, et de la « parentèle », ou plutôt de la « fraternité » dans une acception plutôt rare parce que tombée en désuétude.

Si vous aviez besoin de cette idée, vous ne pourriez même pas découvrir que vous en ignorez le mot, puisqu'il n'apparaît pas dans le recensement du globish auquel vous vous tenez dévotement. Vous exprimeriez donc le concept en disant ou en écrivant : « *The other children of my father and my mother.*[1] » Cela vous amènerait à employer quatre fois plus de mots que si vous disiez « *my siblings* ». Avec cette dernière courte expression, vous étonneriez vos amis de Tipperary, indubitablement. Alors qu'avec la première, vous serez compris aussi bien à Tipperary qu'à Bali. Chaque mot de l'ample dictionnaire anglais correspond à une idée : en globish, vous ne pourrez que la cerner par l'intersection de plusieurs autres termes, chacun avec un concept propre et pas toujours superposable, jusqu'à ce que le sens commun à chacun de ces vocables, leur plus petit dénominateur commun, représente ce que vous voulez donner à entendre. Ainsi, le mot *eerie* n'existe pas en globish : pour exprimer ce qu'il recouvre (« étrange, mystérieux, qui donne le frisson »), le locuteur efficient énoncera idéalement une suite de plusieurs phrases avec au choix *strange, not*

1. « Les autres enfants de mon père et de ma mère. »

normal, frightening et aussi *unnatural* ou *mysterious*, dérivés acceptables de *natural* et *mystery* que l'on rencontre effectivement en globish ; soit un grand nombre de termes primaires utilisés pour circonscrire une réalité qui se serait bien trouvée d'une expression laconique, en un seul mot artistement choisi par un anglophone natif, mais qui aurait aussi engendré une tragique perte de communication dans 88 % des cas sur notre imparfaite planète. Votre globish appauvri, touffu, lent, balourd, vous assurera de votre réussite partout et de bien des sympathies attendries, qui plus est, gratuitement…

Le globish double scrupuleusement chaque formulation

C'est la seconde raison pour laquelle le globish se parle avec beaucoup de mots bien qu'il en recèle seulement 1 500. Pour améliorer vos chances de vous faire comprendre, tant par les anglophones natifs que par les prétendus réfractaires des autres terres émergées, il vous faut doubler ou expliciter les mots chargés de sens que vous employez : si votre propos est entendu dès son premier énoncé par 90 % de la population à laquelle vous vous adressez, ou s'il a neuf chances sur dix d'être assimilé par votre unique interlocuteur, votre pronostic de réussite, après une seconde formulation, passe à 99 %. C'est sans doute le coefficient qu'obtiennent au mieux entre eux, du premier coup, les anglophones natifs, et cette démarche demande surtout une nouvelle discipline intellectuelle.

Vous y veillerez, dans le meilleur des cas, en exprimant différemment votre propos dans deux phrases successives ; dans la deuxième phrase, vous expliciterez souvent le mot important par sa définition. Par exemple, l'anglophone natif dira : « *I admitted it was my fault.* » Vous ferez de même, mais vous compléterez d'une phrase supplémentaire, immédiatement, où vous rééditerez en disant « *I accepted that I was responsible for it* », et si vous êtes bien en verve, vous ajouterez encore : « *I recognized that I was guilty for this action.*[1] » Et, à ce stade, vous avez seulement un risque sur mille, et même certainement moins, de ne pas avoir été compris aussi bien à Ottawa qu'à Douala[2].

Dans le moins bon des cas, votre assurance terminologique peut se révéler chétive pour satisfaire la variété recherchée ; vous vous contenterez alors de répéter la même phrase, avec les mêmes mots, à l'identique et lentement. Ceux qui n'avaient pas compris la première fois accrocheront la seconde. D'ailleurs, c'est ce que vous faites le plus souvent quand vous laissez votre numéro de téléphone sur la messagerie vocale de votre correspondant absent ; comme vous êtes prudent et organisé, vous annoncez « Je répète » et indiquez le numéro une seconde fois. Vous l'avez appris en observant votre frustration chaque fois que quelqu'un vous a laissé un court enregistrement concluant par un expéditif « Rappelle-moi au zéro hisse krante quaroix cinsante pie fraise cinkrente deuf zéro suixte. »

---

1. Successivement : « J'ai admis que c'était ma faute », « J'ai accepté que j'en étais responsable », « J'ai reconnu que j'étais le coupable de cette action ».
2. Le français est aussi bien parlé à Douala qu'à Carpentras, mais si vous y rencontrez un représentant de la Banque mondiale ou du Fonds monétaire international, il y a bien des chances pour que la langue employée ne soit plus la nôtre, mais ce que certains imagineraient être l'anglais, et qui ne devrait être que du globish. À partir de ce moment, l'objectif est d'être aussi bien compris du Bostonien, du Londonien ou de l'Ukrainien arrivés de Washington que de vos amis Camerounais qui participent à la même réunion.

Il est des personnages politiques qui savent ainsi s'adresser au monde entier dès qu'ils prennent la parole, et pas uniquement aux anglophones natifs dont ils font semblant de pratiquer à peu près la langue. Ils visent en tout premier lieu ceux qui, dans leur proximité physique ou affective, les soutiennent ; puis leurs éventuels opposants qui devraient comprendre ce qu'ils disent dans une langue qui leur est également étrangère ; ensuite tous les peuples du monde qu'ils aimeraient rallier à leur cause ; et, pourquoi pas, ceux qui parlent et comprennent l'angloricain par privilège du col de l'utérus.

Yasser Arafat est à ce titre spectaculaire. Dans un discours prononcé à Gaza le 18 septembre 2001, à propos des attentats qui avaient une semaine plus tôt meurtri et endeuillé les États-Unis d'Amérique, il présente ses condoléances les plus profondes au peuple, au gouvernement et au président américains, et ensuite, s'ingénie à produire son vrai message. Dans les vingt-six premières lignes d'un texte qui tient en une courte page, il déclare : « Nous condamnons et nous désapprouvons vigoureusement toute activité militaire et paramilitaire perpétrée contre des civils… Les Palestiniens veulent la paix avec Israël, ils ne veulent pas la guerre… Notre but, en tant que Palestiniens, est d'instituer une paix juste et globale avec Israël… Notre choix stratégique est d'établir la paix entre nous et les Israéliens grâce à de justes et vastes accords de paix à signer par les États de Palestine et d'Israël… Nous autres Palestiniens et Israéliens devons travailler ensemble à briser ce cercle vicieux de violence. Rencontrons-nous, asseyons-nous à la table des négociations de la paix, améliorons la vie des Israéliens et des Palestiniens, et progressons vers une paix et une coopération justes et durables. »

Le contenu politique, les motivations et la sincérité de l'orateur n'ont pas à être débattus dans le cadre de cet ouvrage : les colonnes des journaux y suffisent, et le lecteur admettra qu'on l'y renvoie. Ce qu'il faut analyser ici, c'est uniquement la prouesse formelle. Sortir de Harvard ou de Cambridge est superflu pour comprendre ce qui a été prononcé avec des mots clairs et des redondances de phrases qui éliminent les incompréhensions par de patientes superpositions. Le plus grossier maniement du globish est suffisant au fond du Bangladesh, du Néguev ou du Limousin pour saisir le sens du message. Mais il est tout aussi accessible aux citoyens de Birmingham en Angleterre, ou de Birmingham dans l'Alabama, l'Iowa ou le Michigan, au choix. Un exemple de globish pratique et instinctif pas si fréquent dans un monde où la plupart essayent de faire riche en singeant le style oral de Dick Cheney ou de Condi Rice (sans aucun doute conforme aux normes, mais peu efficace, en dehors peut-être d'une légitime préoccupation de voir la présente écurie réélue prochainement par des électeurs dont la majorité est anglophone native, et dont le reste n'est pas particulièrement considéré du point de vue linguistique).

Le globish évite toutes les métaphores et toutes les expressions imagées

Aucune langue, de par le vaste monde, n'est pauvre en métaphores et autres images. Le français est largement pourvu de ces fioritures. L'angloricain en regorge, avec des variantes régionales qui ne font que compliquer la communication entre ses locuteurs natifs éparpillés sur cinq continents, et entre ceux-ci et les 88 % du reste de l'humanité.

Qui, dans le Sussex ou dans le Kent, comprendra, sans un minimum de préparation à l'américain, des expressions telles que « *touch base with you* » (vous contacter), « *cover three bases* » (se garantir et se protéger de toute éventualité), « *deliver a good pitch* » (tenir des propos de qualité), « *bat it back* » (renvoyer instantanément quelque chose à l'expéditeur), « *stay in the dug-house* » (rester sur la banc de touche), « *stay on the bench* » (de même, être tenu en réserve), « *hit a home run* » (réussir un coup d'exploit au premier essai), « *field something well* » (bien traiter une question ou une situation difficile), « *enjoy two strikes on someone* » (avoir plus d'une chance de gagner), toutes issues du sport quasi exclusivement américain, connu sous le nom de *base-ball*, qui commence à peine à s'installer en France, mais dont les casquettes rituelles semblent avoir entièrement évincé le béret basque. C'est dire qu'un Californien parlant globish fera bien de les éviter, ce qui lui demandera un joli effort puisqu'elles sont familières dans sa langue quotidienne et qu'il n'a aucune raison de les imaginer imperméables ailleurs que chez lui. S'il n'y parvient pas, ses chances de faire passer son message sont largement compromises à Franconville et à Séville.

Et que dire de « *Zero in* » pour « se concentrer sur quelque chose » : référence ancienne au chasseur bombardier d'aéronavale Mitsubishi Zeke, surnommé « Zero » par les Américains pendant la guerre du Pacifique, et réputé pour son incroyable agilité entre les mains des pilotes nippons. Ou encore « *the real McKoy* » pour qualifier quelque chose d'« authentique », par allusion à un affrontement inter-familial dans un coin du Tennessee ou, selon d'autres opinions, à la marque d'un bidon d'huile ayant mérité la faveur des cheminots américains.

Vous croyez savoir ce que sont les « *scrambled eggs* » (œufs brouillés) et la « *fruit salad* » (salade de fruits). Vous imaginez qu'ils sont disponibles, l'un et l'autre, à bord des navires de l'US Navy et consommés au petit-déjeuner. Vous n'avez pas tort, mais ils sont plus que cela. « *Scrambled eggs* » représente surtout la décoration, brodée de fils d'or, composée de feuilles de chêne et de glands, qui orne la visière des casquettes portées par les officiers supérieurs et les amiraux. « *Fruit salad* » désigne la cascade de médailles et rubans chamarrés que les militaires portent sur le poumon gauche, et qui est particulièrement fourni aux États-Unis : le général Douglas MacArthur, le vainqueur du Pacifique, en étalait dix-neuf fastueuses rangées de quatre, si l'on en croit le site qui lui est consacré sur l'Internet[1].

Les Iraniens nous ont parfois amusés en traitant les États-Unis d'Amérique de « Grand Satan » : nous avions de la peine à imaginer l'oncle Sam en costume de petit diable avec des cornes et une queue fourchue. Métaphore claire pour tous les Musulmans à Téhéran, impénétrable pour les Occidentaux chrétiens : pour celui qui récite le Coran, *Shaytan* signifie simplement « ennemi » et plus précisément « ennemi de Dieu ».

Par voie de réciproque, il vous faut éliminer toutes ces expressions imagées qui font l'enchantement d'un français bien parlé, et d'autant plus dans leur forme traduite littéralement, laquelle ne transmet aucun sens.

Une transposition littérale de « dormir en chien de fusil » est incompréhensible : « *sleep like a gundog* » (*What the heck is a frigging "gundog"?).* Vous seriez examiné avec un regard médusé… Pour caractériser cette position, les anglophones natifs font référence à celle que vous

1. www.nightscribe.com/Military/douglas_macarthur_info.htm.

adoptiez jadis dans votre liquide amniotique : « *in the fœtal position* », autre image, non moins valide que la nôtre, et présente aussi en français. Mais vous l'éviterez tout autant que celle, si claire pour vous, que votre langue de naissance vous a conservée au delà de l'époque où les armes à feu portaient encore un petit marteau de percussion extérieur appelé « chien ».

Si l'un de vos amis marche « à voile et à vapeur », vous n'avez aucune chance d'en communiquer l'idée en transposant mot à mot cette image maritime pleine de discrétion et de pittoresque. Dans la plupart des pays de notre monde, les Américains n'auront pas plus de résultat s'ils ont recours à leur métaphore : « *AC/DC* » (prononcé approximativement « aissidissi », et rendu célèbre par un groupe de musiciens qui en font peut-être un programme). Techniquement, l'expression veut dire « courant alternatif/courant continu » : savoir si notre image ou la leur gagne le concours de l'évocation la plus clinique n'a aucun intérêt, et il vaut mieux se persuader pour de bon que ni l'une ni l'autre n'a droit de cité en globish. Vous direz : « *He enjoys sex both with men and women.* » Pas bien facétieux, mais exact.

Si vous êtes Provençal et joueur de boules, l'idée pourrait vous venir de faire couleur d'origine en expliquant à votre interlocuteur de Calcutta, ou d'Atlanta, qu'il a « tendance à pousser le cochonnet un peu loin » (« *push the suckling pig a little too far away* »). Réprimez cette envie désopilante : il y aurait de bonnes chances pour qu'il imagine que vous vouliez parler de vous-même et que vous souhaitiez lui faire comprendre qu'il ne devrait pas prendre votre maman pour une truie. Cela provoquerait un grave malentendu, comme généralement avec toutes les métaphores. « *You are going too far* » fera l'affaire.

Dans le registre des nourritures, cher au Français, c'est bien connu, vous pourriez avoir la tentation de décrire votre équipe de direction générale en faisant appel au célèbre et imagé « panier de crabes ». En angloricain, c'est un « *bag of snakes* », un « sac de serpents », non moins illustratif. En espagnol, c'est au choix un « *nido de víboras* » (« nid de vipères ») ou mieux encore une « *jaula de grillos* » (« cage de grillons »). En russe, c'est certainement encore autre chose : en faisant le tour du monde, nous y verrions défiler l'arche de Noé. Ne vous y aventurez pas si vous tenez à votre message, car chaque nationalité comprend ses images mais ne saisirait pas la vôtre. En globish : « *The top team has a very bad atmosphere with a lot of fighting between each other.* » C'est long, mais tout le monde comprend.

Sur Madison Avenue dans Manhattan, à l'angle des voies de circulation balisées par les panneaux indiquant qu'elles se nomment respectivement « *walk* » et « *don't walk* », vous pouvez aussi tenter de demander combien de « pâtés de maison » il vous faut franchir pour arriver à la gare ferroviaire de Grand Central Station. Votre accent vous aura trahi : Français que vous êtes, vous serez supposé gastronome, mais vous aurez intrigué avec l'arrangement culinaire, encore inconnu, du « *pie of houses* ». Ici, ce ne sont que des *blocks*.

Dans le même chapitre, vous pouvez raconter en public que votre président a une tendance à « péter plus haut que son cul ». Un tonitruant éclat de rire saluera cette expression triviale, annonciatrice d'une performance scatologique qui n'aura échappé à personne. La vigueur de cette réaction pourrait vous laisser croire que vous avez eu votre impact. Il n'en est rien ; même si l'image est plutôt bouffonne, le sens de « *fart higher than his ass-hole* » est rigoureusement littéral et descriptif en angloricain. Pour traduire l'idée, l'expression qu'il faudrait utiliser serait plutôt : « *He seems to think that his shit does not stink* » (« Il a l'air de penser que ses excréments n'ont pas d'odeur »). Mais celle-ci ne sera pas comprise en dehors du milieu anglophone natif, et il faut donc tout autant l'éviter. Vous vous satisferez de : « *He seems to believe he is much more important than he really is.* » Cela suffit.

Comprenez-vous : « *He had three sheets in the wind* » (« Il avait trois écoutes dans le vent », et non pas trois « feuilles ») ? Non ? À Ciudad Guatemala, ils ne comprendraient pas non plus. Et si, pour exprimer une idée voisine, vous traduisiez mot pour mot « Il était rond comme une queue de pelle », ou « Il était beurré comme un petit Lu », personne ne vous entendrait nulle part en dehors de chez nous. Les Américains diraient « *drunk like a skunk* », mettant en scène la moufette, que nous appelons également sconse, cousin du blaireau et aussi malodorant que lui, mais qui n'a jamais bu une goutte d'alcool. Vous vous contenterez de : « *He is completely drunk.* »

Si vous voulez vraiment créer la perplexité, n'oubliez pas, à l'occasion, d'expliquer que vous avez, que quelqu'un vous a, ou qu'il lui a glissé « un polichinelle dans le tiroir » : comme en angloricain l'expression est « mettre un petit pain dans le four » (« *a bun in the oven* »), il y a des chances pour que l'incompréhension perdure. En globish, plus banalement : « *He made her pregnant.* »

N'essayez pas non plus d'expliquer à un Américain que cette théorie sur le globish ne vaut pas un « pet de lapin » : « *a rabbit's fart* », ou même « *a bunny's fart* ». Il penserait que vous avez trop pratiqué les clubs créés par *Playboy*, magazine qui eut sa gloire et qui employait d'accortes hôtesses déguisées en petits rongeurs d'opérette avec de grandes oreilles et une queue en coton blanc. En lieu et place, il vous est recommandé de proclamer : « *This theory is excellent and very well observed!* », à moins que vous ne vous sentiez obligé d'annoncer : « *I do not believe in it* »...

L'humour n'a pas sa place en globish

Les deux choses qui se traduisent le plus mal d'une langue dans une autre sont les jurons et les blagues. Les Américains, et par mimétisme quelques autres, en sont grands consommateurs (pas de jurons, de blagues). Ils éprouvent le pressant besoin de commencer toute allocution par une histoire qui se veut drôle et est supposée détendre l'atmosphère et permettre à l'auditoire de se décontracter. En fait, nous autres Européens y déchiffrons surtout un affligeant procédé qui aide un orateur intimidé à se soulager lui-même au moment où sa tension culmine, quand il prononce les premières phrases. Cela nous vaut l'histoire de l'interprète japonais qui interrompt visiblement sa traduction à la première parole de la blague, et ne la reprend qu'à la dernière pour tout résumer en un court propos déclenchant une gigantesque hilarité générale. Questionné sur la concision de sa langue par rapport à l'angloricain, il passe aux aveux : « Rien de cabalistique, au premier mot, j'ai averti : "L'Américain commence à raconter une blague", puis je me suis tu et au dernier, j'ai dit "L'Américain à fini de raconter sa blague, maintenant il faut rire et applaudir". »

On m'a ainsi requis d'apporter ma propre fortune d'histoires à une époque où j'occupais un poste au titre intraduisible dans le cabinet du PDG mondial d'IBM. Ce haut dirigeant était la victime angoissée d'une subite disette de blagues inédites, et je me faisais fort de briller à bon compte : un appel téléphonique aux collègues restés en France me pourvut, par colis express, de six ouvrages réservés entièrement à cette forme d'humour, une véritable mine. Après avoir expurgé ces livres en éliminant tout ce qui touchait au sexe, à la religion et aux races, je présentais une liste encore impressionnante d'histoires nouvelles pour mon environnement de travail. Grave erreur : je les racontais l'une après l'autre et observais avec effroi qu'une fois donnée la chute, mes amis continuaient à m'écouter avec dans le regard une lueur d'impatience, espérant voir arriver le moment où mon récit deviendrait drôle. Je fus dispensé sur-le-champ de cette astreinte dont ma culture m'excluait : l'humour ne traverse guère les frontières, et il n'a donc pas sa place en globish.

Sans même raconter de blagues sortant de la boîte de conserve, essayer de vous montrer spirituel est quasiment aussi inutile, si ce n'est risqué. Tout au plus pourriez-vous tenter d'en faire usage à votre propre sujet, et encore…

Le globish proscrit les questions négatives

Toutes les langues n'ont pas deux mots pour répondre affirmativement à une question. Nous avons « oui », utilisé quand la question est positive, et « si » lorsqu'elle contient une négation. « Vous aimez les chats ? — Oui ! », et « Vous n'aimez pas les chats ? — Si ! ».

En anglais, en angloricain et en globish, les deux questions recevraient pour réponse *yes*, puisque nous n'y trouvons qu'un seul mot pour les deux contextes. Or nombre de peuples ont une construction linguistique tout opposée à la nôtre. Dans les mêmes circonstances, le Japonais et le Russe félinophiles répondent « non » à la seconde question : ainsi ils s'opposent à ce que vous avez avancé, ils vous signifient que la réalité est l'inverse de ce que vous avez supposé ; comment leur démenti et leur contradiction pourraient-ils s'exprimer, dans leur logique de langue, avec une approbation initiale clairement signifiée par *yes* ? « *You don't like cats? — No!* (au contraire, je les adore) », ou « *Yes!* (vous avez raison, je les ai en horreur) ».

Comme vous ne connaîtrez jamais le raisonnement de celui ou de ceux qui vous écoutent ou qui vous liront, vous assurerez votre sécurité en évitant toute question contenant une négation. Et vous ne répondrez jamais par un monosyllabe à celles qui vous sont posées, mais par une période suffisante pour que tout soit clair, en détaillant avec un sujet et un verbe, au minimum, ce que vous avez en tête. Rappelez-vous que votre écrit expédié dans le Nebraska peut très bien se retrouver copié le lendemain à Osaka. Écrire ou parler en globish, ce n'est pas s'adresser à un correspondant connu, c'est viser potentiellement le monde entier, et donc le plus piètre niveau de compréhension à la réception.

Le globish évite les acronymes

Tout le monde en est amateur, chacun dans son parler. La structure des syntaxes fait que l'ordre des lettres est souvent bousculé par la traduction entre plusieurs langues et l'angloricain ou le globish : OTAN-NATO, ONU-UN, FMI-IMF, SIDA-AIDS, ADN-DNA, IRM-MRI, etc. Comprendriez-vous au vol celui qui vous expliquerait qu'il n'y a rien de mieux que la RC ? Non ? Allons donc, il s'agit bien évidemment de l'Église catholique : *the Roman Catholic (Church)*. Et un MP ? Pour les soldats américains, c'est un membre de la police militaire (*Military Police*) qui pourchasse les ivrognes dans les garnisons et aux escales ; mais pour un Britannique, c'est un parlementaire (*Member of Parliament*).

Les anglophones natifs vous infligeront d'innombrables sigles. Vous n'y comprendrez le plus souvent rien, excepté pour ceux qui sont propres à la profession ou au penchant qui font l'objet de votre rencontre, et dont vous êtes imprégné depuis longtemps : raison de plus pour ne pas les parodier, ni avec les vôtres ni avec leurs abréviations que vous auriez laborieusement faites vôtres. Raison de plus aussi pour ne pas hésiter à interpeller vos interlocuteurs anglophones afin de leur réclamer une explication dès que nécessaire.

La règle est de ne jamais recourir à un acronyme sans l'expliciter la première fois. Par écrit, c'est facile, et ce devrait être une règle en français aussi. En communication orale, le mieux, dès qu'un tableau est disponible, est de l'y inscrire, suivi de sa signification en toutes lettres.

Si vous ne pouvez écrire l'acronyme que vous employez, épelez-le patiemment en recommençant jusqu'à être certain d'avoir été entendu. Si vous devez souligner les lettres dans votre exercice parlé, inutile de tenter « *A like in Anatole, B like in Béatrice, etc.* », totalement obscur pour quiconque n'a pas fréquenté jadis nos demoiselles du téléphone. Le vrai locuteur international aura dû se familiariser avec le système alphabétique connu de ceux qui approchent de près ou de loin un poste de radio émetteur-récepteur : « *A like in Alpha, B like in Bravo, C like in Charlie, D like in Delta… Z like in Zulu.*[1] » Tout le monde ne le connaît pas dans le village global, mais ce code a été choisi parce qu'il était le plus commode et le plus distinctement audible dans toutes les langues. En outre, quiconque a eu un passé militaire, même éphémère, en est familier. Et devant des interlocu-

1. Pour mémoire : Alpha, Bravo, Charlie, Delta, Echo, Foxtrot, Golf, Hotel, India, Juliet, Kilo, Lima, Mike, November, Oscar, Papa, Quebec, Romeo, Sierra, Tango, Uniform, Victor, Whiskey, Xray, Yankee, Zulu.

teurs globiphones, il vaut mieux épeler et écrire les lettres de l'alphabet, en particulier la dernière, que certains anglophones natifs prononcent *zed* et d'autres *zi*.

Le globish se parle avec les mains, le corps et tout ce qui permet de s'exprimer, outre la voix

C'est cette évidence qui a fait longtemps dire, dans les milieux multinationaux, que les Italiens parlaient très bien l'anglais mais ne le comprenaient pas. Il était observé en effet qu'ils parvenaient aisément à communiquer leurs problèmes et leurs idées, mais avaient une tendance indépendantiste marquée à ne pas suivre les directives reçues. Leur gestuelle expressive assurait la compréhension de leur propos. Mais en retour, faute de cet accompagnement, ils ne pouvaient pas bien saisir ce que leur racontaient Américains, Anglais, Allemands ou Français venant à Milan, Turin ou Rome les inspecter et leur dire quoi et comment faire pour satisfaire les échelons supérieurs de leur hiérarchie internationale.

Pour ma part, j'ai un jour rencontré sur la grand place de Santiago, lors d'un voyage à Cuba avec mon épouse, un sourd-muet avec lequel nous avons entretenu une incroyable conversation pendant quarante inoubliables minutes. Sur un petit papier, il avait dressé la liste de tous les pays qui envoyaient leurs touristes sur son île. Nous ayant ainsi reconnus comme Français, il nous a fait tout un discours par signes sur les mérites de notre équipe championne du monde, mimant de manière indiscutable les physiques et les rôles de Barthez, de Zidane et de quelques autres. Il a embrayé avec talent sur le bien-fondé de la position de la France quant à la situation en Irak. Il nous a demandé et a compris notre situation de famille, répondant à nos déclarations avec un partage de joie ou de tristesse selon les informations concédées. Il nous a entretenu de la sienne, expliquant que dans son pays, qu'il considérait comme un peu à part, un enfant, une fille en l'occurrence, c'était beaucoup. Elle poursuivait des études de médecine. Elle avait vingt-deux ans, pas encore mariée, mais fiancée avec un cordonnier, etc., etc. J'étais stupéfié d'observer combien le geste et l'expression permettaient d'échanger des informations et des sentiments avec une personne privée de la parole. Le recours à des mots griffonnés ou esquissés d'un index rapide dans la paume de l'autre main n'avait été qu'exceptionnel. Un appel pathétique (et attendu) à un peu de générosité fut transmis de manière tout aussi limpide : il aurait été difficile de se méprendre, et la largesse était bien méritée par ce rare moment passé à converser sans qu'un mot ait pu être échangé.

Premier Consul, Bonaparte encouragea et finança en 1800 une expédition commandée par un officier de marine atypique, Nicolas Baudin. Le but en était l'exploration, la cartographie et l'ethnographie de ce qui s'appelait encore la Nouvelle-Hollande et deviendrait un jour l'Australie. Ce pays vient, à ce propos, de célébrer le deux centième anniversaire d'une volonté française dans laquelle il lit les actes fondateurs de sa spacieuse nation. Les savants les plus notoires avaient préparé cette campagne, dont Joseph-Marie de Gérando, auteur signalé d'une étude traitant *Des signes et de l'art de penser considérés dans leurs rapports mutuels*. Il recommanda à Baudin et son équipe de communiquer avec les sauvages rencontrés à l'aide d'un système de signes inspiré du langage des sourds-muets. Le résultat en fut une moisson ethnographique sans précédent, en particulier sur les mœurs, structures sociales, croyances, etc. Le capital accumulé lors de ce périple est encore exploité aujourd'hui par les chercheurs : il offre un fabuleux gisement de références, dont bien des sujets observés ont depuis entièrement disparu de la nature, et surtout de ces tribus avec lesquelles les échanges avaient été riches et productifs.

Le geste peut dire beaucoup. Lors de l'arrivée des Européens, les Indiens d'Amérique du Nord parlaient plus de cinq cents idiomes différents regroupés en quarante-deux familles répertoriées ultérieurement par les colonisateurs compétents. Mais ils avaient aussi une autre langue faite uniquement de signes et qui leur permettait de communiquer à travers tout le continent, malgré les différences entre les dialectes spécifiques à chaque tribu. Les envahisseurs arrivaient même à les comprendre sans peine. L'explorateur Francisco Vazquez Coronado l'observa dès son expédition de 1540 à la recherche des sept cités de Cibola ; elle fut infructueuse mais lui permit de découvrir le bison et le canyon du Colorado, indiqués comme se trouvant à grande distance par les chefs de tribus avec leur langage de signes, tout à fait transparent même pour un Espagnol, selon le propre compte rendu de Coronado.

Quiconque s'exprime en une langue qui ne lui est pas maternelle, ou à l'adresse de quelqu'un qui n'est pas un locuteur natif de la langue, devrait observer avec intérêt et envie ceux qui savent tout dire sans ouvrir la bouche. Le mime Marceau, immensément célèbre aux États-Unis, en plus de la France, pourrait ici vous convaincre et vous faire voir que c'est possible. Il faut tout accompagner de gestes illustratifs, en commençant par « moi » et « je », le pouce tourné vers le sternum ; en passant par « tu », « vous », etc., l'index orienté vers l'interlocuteur ou le groupe interpellé ; et en terminant par « ils » et « elles », accompagnés d'une indication vers un extérieur plus lointain.

Il se trouve en angloricain plusieurs mots pour dire « châtrer », et outre le verbe « castrer », qui a donné chez eux *castrate*, nous avons aussi en français « émasculer », qui a engendré *emasculate*. Si vous connaissez ces mots, évitez-les, puisque inconnus en globish. Et fuyez encore plus les synonymes insolites que vous en proposerait l'angloricain. Si vous avez besoin d'en exprimer l'idée, soyez bien certain que, sans même en prononcer ni en connaître un seul, un rapide mouvement de votre index et de votre majeur, en forme de ciseaux, au niveau de la partie inférieure de votre abdomen, vous auront fait comprendre de tous instantanément. Telle est le pouvoir du geste. Ne vous en privez pas. Vous serez surpris de la richesse de votre expression corporelle : cette pratique vous fera même progresser dans vos échanges en français.

Votre allocution ainsi soulignée aura le mérite supplémentaire de la singularité. Entre locuteurs du même langage, nous avons pour l'essentiel oublié ce « langage du corps ». Les exemples que nous recevons nous insufflent ici une terne sobriété. Que vous soyez seul ou que vous fassiez partie d'un auditoire plus large, observez les gens qui s'adressent à vous. Face à face, à la télévision ou en public, bref partout, vous ne trouverez qu'une morose banalité du geste. Les mains ont tout d'abord perdu leur capacité à exprimer. Pour l'orateur, elles demeurent solidement arrimées aux rives du pupitre soutenant son texte, comme celles du naufragé à sa bouée de sauvetage ou à l'épave semi-submergée de son embarcation. Les spécialistes en communication arrivent à enseigner un peu de mobilité aux moins récalcitrants, et certains hommes politiques s'y efforcent avec quelque succès et beaucoup de consciencieuse application.

Ce n'est facile pour personne, car si la gestuelle a été largement évacuée de notre expression, c'est aussi en raison du pourcentage des circonstances qui l'interdisent ou la rendent inutile à notre époque : par la presse, par le courrier ou par l'Internet, nos échanges sont écrits dans une proportion qui n'avait jamais été connue jusqu'ici dans l'histoire. Sans aucune gesticulation d'accompagnement, nous parlons au téléphone bien plus que nos ancêtres ; notre télévision nous montre des professionnels qui informent et n'ont guère besoin de mimique ni d'accompagnement corporel, puisqu'ils n'ont pas à convaincre ; la présence d'un microphone dans nombre de nos interventions détraque notre liberté de mouvement tout en nous offrant un totem auquel nous cramponner dans l'immobilisme du désespoir et du trac ; les chanteurs sont tyrannisés par la même prothèse électronique ou par l'instrument dont ils s'accompagnent. Bref, nous avons perdu l'art du geste, et il est permis de penser que, sur la plate-forme réservée aux orateurs, en bordure de l'agora d'Athènes, Périclès, comme tous ses concitoyens, était plus expressif que la plupart de nos ministres et hommes d'affaires contemporains. En globish, il convient de revenir à cette vertu : quitter la gadoue de la déclamation pour opérer dans le firmament de l'interprétation, comme un saltimbanque qui connaît son métier.

Un bémol cependant : il faut quand même savoir que certaines idées parmi les plus simples ne sont pas accompagnées de la même gestuelle partout dans le monde. Les mettre en œuvre requiert une étude préalable des interlocuteurs locaux et un grain de discernement. Secouer la tête de haut en bas pour dire « oui », et de droite à gauche pour répondre par la négative peut donner lieu à un contresens direct dès que vous débarquez sur l'autre rive de la mer Adriatique et au-delà. Là-bas, c'est juste le contraire…

De même, si familière depuis qu'enfants, nous avons appris à compter sur nos doigts, l'expression physique des chiffres comprend un piège qui mérite précaution : la main avec les trois derniers doigts repliés et le reste apparent exprime communément le chiffre « deux » pour un Français (le pouce et l'index bien montrés). Dans le monde angloricain, le même geste signifie « un » : nos amis d'outre-Manche et d'outre-Atlantique, en effet, montrent les chiffres de un à quatre en dépliant successivement leurs doigts, commençant par l'index pour « un » et ajoutant les autres jusqu'à l'auriculaire. Ce n'est que pour le chiffre cinq qu'ils font enfin apparaître le pouce, alors que nous commençons par lui pour indiquer « un », et ajoutons ensuite les autres doigts pour les chiffres suivants. Certes, vous comprenez, vous, que majeur et index en forme de V, avec pouce replié dans la paume sur les deux derniers doigts, signalent le chiffre « deux ». Mais, hors de France, bien des gens ne comprendront pas votre « deux » instinctif. Encore une différence et une traîtrise de la communication globale.

Prudence donc, mais usage illimité dès que les vérifications ont été conduites.

Le globish recourt extensivement aux aides audiovisuelles

Innombrables, les aides audiovisuelles sont largement et généreusement exploitées en globish. Pas de discussion, quel que soit l'effectif concerné, sans un papier sur la table ou un tableau mural, ou encore des projections sur écran pour muscler à la fois l'impact et les probabilités de compréhension. Sur les uns ou sur les autres, vous aurez inscrit le plan de votre propos, ou l'y ferez apparaître au fur et à mesure de votre apparente improvisation. Les mots, tous sortis de la nomenclature autorisée, seront éventuellement inscrits selon une graphie lisible et non dans un gribouillis informe destiné à vous dé-stresser. Toutes les idées importantes, tous les paragraphes fondamentaux doivent ainsi apparaître dans une forme qui permettra aux moins éveillés de rattraper ce que votre seule parole leur aurait fait manquer.

Le globish fait rédiger en commun et sur-le-champ les conclusions de toute rencontre

Cela vous assurera que tout le monde en est bien rendu au même stade, et que l'approbation que vous croyez recenser porte effectivement sur ce que qui a été dit, et non sur ce que vos partenaires imaginaient avoir entendu. Au besoin, prenez l'initiative avec autorité.

Pour diminuer encore les chances de méprise, vous pouvez aussi prendre l'habitude de dicter en présence de vos interlocuteurs les minutes de la conversation tenue, en résumant ce qui y aura été débattu, les conclusions acceptées et les plans d'action convenus, avec la distribution des rôles ultérieurs. Personne ne pourra plus contester, et vous vous en porterez bien. De petites machines peu coûteuses ont été inventées à cet usage. C'est en outre une courtoisie rarement pratiquée, et donc bien reçue de toutes les parties du monde. Vous aurez le bonheur de voir votre interlocuteur ou vos participants intervenir pour ajouter à votre texte une nuance ici, ou pour combler un oubli ailleurs : ainsi, votre extrait deviendra encore davantage le leur. Vous serez étonnés d'observer que même les anglophones natifs s'en réjouiront : après tout, eux non plus n'étaient pas forcément certains d'avoir exactement compris ce qui se disait et se demandaient sans doute si vous aviez bien saisi leur propos.

Le globish approche avec prudence l'interprétation simultanée

Cet exercice fait partie du globish avec le truchement d'un intermédiaire. Certes, celui-ci livrera dans le parler de l'endroit ce que vous aurez relaté. Ou plus exactement, il transmettra ce qu'il aura saisi de vos propos, et cela diffère parfois amplement de ce que vous aviez en tête. Que de désastres dans ces vicissitudes, alors que tout le monde aura œuvré de son mieux !

J'ai ainsi assisté un jour à une prestation lamentable d'un orateur américain peu familier de ces notions, et persuadé que tout le monde parlait comme dans les cinquante États. Devant un groupe d'utilisateurs européens, la plupart munis d'écouteurs reliés à un interprète, il développait un discours, au demeurant intéressant, sur le rôle du *systems engineer.* L'interprète, sans le moindre problème, traduisait par « ingénieur systèmes ». Pourquoi pas ? Hélas, en galimatias informatique de chez nous, ce dernier terme s'applique à un employé de l'utilisateur client, chargé du logiciel qui gère les ressources et les fonctionnalités d'un ordinateur (de grande taille). Tandis que *systems engineer*, en angloricain, désigne un collaborateur du fournisseur d'ordinateurs connaissant intimement ses machines et capable d'aider l'utilisateur dans son exploitation. Il appartient à la corporation des « ingénieurs technico-commerciaux » : totale incompréhension. C'est ce qui vous arriverait si vous évoquiez un « chauffeur » et que le terme soit traduit en anglais par *stoker*, qui désigne la personne enfournant le charbon dans la chaudière, alors que vous vouliez parler de celle qui conduit un taxi, auquel cas la traduction est *driver*.

Qui était responsable de la confusion relatée dans mon anecdote : l'auditoire ? L'interprète ? L'orateur ? Pour moi, certainement ce dernier, et il vous appartient de vous prémunir au mieux contre cette difficulté lorsque vous courez le risque d'y être confronté.

Pour cela, si vous deviez être interprété, la précaution première serait de rencontrer personnellement l'interprète avant votre intervention conjointe, si possible en présence d'une personne maniant correctement les deux langues et bien au fait du sujet que vous allez traiter. Cette réunion vous permettrait de déminer les chausse-trappes linguistiques les plus évidentes. Si vous devez vous adresser à un auditoire plus étendu, tout en bénéficiant d'une traduction simultanée, vous ne le ferez jamais en parlant d'abondance : vous déclamerez toujours à partir d'un texte écrit que vous aurez transmis à l'interprète, et si possible commenté avec lui. Vous l'aurez fait examiner par la personne invitante bilingue, afin qu'elle fournisse à ce contractant extérieur la traduction exacte, bien souvent inattendue pour lui, des termes de jargon propres au métier ou à l'environnement. Cela s'applique, que vous vous exprimiez en globish ou en français, et que la traduction débouche sur le globish ou sur une autre langue. Et cela s'applique également aux personnes qui seront interprétées et dont vous vous sentirez responsable.

Bien d'autres observations seraient utiles pour enrichir encore ce chapitre. Que les lecteurs qui voudraient y contribuer en faisant part de leur propre expérience sur le site Internet www.jpn-globish.com soient assurés par avance de ma gratitude : leurs apports pourront contribuer à une édition ultérieure.

Chapitre 8

Où l'on expose la méthode la plus rapide pour apprendre assez aisément le globish

Le globish n'est en aucun cas une première étape vers une connaissance plus approfondie de l'angloricain. Ceux qui apprennent le globish doivent cesser leur effort d'étude dès qu'ils l'ont dompté. C'est le contraire de l'apprentissage d'une langue normale, où l'étudiant trouverait toujours quelque résultat positif dans l'heure marginale qu'il y consacrerait.

Pour l'apprendre, le plus pragmatique, et la meilleure garantie, serait de faire appel à un professeur de globish. Au moment où ce livre sera publié, il n'en existera encore aucun. Les professeurs d'anglais sont nombreux[1] et s'appliquent à la mission qui leur a été assignée : enseigner une langue belle et riche, l'anglais, et pas encore un langage remanié dont il leur paraîtrait qu'il a été dépecé à coups de lance-flammes. Certains se convertiront au globish, parfois avec le sentiment d'une déchéance, mais avec la satisfaction d'honorer une demande utile.

1. Je n'ai pas réussi à trouver dans les sites de l'Éducation nationale le nombre de professeurs d'anglais enseignant en France. Le site www.elphege.com/edu_personnel.html nous donne 52 308 professeurs de langues vivantes ; gageons que l'anglais en mobilise au moins 30 000.

Il s'agira ici d'une mutation significative de leur activité, et il n'est pas certain qu'elle soit immédiatement populaire : la réforme touchera à la fois l'objectif poursuivi et les méthodes et procédés pédagogiques. Mais la capacité des élèves bénéficiaires à triompher dans la mondialisation, et les perspectives de réussite économique, tant individuelle que nationale, sont au prix de cette remise en cause. La qualification des maîtres n'est pas questionnable ; leur bonne volonté encore moins. C'est la résolution des hautes instances de l'Éducation nationale face au changement de direction qui peut poser problème. Nous verrons bien... Et nous observerons peut-être en premier lieu l'animosité. Mais c'est aux écoliers, aux utilisateurs qu'il convient de penser en priorité.

Pour le moment, il faut attendre cette reconversion du corps enseignant, d'où notre proposition de démarche solitaire. Par nature, puisque individuelle, cette approche convient idéalement, mais pas uniquement, à des adultes qui veulent se hisser au bon niveau. Pourtant, en complément à l'enseignement reçu, ces recommandations peuvent aussi pour la plupart être appliquées à des étudiants apprenant déjà l'anglais par les voies traditionnelles.

Première étape : éduquer les cordes vocales

Pour la langue parlée s'impose une inexorable préoccupation : la prononciation.

À cet égard, il est bien dommage que vous n'ayez pas commencé enfant : vos organes vocaux auraient conservé un accent inattaquable, conquis sans peine lorsque tout en vous était encore malléable. Bonne raison pour faire débuter votre propre progéniture le plus tôt possible

« à l'âge où son oreille musicale est à son sommet[1] ». Vous aurez peut-être noté l'admirative irritation des parents expatriés en territoire anglophone : les intonations acquises sur-le-champ par leur postérité sont infiniment plus réalistes que les leurs, malgré toute leur attention appliquée.

Les lecteurs du présent ouvrage pourraient me croire muni d'un accent irréprochable dans la langue de la mondialisation. Qu'ils se rassurent, j'en suis fort loin. Mon élocution est riche d'intonations que je sais insuffisantes, et qui prêtent à sourire, sinon à s'esclaffer.

Bien éloigné de la variété *mid-atlantic*, cet accent n'a pourtant guère suscité d'obstacle à mes destinées internationales. J'ai assez vite démissionné devant l'investissement que sa remise à un niveau magistral aurait exigé pour un résultat marginal sur le plan de la compréhension. Le Marquis d'Argenson observait avec jubilation le parler de Charles Louis de Secondat, baron de La Brède et de Montesquieu, à son arrivée dans le Paris qui allait en faire un académicien ; il notait son accent imbibé de vin de Bordeaux, sonnant comme une « chambrée de cadets de Gascogne » ; et il le raillait en déclarant : « Montesquieu jugeait indigne de lui de corriger son accent.[2] » Rien ne vous interdit de copier cette intransigeance.

L'important, je l'ai souvent répété, consiste uniquement à être compréhensible de façon universelle. C'est

1. Expression utilisée par Jack Lang en 2000 et citée par VICTOR (Florence), « To be or not to bilingue », *Madame Figaro*, n° 1013, 24 janvier 2004.

2. Selon LACOUTURE (Jean), *Montesquieu : Les vendanges de la liberté*, Le Seuil, 2003.

pourquoi, avant tout autre travail, notre méthode commence par la conquête d'un accent tout juste correct.

Elle s'inspire d'ailleurs de la séquence durant laquelle vous avez appris votre langue maternelle : avant de commencer d'étudier l'écriture à l'école primaire, vous aviez passé environ cinq ans de votre vie à vous exercer à maîtriser son aspect oral, à apprendre des mots par le tympan, à imiter la manière de prononcer de vos parents et proches. Un enfant qui arrive dans sa première classe détient préalablement un patrimoine de 2 000 à 4 000 vocables, selon sa vivacité et son milieu, avant même de savoir épeler. C'est cette méthode enfantine et facile qui fait que votre accent, en français, ne diffère pas de celui de votre cercle primitif.

Jusqu'à une période récente, cette manière d'apprendre suffisait à la communication, et l'illettrisme était la règle, les clercs n'étant qu'une infime minorité. En 1309, le grand maître de l'ordre des Templiers, Jacques de Molay, fut traduit par le pape Clément V devant un tribunal composé de huit évêques. Face à cette cour, l'accusé déclara « Je ne sais ni lire ni écrire[1] », ce qui démontrait que sa connaissance de notre langue, juste et parfaite, ne provenait que de l'oral. Cela ne l'avait en rien empêché de devenir le premier dirigeant de la première entreprise multinationale de l'époque, avec plus de 9 000 maisons — forteresses et commanderies —, tant en Occident que sur la route de la Terre sainte[2] (qui dit mieux,

1. VELLY (Abbé), *Histoire de France*, Desaint et Saillant, 1760, Tome 7, p. 442. Ce chevalier aurait ainsi été incapable de lire les minutes de sa déposition antérieure, qu'un greffier aurait enrichie d'aveux non prononcés, lesquels auraient conduit nombre de Templiers au bûcher.
2. AUE (Michèle), *Les Templiers*, MSM, juillet 2000.

même aujourd'hui ?). Bel exploit, pour un analphabète ! L'expression orale est donc une voie naturelle, et efficace, d'acquisition : l'écrit n'est pas nécessaire, contrairement à ce dont nous sommes tous persuadés par l'usage.

« Je ne sais ni lire ni écrire » fut aussi la première objection que la bergère de Domrémy opposa aux saintes Catherine et Marguerite quand elles vinrent lui expliquer qu'elle avait été choisie pour bouter l'Anglais hors de France[1]. Cette lacune d'instruction n'empêcha pas Jeanne d'Arc de remporter les victoires sans lesquelles notre langue, objet de nos combats assidus, aurait tout bonnement disparu.

J'ai un jour rencontré un chauffeur de Land Rover qui conduisait des touristes dans les franges du Sahara tunisien. L'homme était charmant, et même charmeur : il cultivait une ressemblance certaine avec l'acteur Clark Gable. Tout le monde n'a pas son Rhett Butler au volant… Son français était tout à fait correct, empreint de l'accent maghrébin que nous pouvions attendre. Lors d'une escale, notre groupe croise une escouade d'Américains cornaqués dans un circuit parallèle. J'ai alors la surprise d'entendre notre guide Mohamed s'entretenir avec ces autres visiteurs dans leur langue, avec des termes fort choisis, une grammaire estimable, et surtout un accent bien meilleur que le mien. Un peu dépité, et certainement sidéré, je me livre à mon enquête ; je découvre qu'il avait été pendant un an l'amant attentif d'une touriste californienne restée pour lui à Sidi Bou Saïd : avec elle, il ne pouvait communiquer ni en français ni en arabe. Mais les langues s'apprennent bien sur l'oreiller, selon la sagesse populaire. Le point intéressant de cette histoire, c'est que le dernier jour du périple, ayant apprécié ce

---

1. VILLEFOSSE (Héron de), *Jeanne d'Arc*, Gründ, 1936.

conducteur, je l'invite dans un bon restaurant pour le lui manifester et discuter un peu plus ; j'ai alors la stupeur de le découvrir incapable de lire le menu présenté en français. Ignorant notre alphabet, il n'avait jamais rencontré l'anglais dans sa forme écrite. Le résultat était édifiant ; il éclairait sur le fait qu'apprendre par cœur des listes de mots imprimés avant d'avoir discipliné les cordes vocales, c'est se donner toutes les chances de n'avoir jamais un bon accent.

Une autre aventure du même ordre m'a un jour confirmé la force de l'enseignement oral. Je résidais aux États-Unis dans une maison louée. Une fuite de plomberie me conduit à entreprendre une réparation à la portée d'un amateur : elle serait appréciée par un propriétaire compréhensif qui méritait mes efforts de locataire complaisant. Je consulte un voisin sur les matériaux disponibles et l'emplacement de la quincaillerie la plus proche. Il me renseigne et me conseille d'y acheter du « taflène » pour reconstituer l'étanchéité. Impossible de comprendre de quoi il s'agit, malgré toutes mes questions. De guerre lasse, je décide de bien enregistrer le mot et sa prononciation exacte, au point de pouvoir le reproduire comme si j'étais un magnétophone. À la quincaillerie, je réclame mon « taflène » et, à ma surprise, je me vois remettre dans l'instant un ruban de plastic blanc, bien connu de tous les bricoleurs, et portant comme chez nous l'étiquette « *teflon* ». Croyez-moi, si j'avais essayé de prononcer ce mot à la manière de « téflon » en France, personne ne m'aurait jamais compris. C'est exactement ce que j'aurais fait si je l'avais d'abord vu écrit. J'avais été sauvé par le fait que j'avais prononcé le terme comme un perroquet, par imitation, plutôt qu'après l'avoir lu.

Le 20 décembre 2003, la chaîne de télévision TF1 présente la finale de sa populaire émission *Star Academy*. L'un des deux compétiteurs, un jeune homme prénommé Michal, y interprète une chanson en compagnie de la vedette anglaise Elton John. L'âge apparent de Michal interdit de penser qu'il ait poursuivi des études vraiment longues, et il est permis de conclure qu'il n'a pas encore obtenu de maîtrise d'anglais. Pourtant, sa prestation est prodigieuse : son anglais n'a rien de répréhensible, et il ne fait que reproduire un texte appris par cœur. Plus démonstratif pour nous, son accent ne révèle pas la plus petite trace d'une origine française : on le croit même meilleur que celui de Sir Elton ! Cependant, il n'a fait que s'entraîner à la copie, en y ajoutant sa flamme et son originalité d'exécutant[1]. Cela est possible pour chacun de nous, et il suffit de s'y atteler.

Vous connaissez aussi d'innombrables personnes capables de chanter, et même de jouer d'un instrument, voire de composer, sans savoir lire ni écrire une note de musique sur une portée. D'eux, nous disons qu'ils « jouent à l'oreille ». C'est ce qu'il vous est proposé de faire pour vos premières mesures en globish : le solfège ne servirait qu'à transmettre en votre absence la musique que vous auriez écrite. Il ne vous est pas indispensable pour faire profiter les autres de l'air dont vous êtes l'auteur et que vous pouvez interpréter devant eux.

Or les langues étrangères ont été habituellement enseignées à des gens qui savent déjà lire et écrire, et leur apprentissage historique s'appuie sur l'habitude de l'imprimé : la première leçon d'anglais, à l'école, ne se faisait pas sans qu'un livre ne se trouve entre les mains de l'élève, ni sans que le professeur n'écrive au tableau ce qu'il aurait aimé voir se graver dans la tête des chers

1. Michal ne gagnera pas la finale, mais 1 100 000 personnes dépenseront chacune 56 centimes d'euro pour voter en sa faveur, au milieu de *spots* (ah ! le vilain mot…) publicitaires à 100 000 euros les 30 secondes.

petits. L'idée de le faire pratiquer, par l'oral uniquement, à des élèves du primaire, en CM1 et CM2, est à ce propos excellente.

Notre méthode se place à l'opposé de la tradition. Elle tire parti de ce qui vous reste et est encore un tout petit peu adaptable dans votre larynx : dans le répertoire illimité des variétés disponibles, vous allez choisir vingt-six chansons à rythme lent, ayant pour interprètes des artistes américains et britanniques : Frank Sinatra, Nat King Cole, The Beatles, The Platters, etc. Souvent des antiquités, dont certaines sont archivées par beaucoup comme des monuments de ringardise[1]. Le choix ne manque guère… Des mélopées dont vous devinez que l'élocution posée permet aux anglophones natifs d'en comprendre le texte. Pour le même exercice en français, vous ne conseilleriez pas à des Américains de s'intéresser au rap. Et vous allez apprendre ces vieilles rengaines par cœur, en calquant du mieux possible les prononciations, les intonations et les sonorités. Vous pouvez commencer par *Strangers in the night*, un classique… Une par une, du matin au soir et en voiture, vous allez faire jouer la cassette, jusqu'à pouvoir reproduire son par son, phonème par phonème, sans rien comprendre mais de façon vraiment fidèle à ce que vous entendez. Il est primordial de repérer les syllabes prononcées plus vigoureusement que les autres et d'insister sur celles-là (voir plus bas pour l'accent tonique).

Vous vous serez laissé dire que les sons les plus difficiles pour nous sont les « *th* » anglais : celui de *this* et celui de *thin*. Oui et non : il semblerait que la lettre « *r* » soit encore plus méchante. L'un de mes vieux amis, lieute-

1. Ringardise : de « ringard », barre de fer servant à attiser le feu, décrasser les grilles, retirer les scories, etc. Pique-feu, tisonnier (*Le Petit Robert*, 1967). Traduction anglaise : *poker*.

nant d'artillerie américain sur les plages de Normandie, était resté neuf mois à Paris à la fin de la Seconde Guerre mondiale. Son français était parmi les meilleurs. Revenu quinquagénaire y résider pour son métier, sa grande joie était d'aller au café et de commander « un Ricard », puis de noter le pourcentage de fois où le barman le servait sans le faire répéter. Si vous doutez, écoutez et observez la manière dont Jane Birkin prononce le mot « érotique » dans la chanson qu'elle consacre à l'année 1969. Puis consacrez-vous à des vocables tels *forward*, *territory*, *rarer*…

Surtout, n'essayez pas de deviner l'orthographe d'un mot, même si vous pratiquez l'anglais au point de savoir reconstituer ce que vous entendez. Si pour retenir les paroles de votre chanson, vous avez besoin d'un support écrit, ne vous en privez pas : écrivez ce que vous entendez tel que vous l'entendez, phonétiquement, pour vous seul. Tout le monde pourrait ricaner de ce que vous aurez inscrit, mais vous en serez le seul utilisateur. Rabâchez jusqu'à pouvoir chanter par cœur : « *traille tout rimem'beur, ouène laïfe ouass' so tenn'deur* », paroles d'une très plaisante mélodie ayant abondamment secondé la publicité d'une grande marque de café. Si vous détenez le disque de cette jolie et touchante histoire, magistralement interprétée par Lisa Minelli, Harry Belafonte ou d'autres, vous savez qu'elle provient de la comédie musicale *The Fantastics*. La connaissance de son titre, *Try to Remember*, ne doit pas vous dissuader de noter le reste en vous appuyant sur cette reproduction phonétique imbécile, qui pourrait bien vous aider à graver dans votre mémoire ces phrases encore incompréhensibles.

Si vous n'alliez pas plus loin en globish, vous auriez au moins gagné de quoi briller dans les concours de karaoké. Mais selon toute vraisemblance, arrivé au vingt-sixième morceau, vous aurez terminé l'éducation de votre gosier et aurez franchi une grandiose étape, sans vraiment en souffrir.

Deuxième étape : comprendre le lien entre l'énoncé et l'écrit

Il est temps, à présent, de découvrir les mots derrière ces vingt-six romances et la façon dont ils s'écrivent. Le sens vous viendra plus tard, nous n'en sommes encore qu'à la question de l'accent, de la prononciation, dont il faut maintenant comprendre le lien avec la transcription alphabétique.

Pour ce faire, vous avez le choix entre deux méthodes.

Vous pouvez vous procurer des cassettes de karaoké qui font défiler sur votre écran de télévision les paroles, forcément en anglais. Il aurait été prudent de vérifier au préalable, sur l'Internet ou chez les marchands, que les airs étudiés pendant des semaines étaient bien disponibles en supports de karaoké. Retranscrivez sur un papier les mots que vous lisez maintenant, et méditez-les souvent.

Autre solution également envisageable : chercher sur l'Internet. C'est assez facile ; il vous suffit, dans votre moteur de recherche favori (Google, Copernic, Yahoo!, Altavista ou tout autre) de formuler la requête « *song lyrics* », pour voir apparaître une liste de sites sur lesquels vous saisissez un titre pour recueillir les paroles en langue d'origine (www.lyrics.com, www.lyrics.ch, www.songlyrics.co.nz, www.thesonglyrics.com, www.lyricsfreak.com, www.musicsonglyrics.com, www.paroles-de-chansons.net — il y en dix pages sur mon moniteur, il en apparaît et en disparaît tous les jours).

Quelle que soit la méthode retenue, mémorisez bien ce que vous voyez écrit, afin d'être capable, un peu plus tard, de recopier, tout seul et de tête, le texte des chansons que vous connaissez par cœur : c'est une dictée dont vous ne connaissez pas encore le sens, mais vous allez bientôt vérifier que vous serez à même de retrouver assez aisément l'orthographe des sons que vous entendrez pour d'autres airs. Vous n'y arriverez jamais à 100 %. Mais à ce stade, si vous savez écrire et prononcer *sailor* (dérivé de *sail*), il est bien possible que vous croyiez devoir écrire *tailor* au lieu de *taylor* quand vous l'entendrez ; ce n'est pas très grave, un jour la correction s'imposera d'elle-même et, au moins, votre prononciation sera correcte.

Troisième étape : apprendre les mots et leur sens

Pour commencer, sur le pactole total dont vous devez vous pourvoir, 600 mots vous sont donnés gratuitement : il s'agit de ceux qui sont exactement les mêmes en français et en globish (*accident*, *signal*, *silence*…), ou qui sont tellement proches quand ils sont épelés que vous les reconnaissez immédiatement (*accept*, *act*, *activist*, *actor*…). Vous ne ferez pourtant pas l'économie d'une recherche car, si ces termes ont souvent un sens identique d'une langue à l'autre, ils ont également d'autres significations adjacentes qu'il faut impérativement étudier : *administration* veut bien dire « administration », mais c'est aussi, en américain, le gouvernement, le pouvoir exécutif qui épaule le président. L'administration de George W. Bush n'est pas constituée par son groupe de fonctionnaires, mais par l'équipe politique qu'il a rassemblée autour de lui pour conduire son pays : Dick Cheney, Donald Rumsfeld, Colin Powell *et cætera*. Et la prononciation n'a aucune chance d'être la même dans les deux langues, même pour les mots d'usage angloricain importés du français avec conservation de l'orthographe : du travail en perspective, mais facilité par les étapes antérieures.

Une fois le moral conforté par ce lancement simple, vous allez apprendre les 1 000 mots suivants en globish et leur signification. Vous déciderez du nombre de termes nouveaux dont vous voudrez vous enrichir quotidiennement : cinq ? Dix ? Vingt ? Au-delà, ce serait vraiment trop ambitieux, car il faut tous les jours réviser ceux qui ont été emmagasinés précédemment.

Le site Internet du globish vous donnera sous une forme différente la liste des mots présentés en lexique dans ce volume, en vous permettant de les trier par ordre d'importance ou de fréquence. Vous pouvez donc télécharger cette liste organisée, et progresser dans votre étude selon les étiquettes de priorité que vous y trouverez.

Vous aurez saisi que, comme dans toutes les langues, les mots correspondent à des concepts, et que ces concepts ne se superposent pas de l'une dans l'autre. Je me rappelle un écolier qui avait compris qu'en anglais, « si » se traduisait par *if*. De ce fait, chaque fois qu'il voulait exprimer un « si », il disait évidemment « *if* ». Il s'agit bien de la conjonction employée dans les propositions hypothétiques et conditionnelles. Or, lorsqu'on demandait à cet enfant «*You are not French?* » et qu'il lui fallait répondre en contredisant son interlocuteur, il répondait « *If* », ce qui ne signifiait rien du tout. Et « si » peut encore se dire *so* (« *He is so rich* »), *that* (« *He is that rich?* »), *however* (« Si riche qu'il soit » : « *However rich he may be* »), et *whether* (« *I wonder whether he is really rich* »). Sans compter la note de musique coincée entre la et do : *B*, prononcée « bi ». Bien des termes pour couvrir nos différents « si », et tous pétris d'embûches et de perfidies.

Autre illustration : vous voulez parler de votre carabine, et de l'organe de visée qui permet d'ajuster l'arme à la distance de la cible, appelé en français « hausse ». Vous cherchez ce mot dans le lexique ou le dictionnaire, et en traduction, vous trouvez *rise*, qui participe bien du globish. Si vous l'utilisez tel quel, personne ne comprendra jamais rien à ce que vous voulez dire. *Rise* signifie « hausse » uniquement pour une augmentation de salaire, ou une tendance heureuse des cours de Bourse, ou indique l'élévation de quelque chose, comme le soleil au-dessus de l'horizon oriental. La hausse de la carabine se dit *backsight*, un mot que sans doute vous ne garderez pas ni n'emploierez, bien qu'il résulte de la combinaison conforme de deux termes retenus en globish. Pour éviter ce type de confusion, que vous ouvriez le rudimentaire lexique en fin de volume ou un vrai dictionnaire, il est encore une fois impératif de consulter tous les sens pour embrasser le concept du mot anglais. Lorsque vous cherchez la traduction d'un mot français, la section correspondante du dictionnaire vous en donne une, parfois plusieurs en angloricain : pour une plus grande sécurité encore, retenez celle que vous croyez convenir et qui figure en globish, puis compulsez aussitôt la section anglais-français pour y regarder les traductions inverses vers le français et vérifier ainsi que ce que vous avez choisi correspond bien à ce que vous attendiez, et entendiez dire ou écrire. Si rien ne concorde, il vous reste la périphrase.

Quatrième étape : apprendre les mots et leur accent tonique

Cette conquête du lexique doit surtout s'accompagner d'un effort immédiat et intensif pour apprendre non seulement le mot, son orthographe et son concept, mais aussi son accentuation tonique. Le français est une langue peu accentuée. En anglais, et en globish, chaque mot riche de plusieurs syllabes en a une sur laquelle se concentre la force de l'expression. Si vous enregistriez votre propos sur un magnétophone, cette syllabe est celle, la seule, qui verrait les diodes rendant compte du volume reçu passer du vert au rouge.

Se tromper de syllabe accentuée est pire que de mal prononcer. Ce serait comme entendre un Gallois vous parler de ses garçons en disant « mes fils », mais en prononçant ce nom commun comme s'il faisait appel au terme décrivant l'article de bonneterie que l'on enfile dans le chas de l'aiguille, sans siffler le « s » final. Qui comprendrait ?

Les lecteurs familiers des langues accentuées comme l'anglais ou l'espagnol le savent bien. Les autres doivent ici, tout de suite, se persuader qu'il existe six manières de prononcer le mot *international* :

1. INTERNATIONAL, sans insister sur aucune syllabe, comme il nous est habituel en français.
2. **IN**TERNATIONAL.
3. IN**TER**NATIONAL.
4. INTER**NA**TIONAL.
5. INTERNA**TIO**NAL.
6. INTERNATIO**NAL**.

Seule la quatrième est compréhensible pour une oreille angloricaine. Les autres ne seront *a priori* jamais comprises, faute de la bonne emphase au bon endroit.

Essayez donc les six variations ci-dessus en plaçant l'intensité de votre expression orale, avec fougue et presque en vociférant, sur les syllabes soulignées en gras pour chacune des cinq dernières lignes : à lui seul, cet exemple qui propose quatre erreurs à éviter par la suite doit vous aider à bien vous pénétrer de toutes les possibilités existantes. Apprendre un mot sans y associer ce trait ne sert à rien dans le cadre de la communication orale. Vous étudierez donc l'orthographe en soulignant toujours d'un gros trait rouge, dans chaque mot, la syllabe accentuée. Faites-le maintenant avec le texte de vos chansons, en réécoutant leur bande sonore et en coloriant leur texte écrit là où vous aurez diagnostiqué l'accentuation dans la version orale. Notre modeste lexique en donne l'exemple. Il existe à ce propos des règles (truffées d'exceptions, bien entendu) que les pages Internet de *Basic English* (http://ogden.basic-english.org/topics.html) expliquent assez bien au moment où nous rédigeons ce livre.

Le marché vous offrira aussi de nombreuses méthodes, souvent sur CD-Rom, interactives dans les meilleurs cas, qui vous permettront d'améliorer votre accent. Parmi elles, l'inoxydable méthode Assimil. Vous pouvez aussi en tirer profit, bien qu'elles visent toutes encore à vous apprendre l'anglais, et pas seulement le globish.

Cinquième étape : conquérir la structuration des phrases

Si vous pensiez avoir des difficultés à vous exprimer, voire à écrire, dans la langue que vous appeliez l'anglais, vous allez être surpris de découvrir que vous connaissez un pourcentage considérable des mots prescrits pour le globish. Certaines des personnes que j'ai testées le possédaient en totalité ou presque, et pourtant leur expression était vraiment déplorable. Elles se demandaient comment cela était possible, et me disaient : « Je connais presque tous les mots que tu conseilles, et pourtant je galère. »

C'est hélas vrai. Bien connaître les mots, bien les écrire et bien les prononcer n'est qu'un petit chapitre. Ce dont vous avez surtout besoin, c'est d'arriver à construire les phrases. Pour cela, il faut impérativement vous concentrer sur les mots structurants : d'une manière générale, tout sauf les noms et les adjectifs. Or c'est de ceux-ci que vous croyez tirer votre force initiale : quel que soit votre niveau, c'est de ce côté que vous vous êtes cultivé. Vous avez le plus souvent cherché la réponse à la question « C'est quoi le mot anglais pour… ? », alors que la bonne interrogation, toute différente, aurait dû être : « Comment s'y prendre pour dire que… ? » Vous devez admettre que ce qui compte, ce sont les verbes, avec leurs temps de conjugaison en particulier, les adverbes, les conjonctions, les prépositions et la manière de monter les subordonnées.

Encore plus déterminants sont les adjuvants qui s'associent à des mots pour en révéler ou modifier le sens, dont certains sont parfois appelés des « postpositions ». Pour mieux comprendre ce principe, étudiez en détail le verbe *to get*. Il semble inoffensif, et il n'est pas le seul. Mais vous vous rendrez compte que son sens vient uniquement de ce qui le complète, et qu'il semble mettre en valeur : *get up*, *get on*, *get back*, *get out*, *get from*, *get at*, *get away*, *get about*, *get across*, *get along*, *get over*, *get beyond*, *get home*, *get upstairs*, *get angry*, *get old*, *get together*, *get late*, *get n'importe quoi…*

Il vous faut aussi aller plus loin dans la grammaire de l'anglais, et par voie de conséquence, du globish. Elle est d'une complexité ordinaire. La nôtre est bien pire. Vous devez au moins atteindre un niveau respectable et vous imprégner de tournures qui vous reviendront automatiquement sur les lèvres quand nécessaire. Si vous avez déjà à votre actif un grand nombre de mots et vous désolez de votre communication toujours dérisoire, le rendement de cet effort sera massif : les textes que vous aurez appris par cœur dans les chansons et la découverte systématisée de la syntaxe vous conduiront à des progrès fulgurants, sur la base d'un inventaire préexistant, mais dépourvu de ses liants.

Les pages Internet de *Basic English* (http://ogden.basic-english.org/topics.html) proposent des simplifications grammaticales qui n'altèrent pas le sens, et sont correctes du point de vue de la syntaxe. Si vous débutez, vous pouvez vous y référer (leur reproduction ici aurait été trop encombrante).

Le site www.manythings.org/voa vous propose aussi, dans une présentation ludique, de très nombreux exercices qui vous sembleront accessibles dès cette étape du globish : vous y évaluerez votre niveau et progresserez dans la correction de votre expression, tout en apprenant une foule de choses utiles sur les États-Unis d'Amérique. Nombre d'autres sites offrent sur Internet un service similaire : votre moteur de recherche vous les livrera dès que vous lui aurez demandé « *Special English quizzes* ».

Ceux qui sont plus avancés ont tout intérêt à réviser la grammaire pratiquée lors de leurs études secondaires, et à en observer l'application pratique dans ce qu'ils lisent, à commencer par les paroles des chansons.

Pour récapituler, il existe des règles, et il vaut mieux les mettre en œuvre, même si ce doit n'être que dans une version allégée esquivant les difficultés par quelques combines de construction. Il vous faut commencer ce travail de syntaxe très tôt, avant d'avoir terminé une étude des mots qui, seule, ne vous permettrait pas d'être au point : vous mènerez les deux en parallèle.

Sixième étape : réapprendre les gestes d'accompagnement

J'ai exposé que la capacité d'accompagner vos propos d'une gestuelle vous serait utile autant en français qu'en globish. Elle se travaille donc aussi bien dans l'une que dans l'autre des expressions. Quelle que soit la langue que vous retenez pour cet entraînement, il vous faut un modèle auquel vous comparer. Voyons la méthode, par exemple en français.

Vous choisissez le discours du président de la République, le 14 juillet, au terme du défilé militaire. Vous vous gardez bien de le regarder en direct à la télévision, mais vous l'enregistrez. Le lendemain, vous achetez un quotidien qui reproduit l'allocution dans son intégralité. Vous la lisez soigneusement, à plusieurs reprises.

Vous vous installez devant un grand miroir, dans votre demeure, et placez le texte sur une table ou un meuble entre la glace et vous. Vous vous équipez des lunettes qui vous permettront de lire la page de journal correspondante si vous en avez besoin, et vous vous faites à vous-même le discours exact du président. Surtout, regardez votre journal le moins souvent possible : vous vous rendrez facilement compte de votre nullité car, dans les rares instants où vous ne lisez pas le papier, vous vous fixez enfin droit dans les yeux, grâce à la réflexion de votre image sur le miroir. À chaque phrase, à chaque mot, vous essayez de trouver l'accompagnement gestuel qui éclairera le propos prononcé. Recommencez jusqu'à avoir l'impression que vous n'y pouvez plus ajouter une quelconque mimique.

Alors, et alors seulement, en différé donc, vous faites jouer votre cassette de magnétoscope sur votre petit écran, et vous évaluez l'ingéniosité de l'orateur par comparaison avec la vôtre. Peut-être sera-t-il plus expressif que vous, et peut-être vous trouverez-vous meilleur que lui. Dans tous les cas vous vous serez instruit en la matière, et votre communication se transformera, y compris dans votre langue maternelle.

Quiconque doit, en public, prononcer un discours, devrait impérativement le répéter de cette manière : le miroir est un juge peu magnanime, et il renvoie une très exacte image des insuffisances dont vous l'avez fait observateur. Plus d'un réalisera avec consternation, dans cet exercice en tête-à-tête, l'insigne pauvreté de son langage corporel... Lors d'une conversation impromptue, face-à-face, votre globish en sera tout autant embelli.

Septième étape, perpétuelle : pratiquer

La compréhension est commode à pratiquer. Par ricochet, elle aide grandement à l'expression. Pour commencer, je vous suggère d'écouter de préférence la radio Voice of America et les programmes qu'elle diffuse avec son *Special English*. Ce sont ceux qui méritent votre assiduité.

Il va sans dire que ce n'est pas une antenne sur laquelle vous entendrez critiquer les États-Unis. Prenez donc Voice of America avec la distance nécessaire, le recul approprié, et la certitude que vous ne l'écoutez que pour progresser dans votre capacité à communiquer internationalement. À ma connaissance, c'est la seule station de radio qui utilise loyalement une langue très proche de ce que j'appelle ici globish, et je n'ai donc pas d'autre choix à proposer.

Les fréquences et les horaires des émissions se trouvent sur le site de VoA (www.voa.gov). Pour notre partie du monde, les programmes concernés sont diffusés tous les jours de 19h30 à 20h sur les fréquences 7260, 9680, 13635, 13725, exprimées en KHz. Une demi-heure par jour de globish fera vite progresser votre compréhension, et votre expression avancera également. Considérez cette session quotidienne non comme un délassement, mais comme un exercice, un devoir. Gardez de quoi écrire à portée de la main, et inscrivez au vol, comme vous pensez pouvoir les orthographier au mieux, les mots dont vous n'entrevoyez pas le sens : vous consulterez à chaque fois le dictionnaire, pas toujours avec succès au début, mais cela viendra et vous enrichirez continuellement votre carquois avec de nouvelles flèches. Bonne écoute et bonne chance !

Un autre site de Voice of America, www.voaspecialenglish.com, offre aussi des programmes radiophoniques enregistrés que vous pouvez télécharger sur votre ordinateur (il vaut mieux une liaison à haut débit...) et réécouter à loisir.

Si vous regardez CNN à la télévision et écoutez la BBC à la radio, cela vous confortera un peu plus dans votre apprentissage. Même si une très notable partie vous échappe, vous observerez que, de jour en jour, ou au moins de semaine en semaine, la fraction que vous absorbez ne cesse d'augmenter. Surtout, vous finissez par vous imprégner de la musique de la langue, des intonations, des tournures inattendues. Comme avec VoA, votre capacité en version se développe sans que vous fassiez d'effort ardu : plusieurs fois par émission, vous entendez un mot qui vous semble nouveau ; vous finissez par en imaginer l'orthographe et par aller le chercher dans votre dictionnaire. Un mot de plus que vous comprenez, mais que vous éviterez sans doute d'employer, puisque vous avez décidé de parler « facile » et « compréhensible » en vous bornant aux 1 500 mots du globish.

En matière de films, tant sur le petit que sur le grand écran, privilégiez tout ce que vous pourrez trouver en version originale. Les sous-titres appelleront votre regard, comme d'habitude, mais à présent, le jeu consiste à identifier le mot angloricain qui correspond au mot français que vous aurez lu en bas de l'image. Vous serez surpris de noter les libertés prises par les traducteurs, et vous apprendrez beaucoup. Vous enregistrerez ainsi que « *hon-*

hon » se traduit selon les cas par « oui » ou par « non », voire par « d'accord » : tout est affaire d'intonation, une autre des excentricités de l'angloricain, bannie du globish.

Les vidéothèques vous fourniront tous les titres que vous pouvez souhaiter, sous forme de cassettes ou de disques DVD : une séance par semaine vous fera vite avancer, et vous pouvez rejouer une seconde fois le programme pour repasser et moissonner quelques mots de plus, à noter sur un calepin, béquille de la mémoire. Le DVD est à cet égard l'instrument le plus exceptionnel dont vous puissiez rêver. Il vous propose le film dans la langue que vous voulez, et avec ou sans les sous-titres dans l'autre langue de votre choix. Toute une panoplie d'expériences à portée de votre main, et qui vous donne la possibilité de recommencer autant de fois que vous le souhaitez. À consommer sans aucune modération, donc. La variété des sources, principalement britanniques et américaines, vous familiarisera avec des accents bien différents, et qu'il faut au minimum accepter en globish.

La lecture vous rendra un service très voisin. Il vous faut commencer par vous procurer des ouvrages rédigés en globish, mais il n'en existe pas encore… Ce qui s'en approche le plus se trouve dans des volumes rédigés en *Basic English* (le langage exposé par M. Ogden). Une liste de textes de ce type est proposée sur le site http://ogden.basic-english.org/books.html. Bien des choses intéressantes y sont disponibles, depuis des passages de la Bible jusqu'à des textes inspirés de Bernard Shaw. De quoi vous instruire ou vous distraire, et perfectionner votre fluidité. Des articles en *Special English*, très proche, je l'ai indiqué, se trouvent également sur le site de la radio Voice of America (www.voaspecialenglish.com). Ils traitent préférentiellement de l'actualité, et couvrent en général les trois dernières années, dans des domaines variés.

À défaut, ou en complément, il vous faut acheter des bandes dessinées en anglais. Vous les dénicherez dans les bonnes librairies et dans les magasins spécialistes de la langue anglaise, comme Brentano's (37 avenue de l'Opéra) ou WH Smith (248 rue de Rivoli) à Paris, ou sur le site Internet www.amazon.fr. Ne vous contentez pas de les feuilleter, étudiez bien les bulles, les expressions : leur langue est souvent simplette, puisqu'elles sont surtout destinées aux enfants, et elle ne dépasse guère ce que vous voulez embrasser avec le globish. En outre, vous pouvez vous procurer en parallèle la version française, ce qui vous évitera le fastidieux recours au dictionnaire, en vous rendant un service rapide mais partiel.

L'Internet vous emmènera un peu plus loin. Vous y chercherez des sites traitant vos sujets de prédilection. Les moteurs de recherche vous diront où fureter. Vous visiterez ceux qui sont traités en anglais et observerez que leur langue est commune dans la plupart des cas. Excellent si vous débutez, et pas si mal si vous vous perfectionnez… Lecture rapide pour saisir le sens, ou approfondie avec le dictionnaire à la main, vous avez le choix, et dans les deux cas, vous suivez la bonne direction.

Peu de temps après, vous entrerez dans les forums de discussion et y poserez vos questions, puis y apporterez vos réponses à d'autres, et vos commentaires pour tous. Si vous pratiquiez ce passe-temps trente minutes par jour, vos progrès seraient fulgurants. Vous pourriez vous trouver intimidé pour prendre la plume, ou plus exactement le clavier. Ne vous en inquiétez pas, il existe des ruses permettant de guérir cette appréhension : pour commencer, il vous suffit de recourir, toujours sur l'Internet, à un service nommé, un peu abusivement,

« traduction automatique ». Vous vous connectez à votre moteur de recherche et inscrivez dans la bonne fenêtre « traduction automatique », ou *automatic translation*, et vous verrez arriver une foule de sites offrant gratuitement ce service. Leur fonctionnalité m'a conduit à en retenir trois : www.worldlingo.com/fr/products_services/computer_translation.html, http://trans.voila.fr (avec une limitation dans la taille du texte soumis), et www.reverso.net.

Ils vous permettront, même à un niveau de grand débutant, de communiquer en globish, ou du moins dans une certaine forme d'angloricain. Petit à petit, vous infuserez des mots et des tournures. Sachez pourtant que ces machines de traduction ne sont pas exhaustives, qu'il vaut mieux leur soumettre des phrases courtes et sommaires, avec des mots peu recherchés : ainsi vous obtiendrez du globish. Toute ambiguïté les confond irrémédiablement. Si vous soumettez le texte « La belle porte le voile », il y a de fortes chances pour que cela produise « *The beautiful door the veil* », qui n'a aucun sens. L'ordinateur ne pourra en effet jamais faire le tri entre « Le joli portail le dissimule » et « L'élégante est coiffée du foulard islamique ».

L'usage intensif de la traduction automatique est didactique mais, pour les choses importantes, demande un peu de prudence : si vous travaillez en thème, et partez donc du français pour arriver au globish, il faut adopter une démarche en deux étapes, comme expliqué avec le dictionnaire. Tout d'abord, soumettre votre texte, recueillir le résultat en anglais ; puis le copier, le coller dans la fenêtre réservée à la demande, et requérir sa traduction d'anglais en français : si ce que vous récupérez en fin de course n'est pas similaire à ce que vous vouliez exprimer dans votre propre langue au départ, il faut changer votre soumission jusqu'à ce que vous pensiez que la traduction réceptionnée est exploitable.

Il reste pourtant des traîtrises. J'ai connu la victime d'une mésaventure de communication due à ce type de facilités, aux États-Unis. La personne traitait dans ses écrits de la franchise d'assurance : même avec l'aller et retour que je recommande fermement dans l'utilisation de ces logiciels, elle a longtemps continué à penser que la somme demeurant à la charge du responsable de l'accident se disait *frankness.* Le mot lui était partout fourni en traduction de « franchise » ; au retour, en traduction de *frankness*, elle trouvait bien « franchise ». C'est certainement le terme qui s'applique aux humains dont la conversation est sincère, sans détours, dépourvue de mensonges et de dissimulations... Mais ce n'est pas la somme laissée à votre charge par l'assureur (qui se dit *deduction*). Chez nous aussi, les mots recouvrent parfois plusieurs acceptions, et « franchise » figure dans leur immense liste. Enfin, dans tous les cas, vous aurez encore avancé dans votre étude, en ayant à nouveau appris quelque chose d'utile.

Un peu plus tard, dès que vous aurez le sentiment de bien manier les 1 500 mots choisis, ou dès maintenant si votre anglais est acceptable, il vous est chaudement suggéré de vous attacher à lire les œuvres d'un écrivain. Retenez-en un dont les sujets ou les romans vous captiveront suffisamment pour que vous ayez envie d'aller au bout des écrits que vous vous procurerez successivement. L'œuvre d'Agatha Christie est un bon choix, car passablement polyvalente, écrite dans une langue excellente, même si l'on note vite des différences frappantes entre ses romans : certains vous apparaîtront clairement rédigés, sans ambages, et vous les aimerez ; d'autres vous sembleront bien moins immédiats en raison des termes employés, plus rares et plus recherchés ; vous serez alors obligé de conclure que la grande dame du polar s'offrait les services d'au moins un nègre. Un anglophone natif aurait peut-être du mal à faire la même observation ; ce n'est que si votre anglais est défectueux que cela vous apparaît avec limpidité.

Enfin, dès que vous pourrez saisir le sens de l'histoire, vous serez sauvé, quel que soit le pourcentage de mots que vous enjamberez hâtivement : il faut faire le moins souvent possible appel au dictionnaire, il faut progresser dans le texte jusqu'à arriver au dénouement, et passer au livre suivant. Une fois de temps en temps, vous ouvrirez le dico pour un vocable qui revient fréquemment et dont l'ignorance nuit vraiment à votre découverte de l'intrigue : suivez cette démarche aussi rarement que faire se peut, et vous trouverez vite le compromis. Vous pouvez aussi vous équiper d'une traduction en français, et y rechercher le sens qui vous fait défaut. Mais, encore une fois, le mieux est de se faire une opinion par déduction sur le mot inconnu, et d'avancer.

Avec un bonheur certain, j'ai pratiqué cette approche douce à l'époque où une affectation aux États-Unis m'aurait été refusée si ma pratique de l'anglais n'était pas devenue quelque peu alerte. Dans un roman historique se déroulant à Hong Kong[1], les protagonistes organisent une course de chevaux pour la première fois dans l'histoire de la colonie. L'un d'entre eux engage une monture, en précisant que c'est un *gelding*. À l'époque de ma studieuse lecture, j'ignore ce mot et je le saute, me faisant l'idée qu'il doit s'agir d'une origine d'espèce ou d'une spécificité de robe. En tout cas, ma compréhension de l'histoire ne me semble pas compromise par mon impasse. Un peu plus loin, une femme chahute aimablement le propriétaire : « Vous n'auriez pas aimé que vous

1. CLAVELL (James), *Taï Pan*, Dell Publishing Co, 1966.

soit infligée la même ablation...[1] » Et la lumière se fait pour moi dans la seconde, sans plus d’effort : il s’agit d’un « hongre ». J’ai récolté un mot nouveau. Personnellement, je n’utilise pas le mot français « hongre » plus d’une fois tous les trois ans, depuis que j’ai quitté l’équitation. Je pense n’avoir jamais employé *gelding* en milieu angloricain ; et en globish, je suis bien décidé à ne jamais y faire appel, c’est pourquoi je me le suis interdit dans un chapitre antérieur, aux côtés de *emasculate* et *castrate*. Mais mon lexique de version s’est enrichi. Plus tard, ailleurs, je rencontrerai le verbe *to geld*[2], qui signifie évidemment « castrer ».

Par cette lecture sans embarras, et sans trop de recours à votre gros dictionnaire, les mots n’entreront pas dans votre cerveau avec leur définition, mais par leur établissement dans un contexte. N’est-ce pas ainsi que, il y a bien longtemps, vous avez appris votre langue maternelle ? Vous avez entendu le mot « mensonge » prononcé par les adultes de votre environnement proche. La première fois vous ne l’avez pas compris. Peut-être avez-vous questionné vos proches sur ce qu’il représentait. Personne ne pouvait vous le montrer du doigt, contrairement à ce que vous auriez vu si vous aviez demandé : « Papa, c’est quoi un bureau ? » Plus vraisemblablement, lorsque vous inventiez une contre-vérité, comme l’on dit à Moscou, vos parents le savaient et vous indiquaient : « Tu viens de nous dire un mensonge. » À la longue, vous avez fini par pleinement cerner le contenu de ce terme. Vous pouvez progresser de même en globish, en lisant autant que vous pouvez, et en passant sur les vocables que vous ne

1. Cité de mémoire, mais c’est l’idée.
2. Toujours bien pourvu, l’anglais emploie *geld* pour le mâle, et *spay* pour la femelle (qui a subi une ablation des ovaires). Que de mots...

connaissez pas : leur sens s'installera peu à peu dans votre esprit, sans qu'il vous soit forcément nécessaire de vous efforcer à apprendre de longues listes de mots par cœur. Cette dernière méthode n'est pas déconseillée, son efficacité est même prouvée depuis longtemps, mais la lecture suggérée est plus facile, se fait dans le métro ou le bus, et ne fait appel qu'à un très normal désir de récréation : pourquoi ne pas joindre l'utile à l'agréable, même si c'est un peu plus long ?

La conversation est encore plus efficace, puisque vous y employez votre voix. Elle requiert un interlocuteur, et, idéalement, un interlocuteur familier des insuffisances qui obèrent votre expression. Surtout un partenaire capable (et désireux) de vous comprendre et de vous soutenir moralement.

Un ami d'origine anglo-saxonne, ou parlant bien globish, sera ici d'une aide précieuse. Un partenaire amoureux encore davantage, bien que moins évident à trouver. La proximité est plus indispensable dans le second cas, et dans le premier, vous pourrez entretenir et enrichir votre niveau en discutant régulièrement au téléphone avec la personne recrutée. Des correspondances de ce genre existaient à l'époque de ma jeunesse, de façon épistolaire uniquement, la communication lointaine ne prenant guère d'autres formes dans les années 1950. Chacun adressait à l'autre ses messages dans la langue étrangère pour lui, et les progrès s'enregistraient lentement, sans effort majeur une fois l'amitié développée au point de prendre plaisir à échanger des nouvelles. Aujourd'hui, téléphoner régulièrement et sur rendez-vous, par vacation, ne coûte pratiquement plus rien, que l'on soit en communication avec Tacoma ou Pretoria, dès lors qu'on a recours à une connexion Internet dans le cadre d'un forfait. Les services que vous avez souscrits auprès de votre fournisseur d'accès vous permettent généralement de télécharger des logiciels gratuits qui vous offrent cette possibilité. J'utilise ainsi Yahoo Messenger (publicité non rétribuée) pour communiquer près de deux heures tous les dimanches en globish, avec un très proche ami résidant dans le Maryland, près de Washington DC. Je ne connais pas de meilleur secret pour restaurer puis maintenir une expression que, dans mon cas, l'oisiveté résultant de la retraite avait sérieusement atteinte. Les écoliers peuvent encore trouver, comme jadis, le correspondant contemporain qui assurera les échanges écrits, mais aussi verbaux maintenant, grâce à ce dispositif de télécommunication du troisième millénaire.

Avec ces méthodes, au terme d'une période peut-être plus courte que vous ne le pensez, vous réussirez à parler en globish sans traduire, c'est-à-dire en pensant directement dans cet ersatz de langue. Les mots parviendront directement à vos lèvres en suivant votre pensée, et sans que vous ayez même initialement construit quoique ce soit en français dans votre tête. Un jour enfin, vous vous réveillerez au petit matin, au terme d'une excellente nuit d'un sommeil réparateur, avec la révélation que vous aurez vécu un rêve au cours duquel vous parliez en globish. Ce sera le signe infaillible que vous avez parcouru la totalité de votre chemin.

Sans attendre cet instant magique, vous vous serez attaché à rencontrer des gens de toutes nationalités, et à vérifier que vous êtes mêmement compris par les Coréens, les Américains et les Australiens ; et vous aurez aussi constaté, tout au long de votre programme personnel d'apprentissage, que vous les comprenez de mieux en mieux, au besoin en les faisant répéter et en les conduisant vers le globish.

Chapitre 9

Où est démontrée la supériorité des globiphones sur les anglophones natifs

Premier privilège, et non le moindre. Il est observé que les personnes pratiquant déjà cinq langues en apprennent une sixième avec une aisance déconcertante. Leur cerveau a absorbé les gymnastiques et la souplesse voulues, et leur gosier sait prononcer tellement de phonèmes différents qu'ils s'adaptent aux suivants sans trop de peine. Le pape Jean-Paul II parle ainsi couramment huit langues. Un peu moins extrême, passer de deux à trois est déjà immensément plus facile qu'apprendre, adulte, une première langue étrangère en n'ayant jamais connu que la sienne. Or les anglophones parlent fort peu les langues des autres ethnies : il leur a été dit et montré, jusqu'à ce livre, qu'ils n'en avaient besoin nulle part. C'est pourquoi ceux d'entre eux, très majoritaires, qui n'ont jamais appris d'autre langue que la leur sont si minables dans la nôtre quand ils s'y attaquent sur le tard. Pour vous, dès que vous saurez le globish, passer à l'allemand ou l'espagnol sera plus simple que pour eux. La possession d'une seconde langue, même si elle est mutilée comme le globish, vous ouvre la porte des suivantes. C'est d'ailleurs l'argument économique fondamental, rarement entendu, que je citerai en faveur de la résurrection des langues régionales en France : alsacien, basque, breton, catalan, chtimi, corse, occitan sont de fait une seconde langue, et facilitent l'accès aux autres langues du monde. Les globiphones ont cette première supériorité sur les anglophones.

Ensuite, je l'ai annoncé, les non-anglophones natifs représentent une forte majorité de l'humanité, évaluée à environ 88 % ; il s'agit de nous, et pourtant les circonstances dans lesquelles chacun d'entre nous a pu se trouver embarrassé par son anglais sont innombrables. Cela résulte de la diffusion tapageuse, comme instrument de communication globale, de ce que nous imaginions être cette langue.

La plupart d'entre nous croyons ainsi n'être pas à la hauteur. À la hauteur de quoi ? Observons que la référence mesurant notre performance n'a pas encore été officiellement fixée par nos soins : elle nous a été imposée par les anglophones natifs, qui nous ont dit : « Vous serez au niveau requis lorsque enfin vous parlerez aussi bien que nous. »

Il nous faut établir que l'objectif ainsi proposé n'est pas le bon. Avec le globish, un nouvel ustensile est défini. Il est efficace. Il est accessible. Il s'est subrepticement répandu de fait. Son éventuelle difficulté est la même pour tout le monde : c'est lui qui doit être l'objectif retenu dorénavant, l'étalon à déposer au pavillon de Breteuil à Sèvres, la préoccupation à laquelle personne ne doit déroger.

Il nous est rapporté la suave manière dont les Anglaises ingénues de l'Empire des Indes auraient envisagé le dialogue avec les indigènes : « S'il ne comprend pas, parle plus lentement ; s'il ne comprend toujours pas, parle plus fort ; et s'il s'entête à ne pas comprendre, pique-le avec la pointe de ton ombrelle. » Il n'y a plus d'Empire britannique, ni d'armée des Indes avec ses pittoresques majors et ses lanciers enturbannés : ce qui pouvait être considéré comme une arrogance insultante par les autochtones est tout bonnement inacceptable aujourd'hui. Pour de multiples raisons, dont la première est que ce n'est pas efficace : agressé par l'acier de l'ombrelle, l'habitant du Rajasthan ne comprend toujours pas mieux ce qu'il ne peut pas entendre, et la domination impérialiste du colonisateur n'y changera jamais rien. Celle, économique, culturelle, technologique ou militaire de certains anglophones natifs de nos jours implique certainement bien des avantages, mais ne leur donne pas plus l'apanage de se faire comprendre spontanément.

Nous connaissons également les brimades dont les Québécois francophones furent victimes, au lendemain de la défaite de Montcalm dans les plaines d'Abraham et du dévastateur traité de Paris en 1763. Le français fut alors proscrit par les envahisseurs britanniques, et les enfants, lorsqu'ils parlaient la langue de leur famille, se voyaient rappelés à l'ordre d'un « *speak white*[1] » blessant.

Pour une langue aussi mal unifiée que l'anglais, aussi peu respectée par ses locuteurs, et surtout parlée dans l'approximation par autant de personnes que l'on peut voir comme d'agaçants Béotiens, toutes ces prétentions méritent d'être corrigées après avoir été prises pour ce qu'elles sont : de l'ostentation, de la fatuité et de la présomption.

Il me faut éclairer cela par l'apologue du tailleur de Hong Kong.

Pendant l'une de mes affectations aux États-Unis, j'ai vu un jour revenir de Hong Kong mon excellent collaborateur Edmund Konrad Gibson (surnommé *electrocardiogram*, parce que les Américains raccourcissent cet

1. « Parle blanc », rapporté par AUDIBERT (Dominique), « Le Québec gagne la bataille du français », *Le Point*, n° 1577, 6 décembre 2002.

examen médical en EKG[1]). Il arborait l'une de ces superbes chemises de popeline pour lesquelles les artisans du coin viennent jusque dans votre chambre d'hôtel relever vos mesures. Ils les notent sur un formulaire où vous inscrivez votre nom (« *Print please* », ce qui ne signifie pas « Imprimez », mais « Écrivez en majuscules »). Ils vous en livrent la série cinq heures plus tard dans les étoffes que vous avez choisies en feuilletant une liasse d'échantillons. Une option complémentaire peu onéreuse consiste à faire apposer vos initiales sur la poche de poitrine, ou, et c'est moins discret, sur les manchettes.

Ce jour-là, Edmund portait la chemise blanche habituelle avec, sur ce que les professionnels appellent des « poignets mousquetaires », des initiales qui n'avaient rien à voir avec EKG. Je le taquine en l'accusant de l'avoir volée. Point du tout : en une longue explication détaillée sur ses préférences et leur mobile, il avait demandé au confectionneur s'il était possible d'avoir les initiales en couleur rouge plutôt que dans le bleu marine classique. Multiples et répétées protestations positives du façonnier, accompagnées des courbettes indispensables. EKG insiste : « *I want them red! Understand? red? R, E, D! Godammit, red!* » Réponse empressée : « *Yes sir, yes sir, red* », doublée de nouvelles courbettes approchant la prosternation. Pour être bien sûr, EKG avait même pris un feutre rouge pour écrire *red* en grosses lettres et en travers du formulaire. Vous l'aurez deviné : il était revenu avec douze chemises affichant les initiales « R.E.D. », artistement brodées en fil de couleur bleue, et dont la laborieuse suppression laissait des traces de colle à chaud

1. Et les Britanniques en « ECG », eh oui…

plus cocasses encore que leur primitive présence. Ma suggestion de changer son état-civil pour Ray Edmund Dorset ne fut pas chaleureusement accueillie…

En fait, EKG était furibard et ne cessait de tempêter contre l'incompréhension congénitale de l'anglais à Hong Kong. Je lui ai alors fait valoir que, quand il manquait le trou au golf, il pouvait stigmatiser la balle, le club, le vent, ses libations excessives, lui-même quand il était lucide, mais que je ne l'avais jamais vu critiquer sa cible, le trou lui-même. Et qu'en la circonstance, la cible de sa communication, c'était le tailleur de Hong Kong, et que s'il avait manqué la cible, c'était certainement sa faute et non celle de la cible.

Nous devons ainsi travailler à un renversement de la charge de la preuve : il nous faut faire saisir à nos amis anglophones que nous avons le devoir de nous faire comprendre, et nous nous y appliquons, mais qu'ils ont un devoir réciproque équivalent. Ils sont soumis ici, et ils doivent l'admettre, à une obligation de résultats, et non seulement de moyens : parler leur langue de manière impeccable peut sans doute mettre le bon droit de leur côté, mais il ne sert à rien d'avoir raison si la commande est partie chez un autre enchérisseur.

Ainsi, nous, les globiphones, devons sans plus attendre profiter de notre écrasante majorité numérique pour enseigner aux anglophones natifs que ce sont eux qui parlent mal le globish et qui devraient en premier lieu faire un effort. La tâche est tellement exorbitante pour ces derniers que le sentiment d'infériorité ne peut que se retourner à notre profit. Au coup par coup, le procédé est pourtant innocent et immédiat. Il suffit, à l'issue d'une phrase non comprise, de demander : « *I would like you to repeat, please, in globish this time, if you ever can.*[1] » L'effet est radical : « *Globish! Whazzat, 'nother Yurpean gimmick?*[2] », et, au pire, offre l'occasion d'un exposé didactique et propagandiste sur ce qu'est le globish, avec d'utiles et longues digressions sur les graves insuffisances de l'interlocuteur. Dévoiler à un Américain ou à un Britannique qu'il communique mal, et en apporter la preuve : une authentique extase cérébrale, quasi orgasmique !

À l'opposé, nous qui sommes si souvent perçus comme podagres et arriérés dans la communication internationale, avons plusieurs atouts incroyables qui méritent d'être soulignés.

Tout d'abord, nous pouvons toujours prétendre ne pas avoir exécuté l'ordre ou satisfait la demande reçue en raison d'un défaut de compréhension : le tailleur de Hong Kong a lui aussi la possibilité de se confondre en excuses, accompagnées du cérémonial asiatique de confusion, et d'expliquer son erreur par sa honteuse incapacité à comprendre la belle et noble langue de l'honorable visiteur. Il battra amplement sa coulpe. Il s'abîmera dans des regrets rougissants. Il passera pour un imbécile ne comprenant rien en anglais, mais pas pour un bon à rien : il ne perdra pas la commande suivante qui, cette fois, sera bien formulée. Je viens de dire que, s'il s'avoue nul, ce n'est que pour le protocole : la faute doit retomber sur l'anglophone, puisque c'est à lui de faire le nécessaire pour être compris. Le tailleur de Saks Fifth Avenue ou de Saville Row aura du mal à se tirer

1. « J'aimerais que vous répétiez, s'il vous plaît, en globish cette fois-ci, si toutefois vous en êtes capable… »
2. « Globish ? kékséksa ? encore un truc européen » (« *Yurpean* » voulant dire « *European* » en angloricain au bord de l'agacement).

d'affaire de la même manière que son confrère oriental. Avantage au citoyen de l'Empire du Milieu (et aux joyeux globiphones !).

Ensuite, l'échange prend souvent la forme d'un tête-à-tête entre celui qui communique en globish et celui qui a un certain type d'anglais pour langue maternelle. Mais pour les questions vraiment importantes, il se fait néanmoins par le truchement d'un traducteur, et c'est là qu'il atteint des sommets de déséquilibre à notre profit. Le négociateur ou l'intervenant qui pratique également le français et le globish (et comprend par conséquent passablement d'anglais), dispose d'un avantage inouï sur son interlocuteur réduit au seul angloricain. C'est ce qui a été observé lors des négociations qui ont abouti au traité de Versailles (appelé par la suite *diktat* par d'aucuns qui en prétendaient les clauses un tantinet iniques).

Le représentant français était Georges Clemenceau, redoutable bretteur vendéen, quoiqu'un peu bègue et un peu sourd. Fort de cinq années passées aux États-Unis, et d'une épouse américaine rencontrée sur place, il était bien au point en angloricain. Discutant à ses côtés : le Premier ministre anglais Lloyd George, ainsi que le président américain Wilson, pas toujours d'accord sur les demandes pressantes de la France. Le Tigre ne s'exprimait qu'en français, corrigeait quand nécessaire la traduction qui en était faite, comprenait immédiatement la réponse de ses partenaires, avait tout le temps de l'interprétation subséquente en sens inverse pour décanter sa compréhension et sa réflexion, et pour affûter sa riposte. Il saisissait *in extenso* les apartés des deux alliés entre eux ou avec leurs conseillers ; les siens avec ses proches étaient traduits quand il en donnait l'ordre. Certains historiens opinent que cette disparité d'aisance dans la communication aurait influé sur ce qui fut obtenu à notre profit au détriment de l'Allemagne ; certainement pas une incidence qui a passé la mesure quand on pense aux sacrifices soufferts par notre nation dans le premier conflit mondial, mais quand même…

Soyez persuadé qu'il en va de même pour le président Chirac : rien de ce que dit George Bush ne peut lui échapper quand ils se rencontrent ; dans leurs discussions avec interprète, il a toujours une longueur d'avance. L'inverse n'est pas vrai.

Pour les anglophones natifs, le pire se trouve dans la communication écrite, et cela demande explication.

Se mettre à écrire dans une langue apprise tardivement est une affaire scabreuse. Remerciant il y a quelques semaines mon épouse pour un souper goûté de tous les hôtes, Kimberley, adorable Irlandaise bien avancée dans ses études de français, lui écrivait textuellement : « Je m'a vraiement régalé, et j'étais contente d'être entre tels bonne compagnie. Je suis contente d'être en retour à Oxford, mais ma famille et mes amis en Provence me manque. Actuellement, je commence ma thèse pour ma maitrise en Linguistiques appliquées et les études françaises. »

Pour sincère et touchante qu'elle soit, la rédaction est encore hésitante. Pourtant, tout le monde comprend le message de Kimberley. Faisons preuve d'humilité, malgré l'habituelle réputation d'effronterie et de superbe dont le Français est couronné : ce que la plupart d'entre nous rédigeons en angloricain n'est pas meilleur, mais n'est pas moins compréhensible.

Et tout cela convient parfaitement dans les correspondances personnelles. Mais si ce que nous appelons à tort l'anglais est si répandu dans le monde, c'est parce qu'il est devenu l'incontournable patois des « affaires ». Cela va sans dire, tout anglophone natif est capable de rédiger dans sa langue, plus ou moins bien selon ses origines géographiques (et encore, que signifie « bien » quand on parle de rédaction dans un anglais galvaudé par l'une des innombrables variétés dissonantes d'anglophones natifs ?). Il doit donc pouvoir traiter son propre courrier d'affaires.

Mais, au-delà des exécutants, les responsables desdites « affaires » signent quantité de courriers, tout en en rédigeant bien peu. Dès qu'ils deviennent cadres, ils ont pour ce faire des collaborateurs moins gradés et des assistants ou des secrétaires qui se chargent de leur préparer des textes et de les insérer dans le parapheur où leur coup de stylo final les en fera auteurs. L'irruption du courrier électronique a édulcoré quelque peu cette considération, chacun sachant plus ou moins dactylographier et répondre par retour de *mail* sur son propre clavier, sans nécessité d'un secrétariat intermédiaire qui retranscrive son manuscrit. Mais cette réalité récente n'enlève pas toute sa valeur au raisonnement, puisqu'au niveau des échelons prestigieux, et même des presque prestigieux, un abondant courrier est préparé par l'entremise de personnes appliquées et dévouées.

Un Français ouvre un volume de correspondance à expédier : il y trouve une lettre préparée pour lui par un Virginien de Norfolk ; il en approuve le contenu comme le sens, et ne peut que se réjouir de son apparente perfection linguistique. Tout va bien. Suit celle préparée par un subalterne grec. Elle contient quelques impropriétés, analogues à celles de mon amie Kimberley en français, mais le sens en est clair. Le signataire s'en rend compte. Il trouve écrit : « *When we will arrive in Tel-Aviv* », le rédacteur initial ignorant que *when* commande le présent du verbe quand il met en scène une action future. Il a aussi marqué : « *The news are excellent* », ayant peut-être oublié que *news*, les « nouvelles », est toujours singulier, malgré son « *s* » final et son sens pluriel. La signification du message est cependant aussi perceptible pour le destinataire que si l'un de nous écrivait : « Si j'aurais réussi mon examen, j'aurais parti étudier à Bologne. » Mais ce n'est pas vraiment correct. Inutile de rectifier, la missive partira telle quelle, et, tout au plus, quelqu'un d'exigeant et à l'esprit éthéré pensera : « Le globish de notre copain parisien n'est vraiment pas tout à fait de l'anglais — tout fout le camp ! Mais nous en avons l'habitude depuis longtemps, nous autres Anglo-Saxons… »

Imaginez, dans les mêmes circonstances, Kirk Stanley, diplômé de Cambridge, trouvant une épître du même tonneau soumise à sa signature. Ici commence la démonstration de ce que notre tolérance nous confère une autre vraie supériorité stratégique.

Comment va procéder Kirk, l'Anglais souverain à la langue patricienne ?

Réponse A : il va convoquer son employé grec et lui expliquer que ce qu'il a entre les mains n'est que de la bouillie pour les chats. Il faut remettre tout cela dans un anglais au minimum correct. Or le malheureux rédacteur avait fait de son mieux avec toute sa conscience professionnelle ; il repart meurtri, flétri du fait de son insuffisance malgré tous ses efforts, et cherche le collègue anglais ou la secrétaire australienne qui apportera les corrections voulues. Que de vexations, d'humiliations et de temps perdu !

Réponse B : Kirk prend son crayon, corrige lui-même, remet le texte dans les termes qui lui conviennent, et le renvoie à la dactylo ou au pécheur hellène. De toute manière, celui-ci recevra, à tout le moins après expédition, une copie qui lui montrera que son travail n'a pas été prisé, puisqu'il aura été abondamment remanié. Ici, l'insulte ne s'ajoute pas à la désapprobation, mais l'amour-propre n'en ressort pas grandi non plus.

Surtout, Kirk a consacré du temps à une simple tâche rédactionnelle, et aura été payé bien cher pour ce travail qui n'avait qu'une motivation formelle.

Réponse C : Kirk observe, à l'instar du cadre français évoqué un peu plus haut, que la signification est assurément transmise, malgré la forme déplorable. Il décide de laisser partir le courrier en l'état. Mais alors, tous les anglophones natifs qui en recevront un jour ou l'autre une copie se diront en gloussant : « Kirk signe sans même le lire le courrier que préparent pour lui les illettrés dont il se plaît à s'entourer...», ou bien « Kirk a été entièrement gangrené et nous envoie sciemment ce qu'aucun de ses professeurs n'aurait toléré de lui à l'université », ou encore « Kirk n'a pas eu la fermeté nécessaire pour faire en sorte que l'auteur corrige son texte ». Rien de bon pour la réputation de Kirk...

Le pire, et le plus fréquent, se produit quand le collaborateur incriminé n'est pas grec, mais américain ; en clair, quand le rédacteur et le signataire sont tous deux anglophones natifs, mais de deux ethnies bien différentes, avec des versions d'anglais dissemblables. Le premier propose forcément au second des obscénités linguistiques récurrentes. Car ils jouissent alors d'une équivalente légitimité à penser qu'ils parlent bien anglais, chacun de son côté : pourquoi l'anglais de Greenwich, sur les bords de la Tamise, serait-il reconnu meilleur pour la communication mondiale que celui de Greenwich dans le Connecticut, ou que celui un peu plus travesti de Greenwich Village, sur l'île de Manhattan : les deux derniers ne sont-ils pas majoritaires, en présence et en influence ? Parallèlement, il n'a pas encore été prouvé que les habitants de Laval ont une langue préférable à celle de Montréal, et l'auteur le plus respecté en matière de correction grammaticale du français n'est pas français, mais belge[1].

Avec son superbe parchemin de Cambridge, Kirk voit ainsi arriver pour signature un texte pétri d'américanismes odieux, vulgaires, rustauds. Son adjoint a écrit *color*, *criticize*, *fulfill*, *center*, *catalog*, *maneuver*, *judgment*, *check*, *defense*, *program* et *draft*, là où Kirk attendrait *colour*, *criticise*, *fulfil*, *centre*, *catalogue*, *manoeuvre*, *judgement*, *cheque*, *defence*, *programme* et *draught*. Des horreurs... Que faire ? Le dilemme est encore plus cornélien qu'avec l'Athénien. Comment annoncer que son anglais est pitoyable au rédacteur originaire du Sud profond, héritier d'une longue lignée de planteurs de coton ou de tabac, propriétaire d'une ferme dans le Mississipi, dont l'arbre généalogique remonte à des nobliaux du Kent, et qui est de la meilleure naissance ? Ou alors, comment le corriger dans son dos, honteusement et furtivement ?

Kirk n'a aucune bonne solution. Imaginez-vous dans les mêmes circonstances : *no problem*, vous signez et vous expédiez, vous ne serez jamais trahi. Si, dans sa belle intégrité, le texte accusait une nuance américaine, les anglophones natifs penseraient, unanimes : « Jean-Paul a fait des progrès spectaculaires, voici un courrier bien tourné, même s'il sent le visage pâle du Montana. »

Ainsi, comme globiphone, et parce que vous appartenez aux 88 % de l'humanité qui se croient défavorisés (mais ne le sont pas et s'en persuadent donc à tort), vous disposez de libertés exceptionnelles, et bénéficiez de latitudes que vous n'auriez jamais, ni en anglais, ni en français. Dans votre propre langue, en particulier, vous ne

1. Dès 1936, Maurice Grévisse, de Namur, a commencé à publier régulièrement l'ouvrage de référence en la matière, *Le bon usage*.

pourriez admettre aucune déviation sous peine de vous déconsidérer ; vous ne signeriez pas non plus un courrier du type de celui proposé à Kirk, parce que vous n'auriez pas envie d'encourir le sourire compréhensif mais amusé des lecteurs... Le ridicule n'a toujours pas cessé de tuer...

Vous observerez aussi que parler avec un périmètre fixé à 1 500 mots est encore moins confortable pour un anglophone natif que pour vous. Si aujourd'hui, vous savez, en anglais, vous exprimer avec 3 000 mots, vous êtes un internationaliste avancé. Il est quand même plus aisé, pour vous, d'arrêter votre collection au nombre prescrit, que, pour un Néo-Zélandais riche d'un capital se montant à 9 000 vocables, d'abandonner cinq mots sur six : un pécule habituel pour quelqu'un qui emploie un langage à peu près nuancé. Vous y arriverez plus rapidement que lui.

Vous noterez par ailleurs que les anglophones natifs éprouveront toujours plus de difficultés que vous à comprendre des locuteurs qui ne sont pour eux que des profanes dans leur langue : j'ai personnellement fait la douloureuse expérience de leur intolérance auditive quand ils sont peu versés dans les contacts internationaux (c'est le cas le plus courant). J'ai œuvré longtemps au sein d'un état-major européen d'entreprise dans lequel de nombreux Américains se trouvaient immergés au milieu d'une cinquantaine d'autres nationalités. Tout le monde m'y comprenait sans problème, y compris les Américains et les Britanniques. Une évolution de carrière m'affecte à l'état-major mondial de la même société, près de New York, et j'y pars confiant. Quelle n'est pas ma surprise d'y croiser d'autres Américains, sans aucun doute issus de l'Amérique profonde, qui n'arrivent pas à me comprendre, ou alors au prix d'efforts exténuants de part et d'autre.

Il faut bien comprendre que l'Américain d'Aberdeen (dans l'état d'Idaho) ou le Britannique d'Aberdeen (en Écosse) n'a entendu parler sa langue avec un accent baroque que bien des années après avoir écouté son anglais maternel pour la première fois sur les lèvres de l'obstétricien-accoucheur : naturellement, tout le monde dans son entourage infantile ou adolescent s'exprimait avec ce qui est devenu son accent. Plus tard, il passera ordinairement 98 % de son temps à converser avec des compatriotes, et au mieux 2 % à échanger en globish avec des gens aux prononciations pour le moins biscornues et approximatives.

Il en va tout autrement pour ces globiphones, que l'on nous dit déshérités de l'élocution ; ils passent leur vie à parler leur propre langue dans leur milieu et, quand ils basculent dans la communication globale, c'est avec des Japonais, des Latino-Américains, des Arabes du Golfe, des Biélorusses... Bien sûr, aussi, avec des habitants des quarante-cinq pays qui ont retenu l'anglais comme langue officielle mais, je l'ai souligné, ils ne sont qu'une assez petite minorité, même si elle se montre parfois suffisante, c'est-à-dire aux frontières de l'arrogance.

Ces étudiants tardifs du globish partagent ainsi un attribut commun qui fait une autre de leurs supériorités : leur oreille a vite développé une incroyable permissivité à tous ces accents invraisemblables, et souvent inabordables pour les anglophones natifs, surtout s'ils viennent de quitter leur Illinois natal pour atterrir dans le village global. Assez vite, nous, les vrais globiphones par nature et obligation, en arrivons à accepter au débotté n'importe quel accent, bien mieux que quiconque ayant grandi en angloricain. C'est inscrit dans nos chromosomes ; nous n'avons pas le choix, cela nous est aussi machinal qu'instinctif, les accents du monde dans lequel nous devisons étant bigarrés, ce qui nous imprime cette facilité bien plus que dans tout état proche de l'Ohio. Il s'y trouve même un jeu amusant : repérer les nationalités par leur accent dans ce bruyant caravansérail des réunions pluriethniques.

Cette oreille débonnaire nous sert également à bien comprendre tous les anglophones natifs : chacun de leurs innombrables accents n'en est qu'un parmi ceux que nous aurons appris à fréquenter. Il nous sera aussi intelligible, promptement et quel que soit le continent d'origine, que celui des Slovaques, des Bulgares ou des Mongols quand ils parlent avec nous le globish. Encore une force pour nous.

Il faut d'ailleurs reconnaître que la première nation de la planète actuellement, en termes d'influence et de capacités, les États-Unis d'Amérique, est mal préparée à la fréquentation du reste du monde. Même si elle est fermement persuadée du contraire, pour avoir, avec bonheur, fusionné en une population des individus originaires d'absolument tous les pays de la planète. Ainsi, elle pense que comme le reste du monde s'est installé sur son territoire, ses citoyens n'ont pas besoin de voyager pour comprendre le monde.

La nécessité économique et le besoin touristique ne font guère percevoir non plus le voyage international comme une obligation tyrannique pour les fermiers du Kentucky. Sur notre continent, de taille comparable au leur, nous quittons la France dès que notre voiture a dépassé plus ou moins mille kilomètres, lisière extrême pour les plus occidentaux de nos concitoyens qui peuplent la région brestoise. Certes, nous sommes le plus souvent encore en Euroland quand nous avons franchi ce qui fut jadis le poste de douane, ou au moins dans l'Union européenne, mais avec une langue, une musique, une cuisine, une littérature, un théâtre, un cinéma différents. Tout ce qui fait la culture change quand nous passons de Gaule transalpine en Gaule cisalpine. Nous sommes câblés pour comprendre nos voisins, et nous n'avons pas d'autre option, ils se trouvent au coin de la rue. À l'inverse, l'Américain qui quitte Newport (Rhode Island) pour aller habiter à San Diego (Californie) a parcouru plus que la distance séparant Paris de Bagdad, mais n'a pas croisé un seul germe d'une autre approche de la vie pour questionner ses tranquilles certitudes ; rien qui puisse lui faire découvrir une intuition différente de tout ce qui fait l'humanité ; rien enfin qui soit de nature à lui apprendre que sa langue maternelle n'est pas le globish parlé ailleurs dans le monde.

Raison de plus pour appliquer toute notre hardiesse à sortir du piège de l'angloricain auto-élu appareil des échanges mondialisant, et toute notre ingéniosité à imposer le globish pour susciter un complexe d'infériorité chez tous ces anglophones natifs : « *Would you say it again, please, in globish this time?* » Le globish est à portée de main pour nous, mais demandera un effort certain aux anglophones natifs, et en particulier à nos amis américains.

Il est temps de remettre enfin les choses dans leur vraie perspective. Dans un rapport traitant « de l'usage de l'anglais comme langue de travail » qu'elle a adressé le 1er juillet 2003 à Jean-Jacques Aillagon, ministre de la Culture et de la Communication, Mme Catherine Tasca cite l'un de mes articles antérieurs sur le globish et conclut que ce moyen de communication apporte « de quoi mettre peut-être un terme aux complexes des non-anglophones natifs ». Je ne peux qu'approuver !

À vous de jouer, n'hésitez pas, bonne chance, *good luck!*

Chapitre 10

Où est pronostiqué le ténébreux futur du parler angloricain

L'obésité, nous disent nos médecins, n'est pas bonne pour la santé. Elle fatigue le myocarde et favorise les désordres coronariens. Certaines villes souffrent ainsi d'une extension banlieusarde pour laquelle les artères de circulation n'avaient pas reçu au départ les bonnes dimensions autour du cœur : elles suffoquent et dépérissent, remplacées par de nouvelles métropoles où la qualité de la vie est meilleure et où les déplacements sont plus efficaces. Ainsi dépassées, les anciennes cités pantelantes ne disparaissent pas entièrement pour autant, mais leur rôle se modifie. Los Angeles se trouve clairement sur cette route, avec un développement territorial qui la transforme en pieuvre délirante.

Ma prédiction est qu'il en va de même pour les langues. La mauvaise graisse de l'anglais découle de sa diffusion échevelée. Elle l'alourdit, elle l'entrave, elle le nécrose. Le soleil ne se couche plus sur son empire, mais celui-ci n'a pu s'étendre qu'au prix d'une déliquescence essoufflée. Sa gloutonnerie lui a fait égarer les qualités intrinsèques d'une langue au profit d'un successeur de plus en plus méconnaissable. Béat et repu devant ce qu'il croyait être son incroyable diffusion, l'anglais n'a pas vu s'installer ses deux infirmités graves : l'éparpillement en une myriade de sous-produits mal compatibles (l'angloricain multiforme), et la simplification défigurante au profit d'un domestique qui le transcende en universalité (le globish). Pour finir, il dépérira étouffé par ce bâtard, le seul de nature à satisfaire 88 % de l'humanité souffrante. Fils diablement naturel, et non voulu quoique bienvenu, le globish se répand, capturant tout l'embonpoint dans sa minable humilité. Il va supplanter son père englué. Il le pilotera vers une proche misère culturelle si les anglophones natifs ne lui abandonnent pas rapidement sa spécialité exclusive pour sauvegarder *in extremis* l'essentiel de leur langue originelle. *Tu quoque mi filii…*

Il est temps de reproduire la seconde partie de la citation éclairante d'Alain Decaux déjà partiellement donnée en chapitre 5 : « Le langage si pratique que l'on utilise partout dans le monde est de moins en moins de l'anglais. C'est une langue nouvelle… *Ce n'est plus une langue de culture.*[1] » J'ai pris la peine de souligner l'observation importante. L'académicien populaire a encore une fois raison : pour conquérir l'eldorado des vingt-quatre fuseaux horaires, l'anglais a dû se clochardiser. Je l'ai dit : langue SDF, sur le trottoir.

D'extraction à peu près aussi huppée que le français, l'anglais a bien été une langue de culture, pourtant : par certains aspects minoritaires encore, et par l'historique accumulé, il mérite toujours ce qualificatif. Mais ce langage ne peut maintenant conserver ce statut que si ses vrais locuteurs acceptent aussi que ce n'est plus celui qui est parlé autour du monde. C'est en réservant consciemment la propagation intersidérale au globish qu'ils arriveront peut-être à sauver leur langue de cette déconfiture : elle est bien plus en danger que la nôtre. L'anglais peut préserver son rôle de scalpel pour artiste s'il laisse

1. DECAUX (Alain), « L'aventure de la langue française », *Revue de l'Association des membres de l'Ordre des Palmes académiques*, n° 155.

volontairement au globish celui du marteau piqueur pour terrassier. Mais il serait utopique et funeste qu'il veuille être les deux à la fois.

Le globish devient, pour l'oral, quand cela est nécessaire ou utile, et pour l'écrit impérativement, la langue des grandes sociétés et de toutes les structures à horizon global, tous pavillons de nationalité confondus. Il supplante l'angloricain. Ce n'est pas davantage de l'anglais. Certes, ce n'est pas non plus du français, et les grands manitous fondamentalistes qui voudraient ankyloser notre parler s'en désoleront forcément. Mais ce n'est plus de l'anglais…

Les médecins français qui veulent communiquer leurs travaux sur l'Internet, ou dans la revue *The Lancet*, s'appliqueront à le faire en globish pour multiplier leurs chances d'être lus à travers le monde. Quoi de plus naturel ? Leurs articles, bientôt leurs livres, porteront systématiquement en prologue la mention suivante — qui deviendra habituelle, et peu après obligatoire, dans les périodiques spécialisés : « *Written 100% in globish.*[1] » On observera vite que ce seront les textes lus avant les autres à Budapest, à Ankara, à Bucarest et à Riga.

Que croyez-vous que fera le spécialiste d'urologie de la clinique Mayo à Rochester, dans le Minnesota ? Il se mettra promptement, lui aussi, à composer ses publications en globish, pour la même raison : il comprendra qu'il aurait tort de s'entêter dans son angloricain du Middle West s'il veut être lu avec la même diffusion que son collègue, professeur à l'hôpital Foch de Suresnes. Regardons bien cet Américain : il se convertit activement au globish. Il rédige en globish avec une ferveur nouvelle. Il y éprouve des difficultés. Il persévère, finit par

1. « Écrit 100 % en globish. »

triompher, en devient prosélyte. La préoccupation alimentaire d'efficacité aura pénétré jusqu'au monde anglophone qui cessera peu à peu de publier en angloricain pour embrasser le globish.

Ainsi, entre une prostate et une vessie, sera fatalement trahie peu à peu la langue dont l'influence suscite notre jalousie. Et se généralisera celle que nous avons définie, celle des échanges globaux. Nos médecins, nos ingénieurs, nos savants, vont embrigader les médias naguère en anglais ; ils les satureront d'articles écrits en globish, implacablement désignés comme tels, et qui attireront les lecteurs de 88 % de l'humanité de préférence à ceux que des attardés anglophones natifs continueraient à écrire en angloricain. Le rayonnement technologique, médical, scientifique, économique, de notre nation ne peut que s'en trouver favorisé. Peut-être aussi les exportations et les emplois. Serait-ce dépourvu d'importance ?

Il ne faudra pas patienter longtemps pour découvrir que les cinéastes américains finiront aussi par privilégier les projets servis par des dialogues en globish plutôt qu'en angloricain : ils seront plus directement acquis par les peuples à petits budgets, prêts à éviter les frais de postsynchronisation en langue locale, et qui y trouveront en outre un procédé facile pour enseigner ce jargon à leurs populations avides des devises déversées par le tourisme.

Les médias de presse cosmopolites adopteront prestement le globish pour élargir leur lectorat. Le monde entier sera toujours un marché plus vaste que celui des seuls anglophones natifs.

Bientôt, certains écrivains angloricains se feront un devoir de rédiger en cette langue amputée des plus captivantes potentialités : ce sera pour eux le procédé efficace pour rallonger instantanément leur diffusion dans un rapport de un à huit. Qui résisterait à une telle tentation alimentaire ?

Les chanteurs anglophones, sachant que leurs mélodies les dotaient de confortables revenus, comprendront tout à coup que la poésie de leurs paroles restait impénétrable à une grande majorité de l'humanité : il aurait suffi de psalmodier « la la la trou la lère » sur la même musique pour obtenir un résultat économique analogue, à l'extérieur de leur petit monde. Ils concluront enfin qu'en exprimant les mêmes sentiments avec la même intensité dans l'interprétation, mais avec des textes écrits en globish cette fois, ils réussiront à toucher plus impétueusement les cœurs et les reins de fans huit fois plus nombreux autour du globe terrestre. L'indigence de leur phraséologie habituelle n'en est déjà pas si éloignée…

Pourquoi donc continuer à pratiquer un angloricain compliqué et incompréhensible, quand le marché propose et réclame son rejeton contrefait et pratique, connu enfin sous le nom de « globish » ?

La diffusion amènera la mise au point d'outils qui en faciliteront la pratique, à commencer par l'écriture, et par le renfort de l'informatique : des logiciels permettront à nos concitoyens d'écrire exactement comme il faut selon ce concept, simplement, efficacement, dans détours ni complications obscurcissantes. L'utilisateur se servira avec voracité des programmes de correction orthographique dont je rends disponible un premier embryon timide sur le site www.jpn-globish.com.

Un peu plus tard, Microsoft se mettra à proposer des progiciels bien plus subtils, à moins qu'il ne soit devancé par d'autres entreprises plus agiles parce que moins majestueusement engoncées dans leur infaillibilité empesée. Dans un texte en angloricain, ou en n'importe quoi, les meilleurs engins surligneront les mots n'appartenant pas à l'énumération acceptée. En substitution, ils proposeront ce que le globish reconnaît. Là où c'est indispensable, ils donneront même les périphrases pour remplacer les termes trop alambiqués, ou trop exotiques, qui viendraient instinctivement sur le clavier encore mal exercé de l'anglophone débutant en globish. Tout un petit ouvrage à programmer, bien plus complexe qu'une simple liste de synonymes ou d'analogues. Une marque consentira forcément à le fabriquer un jour, puisqu'une demande solvable se sera manifestée.

Dans le même temps sera promulgué l'intérêt d'enseigner le globish à tous nos enfants, et si possible à tous nos concitoyens. Cela n'empêchera pas de continuer à dispenser l'anglais à la minorité souhaitant accéder à la richesse anglo-saxonne à travers sa littérature et ses médias de qualité, qu'il s'agisse de la presse écrite ou de l'audiovisuel.

Quand nous y serons parvenus, nous aurons progressé d'un pas dans l'égalité des chances : les séjours linguistiques en terre d'angloricain sont un moyen de choix pour inculquer cette forme de langue aux jeunes des familles nanties. Les autres font comme ils peuvent, avec un retard à l'allumage obligatoire. Au moins, en globish, la formation sera équitable, et chacun peut espérer arriver au terne niveau attendu. Sa modestie limitera les abandons pour cause de désillusion, si fréquents dans l'attaque d'une véritable langue vivante.

Un encouragement sera voté pour les programmes télévisés d'origine américaine diffusés directement en langue globish. Ils seront enfin compréhensibles pour la plus grande foule, sans doublage dispendieux et corrupteur.

Nous voici donc parvenus à la situation idéale, dans un avenir pas trop distant : les partisans de cette idée se sont répandus dans le monde entier, au titre de l'évangélisation des peuples, pour les convertir à ce dialecte déjà presque réel, et qui ne demandait qu'une prise de conscience et une structuration. Le globish a l'impérieuse ambition de favoriser ce déclin de l'angloricain. Il nous suffit de l'agencer, en emportant l'adhésion des locuteurs blasés et disponibles, les non-anglophones natifs. Ainsi, l'histoire nous proposerait enfin de signer l'engagement visant à faire officiellement et définitivement dégringoler l'angloricain du piédestal libellé « langue de culture » : sa nature actuelle avilie fait que, s'il jouit encore de ce statut dans notre idée, c'est par imposture. Seule notre cécité pourrait nous conduire à le lui consentir plus longtemps. Le globish coupe le cordon ombilical d'avec lui et s'approprie sa partie à diffusion planétaire pour le cantonner à ce qu'il mérite de devenir, ce piteux et lointain dérivé de l'anglais. À ce dernier pourrait alors revenir un lustre qu'autrement il est condamné à perdre pour toujours : les anglophones, les vrais, devront en décider.

Chapitre 11

Où l'on dispute des deux périls communément annoncés pour le français

Nombre de langues ont disparu de la bouche des hommes. Où sont le hittite, le scythe et le franc ? C'est la destinée, c'est l'évolution... Mais toutes ne se sont pas évanouies, et encore moins dans l'histoire récente. À la fin du VIIe siècle, sur leurs petits chevaux véloces, les cavaliers arabes ont apporté aux terres de leur « couchant », le Maghreb, une nouvelle religion et une nouvelle langue. Mille trois cents ans plus tard, le langage préexistant est encore activement parlé dans quelques villages tunisiens, dans toute la Kabylie algérienne et par cinq très importantes tribus au Maroc. La servitude ici, les mariages interethniques là, la pression étatique partout ne sont pas parvenus à le faire disparaître. Nous aurions tort de commander dès maintenant les couronnes mortuaires pour accompagner la dépouille du français.

Les anticipations et observations par rapport à notre déclin national sont néanmoins innombrables. Et celles traitant de la langue foisonnent tout autant. Les sommités les plus encensées et les écrivains les plus chevronnés se coalisent pour nous expliquer qu'elle est en perdition.

Les fautifs premiers en seraient les locuteurs français en personne, avec leurs génuflexions chafouines devant l'omniprésence de l'angloricain, en dépit de ses égarements.

Avec l'expression, et en raison même de son déclin, se poubelliserait bientôt notre culture, si exceptionnelle qu'elle mérite d'être considérée comme une exception. Le beau français serait porteur d'identité, et sa proche mise en bière devrait entraîner notre asservissement à la puissance étrangère qui nous noyauterait sans trêve ni merci : « C'est nous qui pâtissons pour de bon, et qui allons en crever pour peu que ça continue… La vérité, c'est qu'on nous a fait jargonner américain pour nous conduire à l'abattoir les yeux fermés… Pour gagner tout à fait sa partie, il faut que le dollar tue notre langue…[1] »

Une analyse méticuleuse montre que ces bulletins d'avertissement sévère peuvent se ranger en seulement deux familles : ceux qui prédisent notre échec par déroute, et ceux qui nous annoncent notre engloutissement par dégénérescence.

La déroute : l'influence du français ne cesse de régresser à la surface de la planète

Premier péril : la déroute serait le résultat de la préférence trop souvent accordée à l'angloricain par certains de nos concitoyens dans leur propre communication. Le français capitulerait ici en rase campagne et ses locuteurs passeraient pour de bon à une langue étrangère parce qu'ils la penseraient plus pratique (paresse quand tu nous tiens…), plus élégante (snobisme, quand tu veux nous

1. ÉTIEMBLE (René), *Parlez-vous franglais ?*, Folio Actuel, Gallimard, 1991.

auréoler...), ou susceptible d'une meilleure compréhension immédiate sans traduction (cupidité, quand tu nous mobilises...).

Vous avez vu aux chapitres 4 et 5 que l'anglais, ou certaines choses qui prétendent y ressembler, occupent effectivement dans la communication mondiale une place sans concurrent. Même si, *a priori*, il ne s'agit que d'angloricain, voire de globish, l'évidence s'impose et semble maintenant irréversible.

Comment avons-nous pu en arriver à ce point de disgrâce, malgré tous les avertissements et tous les barouds d'honneur successifs ?

Auteur convaincant sur ce sujet aussi, Marc Fumaroli nous en donne assez directement une explication étincelante par référence à l'époque où notre langue éclatait de rayonnement mondial : « Comme l'Amérique aujourd'hui, sans recourir au volontarisme d'une politique culturelle ou d'une politique linguistique, la France du XVIIIe siècle et sa langue étaient tout simplement contagieuses et irrésistibles... C'est en tout cas par la frivolité et non par la philosophie que le Paris du XVIIIe siècle avait réussi sans coup férir à réduire le reste de l'Europe à la condition de province, suspendue et asservie aux modes, aux mots d'esprit, aux médisances, à la scène animée et aux incidents de coulisse du théâtre social parisien... Paris est alors devenu le laboratoire des charmes de la vie privée, l'aristocratie de ville donne le ton de son urbanité à toute l'Europe.[1] »

Ainsi, nous aurions tort de croire que la connaissance, l'art de vivre, l'affable libertinage à la française ont jadis submergé le vieux continent parce que la langue y était

1. FUMAROLI (Marc), *Quand l'Europe parlait français*, Le livre de poche, 2003.

partout pratiquée par les élites. Tout au contraire, si le français s'est imposé parmi ces élites d'alors, c'est parce que nos voisins nous admiraient pour ce que nous savions faire, pour ce que nous savions concevoir, pour ce que nous savions énoncer. Ne confondons pas la cause et l'effet.

Peut-être serait-il temps d'admettre que notre entendement est encore indubitable dans certains rayons, mais qu'il n'est plus dominant dans la plupart de ceux qui traitent des techniques modernes, celles qui sont en train de tramer le XXIe siècle. Les peuples de langue supposée anglaise, les anglophones natifs, ont pour le moment le *leadership* dans la plupart des domaines technologiques, militaires, économiques et culturels. Nous pouvons le déplorer, mais le nier ne servirait à rien. Les francophones ne ferraillent plus que pour y conserver une place, pour ne pas s'y trouver anéantis : il nous échoit encore des prix ou accessits notables, comme au moins en aérospatiale, armement, agroalimentaire, conseils et services relatifs à l'informatique, sciences du vivant. Mais envisager une part dans l'hégémonie et l'arrogance totales appartient maintenant au territoire de l'onirique.

Pendant les cinquante premières années d'attribution du prix Nobel pour les sciences et les techniques, soit en chimie, physique, physiologie ou médecine, les savants francophones[1] obtenaient trois fois des récompenses quand les anglophones[2] les recueillaient en dix occasions annuelles. Pour les cinquante dernières années (le prix a

1. En y incluant les lauréats belges, suisses et canadiens qui ont des patronymes à consonance française, les statistiques disponibles n'étant pas plus précises que cela sur la langue parlée.
2. En y comptant les lauréats originaires de ce qui était jadis le Commonwealth britannique, à l'exception, naturellement des Québécois dévoilés par leur patronyme.

tout juste cent ans), le ratio est passé de trois pour dix à trois pour cinquante. Tel qu'il est mesuré par le plus prestigieux honneur mondial au cours du second demi-siècle donc, et par comparaison avec le premier, notre rayonnement dans ces matières se serait évaporé dans un rapport de un à cinq en face des chercheurs s'exprimant en angloricain…

Qui s'étonnera encore que notre langue ait fléchi parallèlement dans l'usage international ?

Sensibles dans leur chair même à la déroute qui fait refluer le français mondialement, certains exigeraient de renforcer encore davantage l'athlétique réglementation destinée à tempérer le déluge angloricain décrit au Chapitre 4 : il faudrait exiger des Nations unies que notre droit soit respecté, vitupérer Bruxelles quand cela est mérité, verbaliser les délinquants qui en France ne traduisent pas à toute occasion, punir les contrevenants, augmenter les amendes, vérifier la conformité linguistique des publications et modes d'emploi, invectiver les hommes politiques et les hommes d'affaires qui oublient de s'incliner… tout un bazar de vigilance caporaliste et de répression dont personne ne peut discuter la pertinence, ni la bonne volonté, et que je soutiens vigoureusement. Toutefois, ne faut-il pas admettre que sa mise en œuvre n'a guère conduit au succès ? Vous avez vu que cette lutte semble bien mal engagée, pour ne pas dire directement perdue. Pourtant, elle est encore conduite avec une vaillante énergie par d'aucuns qui, n'ayant ni des rôles de dirigeants ni des responsabilités d'employeurs, manient la foudre en prêchant la résistance irréductible dans le village retranché face au camp romain de Petibonum. Hélas, il ne s'y trouve plus de potion magique, et le druide en a oublié la molécule.

Parmi les cibles de leurs anathèmes, le groupe industriel Loratel nous proposerait l'un des plus grands Ravaillac du français : M. Kalakdidjian, surnommé Kalak depuis que son patronyme fut abrégé par son professeur de classe préparatoire au lycée de Marseille. Il aurait décrété un jour que les notes échangées entre dirigeants autour de lui seraient dorénavant rédigées dans la langue de l'ennemi héréditaire. Abomination de la désolation, rugissent les observateurs, abdication ignominieuse, destitution de tout ce qui fait notre originalité ! Nous voici nivelés au plan de difformité de la perfide Albion.

Cependant, examinons bien. Ce groupe industriel opère dans plus de cent pays, par représentation directe ou par délégation à des agents et revendeurs locaux. Sur une évidente majorité de ces territoires, et encore plus dans les principaux marchés en dehors du nôtre, aucun de ses correspondants ne parle français, même pas au point d'en faire une langue d'affaires efflanquée. Les dirigeants du cénacle parisien pourraient bien s'échanger courriers et mémorandums dans notre belle langue nationale : ils n'auraient certes aucun problème pour se comprendre les uns les autres, à supposer que l'état-major soit intégralement tricolore. Mais de quelle utilité serait le texte en français pour celui qui voudrait faire connaître une orientation à São Paulo, ou demander à Philadelphie un renseignement de nature à compléter l'un de ces papiers, ou encore fournir à Bangkok un élément de réflexion sous la forme d'un écrit de M. Kalak ? Une fois le document arrivé à bon port, il faudrait le faire traduire dans la langue locale, ou en supposé anglais, ce qui engagerait des frais et prendrait beaucoup de temps.

Dans la lutte sans frontière ni limite que livre Loratel, les minutes comptent. Dans une majorité de cas, l'envoi ne serait même pas traduit du tout, parce que le destinataire sait très bien que « passé le Saint, passée la fête », et que la production tardive ne servirait plus à rien. À une interrogation, il répondrait par un mensonge de service rassurant : « Oui, oui, je l'ai lu, car je maîtrise encore assez bien le français pour faire un peu de version. C'est vraiment très intéressant, je l'ai commenté verbalement à mon équipe lors de notre réunion du lundi, et tout le monde a approuvé sans réserve. » Loratel aurait encore perdu, le message directorial ne serait pas passé.

Étudions par comparaison le cas de Lucio Gamiani : il est PDG de la société Munatco EMEA (*Multinational Corporation Europe Middle East & Africa*), dont le siège européen se trouve à la Défense, à Paris, tandis que l'état-major mondial est implanté dans le New Jersey, aux États-Unis. Son immeuble de Courbevoie abrite des collaborateurs provenant des filiales que Munatco a installées dans la plupart des pays de sa zone : quarante-deux nationalités différentes s'y côtoient et œuvrent dans la joie à la prospérité commune. Quelques Français y travaillent aussi, et les postes d'intendance et de soutien (secrétariat, courrier, cafétéria, magasiniers) sont évidemment occupés principalement par des Franciliens. Quelle langue parlent les décideurs dans cette tour ? Parce que ce siège international est établi chez nous, pouvons-nous exiger qu'ils apprennent tous notre langue, pour n'écrire et ne téléphoner à leurs filiales qu'en un français incompris de leurs patrons locaux autrement qu'en Belgique, en Suisse romande, au Luxembourg et dans quelques pays africains ? Allons donc, Gamiani, Milanais de naissance, ne parle que l'italien et l'anglori-cain (assez piètrement il faut le dire, mais suffisamment tout de même pour son métier). Son séjour en France ne durera certainement pas plus de trois ans, et il ne va même pas essayer de dépasser le niveau de survie nécessaire pour échanger avec un maître d'hôtel ou un policier.

Dans son milieu de travail, le français est dramatiquement minoritaire : tout le monde comprend et manie assez l'angloricain, y compris dans les fonctions d'intendance et de soutien, pour être normalement qualifié en globish. De toute manière, l'échelon supérieur et ultime est sur les bords de la rivière Hudson, et n'entend pas utiliser d'autre langue que l'angloricain.

Il ne viendrait à l'idée de personne de besogner à Courbevoie en une autre langue, et certainement pas en français. C'est peut-être décevant, mais c'est ainsi. Gamiani est un dirigeant du monde global, et sa langue de travail est celle du village global.

Assurément, notre gouvernement pourrait interdire à Munatco de faire venir à Paris des travailleurs étrangers temporaires ; ainsi, il n'y aurait plus que des Français au siège européen. Outre que notre participation dans l'Union européenne nous l'interdirait, ce serait la meilleure et la plus stupide manière de convaincre enfin Munatco de déménager son quartier général européen pour l'ajouter à ceux, déjà bien nombreux, qui sont installés dans l'aguicheuse Belgique (pays dont l'affriolante fiscalité, en particulier sur les stock-options, et encore davantage sur la fortune, afficherait d'alléchants attraits sans équivalent en France pour les dirigeants et les gens que l'on dit fortunés). En conséquence, mieux vaut ne pas s'essayer à ce type d'interdiction.

Il nous faut dès lors accepter que la force de travail de Munatco s'exprime, écrive, et communique uniquement en globish. Même si elle ignore encore qu'il s'agit de globish et qu'elle le pratique, pour ainsi dire, comme d'autres faisaient de la prose autrefois, c'est-à-dire plutôt mal, faute d'avoir encore pris connaissance des théories exposées ici.

Si nous acceptons, même à regret, qu'il en soit ainsi au siège international européen de Munatco, comment pourrons-nous crucifier Loratel, autre entreprise globale, quand elle fait le même choix pour son siège international européen, ou mieux encore mondial, installé dans l'immeuble de la Défense adjacent à celui de Munatco ?

Monsieur Kalak n'a donc pas tort de recommander la rédaction primitive en anglais. Mais, à partir de maintenant, il n'aura plus raison : l'anglais n'est pas non plus l'idéal, c'est en outre l'adversaire, selon ses détracteurs. Dorénavant, ce PDG devra fermement exiger que la rédaction se fasse en globish : elle est limpide, elle est percutante, elle est miséricordieuse, et elle est admissible. Rappelez-vous, l'anglais est une langue, le globish n'en est pas une, ce n'est qu'un artifice pour la communication.

La dégénérescence : le français perdrait son identité et sa qualité par gangrène de l'intérieur

Après la déroute sur le théâtre d'opération global, le second danger serait la dégénérescence de l'intérieur, par prolifération des cellules carcinomateuses : c'est le phénomène bien connu par lequel nous incorporerions avec insouciance de nouveaux mots (surtout angloricains) dans l'expression quotidienne, et oublierions par voie de conséquence les termes plus choisis qui satisfaisaient nos parents. Notre langue s'atrophierait ainsi de jour en jour, aussi trompeusement que certaines maladies consomment peu à peu le cerveau jusqu'à la démence.

Ceux qui réprouvent ce métissage devraient méditer la pensée exprimée par Victor Hugo (autorité difficilement discutable !) dans sa préface de *Cromwell* : « La langue de

Montaigne n'est plus celle de Rabelais, la langue de Pascal n'est plus celle de Montaigne, la langue de Montesquieu n'est plus celle de Pascal.[1] » Que dire de celle de Houellebecq, qui n'est plus celle de Céline, lequel avait bien divorcé d'Apollinaire, lequel..., etc. L'inoubliable Frédéric Dard sera relégué à Cayenne, au Goulag ou à Guantanamo, pour innovation trop débridée dans sa spécialité. De tous ces auteurs, admettons que chacun s'est au préalable contenté de digérer les apports antérieurs, de façon à les cimenter en un appareil adapté à sa main et à son époque ; ensuite, aucun n'a oublié de les compléter avec munificence des ajouts contemporains plus ou moins répugnants à l'instant de leur intromission, mais promis un peu plus tard à une béatification officielle.

Plus près de nous, et pas plus discutable, l'association Le Droit de Comprendre, dans son rapport *Les Français et leur langue en 2001*, pose en termes un peu différents la même question, nullement périphérique : « Pour que le français perdure, l'Éducation nationale devrait s'interroger sérieusement sur ses méthodes et surtout sur ses buts. Vaut-il mieux imiter la langue classique ou écrire le français contemporain, qui est la vraie langue vivante ? »

Cette interrogation s'impose à celui qui entend les incantations des Cassandre qui nous promettent la décrépitude par étiolement du langage : quelle est la langue française qu'il nous est ainsi proposé de momifier pour les siècles à venir ?

C'est bien celle dans laquelle ces mêmes experts se sentent à leur aise : celle qu'ils ont apprise, celle dont l'assujettissement leur promet une supériorité. Leur

1. Cité par Paul Robert dans sa préface de la onzième édition de l'ouvrage de GRÉVISSE (Maurice), *Le bon usage*, Duculot, 1980.

thème ne serait-il pas : « Ce que mon grand-père a fait pour s'adapter était normal et bon, mais moi, je veux dorénavant calibrer mes changements, rationner les amendements, et contingenter souverainement les innovations. Cela me permettra de conserver mon confort, mon privilège, et mes mots tels qu'ils sont aujourd'hui, intacts, à l'abri des infections et attaques septiques. Ou, encore mieux, tels qu'ils se trouvaient être hier quand je les apprenais, en rejetant dans une hargne messianique tous les enrichissements actuels ou futurs qui proviendraient d'ailleurs. »

Voilà bien l'idée, ces penseurs et écrivains rigoristes souhaiteraient calcifier notre langue dans ses propres fondamentaux. Ensuite, fossilisée dans sa version homologuée la plus correcte (la leur), si possible expurgée de ses apports mutilants et de ses scories de toute nature, elle serait déposée au plus profond d'un sarcophage inviolable qui la préserverait de toute putréfaction.

Mais, révérence parler, ont-ils toujours raison ? Et si, tout au contraire, c'était en coagulant la langue qu'on allait maintenant lui enlever la vie ? La vie que nos prédécesseurs lui avaient confirmée avec tant de magnanimité ? Et si toutes ces immondices terminologiques n'étaient que l'engrais de sa fécondité, la fumure de sa fortune future, une somme de déjections fertilisantes, digérées auparavant et dont la répression présente condamnerait toute la croissance prolifique, attendue dans l'impatience ?

Si tel était le cas, nous ne devrions pas pleurer l'accroissement de notre vocabulaire, même si, pour certains, il équivaut forcément à sa dépravation. Celle-ci est-elle de nature à changer notre manière hexagonale de vivre et de voir les choses ? Les jeunes semblent avoir oublié que notre dictionnaire contenait le mot « florilège ». Ils lui préfèrent maintenant *best of*. Avec ce détournement des mots, mettent-ils en danger leur idée de la démocratie, du sens civique, du respect à porter aux aînés, aux enseignants et aux éditeurs courageux ? Aurions-nous dû leur interdire cette nouvelle incursion angloricaine et leur imposer « anthologie », « recueil d'airs choisis », « extraits d'œuvres », « choix de morceaux », et même « spicilège » ou « chrestomathie », que personne ne connaît guère, voire « analecta » ou encore « ana »[1] ? J'ai du mal à imaginer Johnny déclarant à Michel Drucker : « Ma nana est super, et mon ana l'est encore plus » !

Que nous en dit l'histoire plus ancienne ?

Aujourd'hui, certains de ses chercheurs s'amusent des réactions vindicatives et des observations outragées émises par les linguistes d'il y a quelques siècles, quand les Italiens nous perturbaient de leurs apports. À leur décharge, c'était la période où leurs banquiers crypto-roturiers nous gâtaient en installant les jouvencelles Médicis sous la couette de nos monarques. À l'époque de la Renaissance, nous nous serions ainsi vu insuffler un brave millier de mots en provenance directe de Florence et de Rome. Avions-nous vraiment besoin d'accaparer alors la plupart des substantifs qui commencent par « es » dans notre présent arsenal, à l'instar du terme « escale », substitué aux « échelles » que les Marseillais avaient rendues célèbres quand François Ier leur en avait consenti le fructueux monopole au Levant ? Ainsi des « esbigner », « escadre », « escadron », « escarmouche », « escarpin »,

1. Avec de discrètes extensions du sens : « Spicilège : recueil de morceaux choisis, de documents variés, d'observations » (*Petit Larousse illustré*, 1982), « Chrestomathie : recueil de morceaux choisis tirés d'auteurs classiques, célèbres » ; « Analecta : nom de certaines anthologies savantes » ; « Ana : recueil de bons mots d'un auteur, d'une personnalité, d'anecdotes relatives à sa vie, etc. » (*Le Petit Robert*, 1967).

communément annoncés pour le français

« escompter », « escrime », « espadon », « espalier », « espion », « esplanade », « esquif », « esquiver », « estacade », « estafette », « estafilade », « estouffade », « estrade », « estramaçon », « estrapade », « estropier », « escopette » et de bien d'autres, sans oublier « escroc » et « escarpe », deux criminels aux côtés desquels ne manqueront pas de me ranger les zélateurs du conservatisme. Nous portons-nous plus mal d'utiliser tous les jours ces mots qui furent révoltants il y a quelques siècles ? Notre identité passée en a-t-elle souffert ?

Nos enfants seront-ils davantage pénalisés dans cent ans parce qu'ils auront intégré « toubib », « caillera », « roller » ou « bandana » ?

Eh oui… C'est bien ainsi que vit une langue vivante : tous les ans, des vocables s'évanouissent de l'usage. Il nous avait été promis que le mot « adolescent » disparaîtrait au profit de *teen* pour les garçons et *teenette* pour les filles, par assimilation aux *teenagers* angloricains (ceux dont les âges se trouvent entre *thirteen* et *nineteen*, soit entre « treize et dix-neuf »). Un peu plus tôt, ils s'étaient dénommés les « J3 », en référence à leur modèle de carte de rationnement sous l'occupation allemande et juste après. Le terme avait disparu avec le retour des vivres. *Teen* et *teenette* ont tout autant quitté la scène, sans vraiment y traîner. En revanche, l'apocope « ado » est largement répandue maintenant, et tout le monde la comprend sans réfléchir. Et le terme « ado » sera un jour aussi sénescent : c'est la loi…

Les mots élimés se manifestent encore par leur survivance dans les dictionnaires habituels, et ultérieurement dans les ouvrages dédiés aux termes vétustes : au travers de ces asiles, le lecteur se réjouit de se découvrir exceptionnellement cultivé en identifiant un nombre plus ou moins significatif d'entrées supposées vieillottes. Ces mémorables vestiges y sont rangés par milliers ou dizaines de milliers.

En parallèle à ces nécropoles, des pouponnières nous livrent des mots qui nous arrivent de partout, en une compensation équivalente. Ainsi est faite la vie... Les sarcophages sont conçus pour préserver les dépouilles à l'abri de leur destin de charogne. Une langue vivante s'y trouvera lorsqu'elle sera décédée, et vouloir l'y installer, c'est vouloir inconsciemment l'ensevelir. Une langue vivante est faire pour vivre, pour recueillir des mots, pour en perdre, pour s'adapter, pour se transformer. Notre français ne cesse de vouloir changer. C'est un langage qui persévère perpétuellement à s'enrichir de vocables, parfois créés, parfois surgis du terroir, parfois extraits du néant par génération spontanée, parfois importés (hélas ?).

Enrichissement par création préméditée

Créer des mots résulte d'une démarche aussi prometteuse que louable : à concept nouveau, terme nouveau, choisi par des linguistes compétents et parfois par des amateurs fortuits, pour qu'il soit précis, saisissant, et accuse une sonorité bien de chez nous.

À l'époque où sont apparus les premiers calculateurs électroniques géants, la compagnie IBM France se demandait comment éviter de les appeler *computers*, ou « computeurs », par un superficiel emprunt du mot américain. « Computeur » n'aurait pas été banal pourtant, puisque directement dérivé d'un verbe bien à nous (« je compute, tu computes, etc. ») qui caractérise les calculs et supputations aboutissant au calendrier des fêtes mobiles dans l'Église de Rome. Le 16 avril 1955, le professeur Perret, philologue à la faculté de lettres de l'université de

Paris-Sorbonne, que l'on avait consulté pour cette recherche, proposa « ordinateur », « ordonateur », « systémateur », « combinateur », « congesteur », « digesteur », « synthétiseur ». Il complétait cette collection de leurs variantes féminines et d'observations érudites. Il se disait pencher personnellement pour « ordinatrice électronique ». Mais il avait commencé sa lettre manuscrite par : « Que diriez-vous d'*ordinateur* ? C'est un mot correctement formé, qui se trouve même dans le *Littré* comme adjectif désignant Dieu qui met de l'ordre dans le monde. » C'est le vocable qui a prévalu, après décision des dirigeants de l'entreprise. Et personne ne semble à ce jour s'inquiéter de cette assez présomptueuse confiscation d'un attribut du Tout-Puissant...

Le terme « informatique », inventé par Philippe Dreyfus, ancien dirigeant haut placé de Bull, et finalement de la société de services et d'ingénierie informatique Cap Gemini, connut une carrière également météoritique : créé en 1962, il était officiellement retenu par l'Académie six mois plus tard. Un record absolu selon son père. Évocateur comme il fallait, il a remplacé le trop incommode « traitement de l'information » pour traduire l'américain *data processing*, et s'est substitué à l'inadapté « mécanographie », vite périmé par l'évolution technologique. Malheureusement, son usage ne s'est pas étendu en retour à l'angloricain : une entreprise américaine intransigeante et gourmande avait auparavant protégé la marque *informatics* et s'opposa à son emploi généralisé sans espoir de redevances. Ces capitalistes et leur dictature du profit... !

Les anglophones natifs n'emploient d'ailleurs plus le terme d'origine, *data processing*. Ils lui ont substitué *information technology*, forgé sans peine et plus proche de notre « informatique ». Pour faire rapide, comme il convient maintenant, ils l'ont abrégé systématiquement en « *IT* » (à prononcer « aïe ti », pour paraître dans le coup).

À la fin des années 1960, le terme *software* recouvrait de manière commune les programmes enregistrés servant à faire fonctionner les ordinateurs. Tout le monde convenait que lui trouver un équivalent français serait bienvenu. Comme il avait été créé outre-Atlantique pour le démarquer du « matériel » appelé *hardware* (la quincaillerie), certains proposèrent de créer le mot « quincaille » pour les mécaniques visibles et bien métalliques, et « mentaille » pour les programmes : ainsi se trouvait soulignée la préséance de ces derniers sur un amoncellement de circuits électroniques et de bandes magnétiques qui demeuraient inertes sans leur intercession. Aucun des deux vocables n'arriva à s'imposer. Pourquoi ?

En revanche, le mot « logiciel » apparut en 1971 à l'initiative d'une commission de terminologie informatique. Rimant astucieusement avec « matériel », sa sonorité flattait sans doute mieux l'oreille, et il connut promptement un emploi irrésistible en terre de francophonie.

Ainsi, des instances officielles nous homologuent ou nous mettent au monde des vocables nouveaux, souvent élégants et expressifs, avec des racines recherchées pour leur irradiante hérédité : certains font souche et se propagent heureusement ; certains végètent et trépassent avant d'avoir connu la célébrité conférée par l'usage. D'autres structures moins officielles mais tout aussi bien intentionnées innovent avec les mêmes chances de succès. Enfin, des instances totalement officieuses, anarchiques, parfois interlopes, enfantent des mots nouveaux, sans hésiter à les extraire de nulle part, au détriment de ceux que nous aimerions vénérer au titre d'une naissance moins plébéienne. C'est ainsi qu'il en va des langues. La création de mots est donc bien intentionnée et marquée au coin du bon sens, mais inégalement agréée par le succès.

Enrichissement par homologation des mots issus du terroir

En même temps que la ravissante Emanuelle Béart dans le personnage de la semeuse, la livraison 2003 du *Larousse* nous propose « chatrou », qui désigne, dans les menus, un exquis céphalopode préparé selon une recette des Caraïbes. Ce terme nouveau, usité sur nos diverses îles antillaises, serait honnête puisque légitimé par son origine territoriale sous passeport français ? Que deviendrait-il si les intempestives volontés indépendantistes de leurs insulaires venaient un jour questionner cette recevabilité au titre du sacro-saint droit du sol ?

En réalité, ce n'est qu'une des dernières contributions d'un terroir qui nous l'apporte après que ses congénères ont participé à la fabrication de notre langue : celle-ci est née de l'agrégation de ses sources régionales, avant et après l'acte fondateur de Villers-Cotterêts en 1539. Les apports provinciaux actuels sont moins fréquents, les anciennes participations nous ayant saturés. Car qui donc oserait se scandaliser de voir « le jeu de boules qui se pratique avec les pieds fixés au sol » appelé « pétanque » par tout le monde, depuis quelques décennies, en dehors de son La Ciotat natal ? Ce mot résulte de l'incorporation en français de la locution provençale *pé tanco*. Elle signifie « le pied planté dans le sol », pour discriminer ce sport — nous devrions dire cet art — par rapport aux autres jeux de boule dont le pratiquant propulse l'instrument en courant.

Pourquoi annexer « pétanque » en 1932 serait-il moins criminel qu'accepter « bowling » en 1907 ? En quoi ce dernier terme serait-il moins tolérable que

« baragouiner » qui, par le substantif « baragouin », devrait probablement son origine au breton *bara* (« pain ») complété de *gwin* (« vin »), et qui aurait initialement particularisé la pratique de celui qui n'arrive à parler français qu'en réclamant ces deux denrées primordiales. Pourquoi « pistou » serait-il accueilli avec chaleur, en provenance du midi ensoleillé et parfumé, accompagné de « pastis », alors qu'il y a bien longtemps, nous avions ouvert le tabernacle à « basilic » et « apéritif anisé », tous les deux suffisants et commodes ?

Les mots issus de l'intérieur seraient-ils donc moins dangereux pour la survie de notre langue que ceux qui émanent de l'extérieur ? Qui soutiendra ce paradoxe tricolore aux relents de chauvinisme embaumant la farigoulette, la lavande et l'ail ?

Enrichissement par génération spontanée

Pas toujours reconnaissants des legs reçus, les jeunes en particulier manifestent un coriace appétit pour l'invention de mots, lesquels jouissent parfois d'une longévité inattendue. Introduction récente, le verlan nous en rassasie jusqu'à la nausée. Devrons-nous tolérer : « Trop la honte : après la teuf, nos meufs qu'étaient foncedées à donf, elles se sont fait resser par une keufette qu'était une vraie taspé, avec des veuchs tout chelou[1] » ?

---

1. En français de tous les jours : « J'en suis excessivement affecté : sur le chemin de retour des festivités, nos compagnes, encore sous l'emprise totale de substances hallucinogènes, se trouvèrent appréhendées par une jeune femme de la maréchaussée. Celle-ci se révéla d'une rigueur intolérante, en dépit d'un physique extravagant souligné par une coiffure bizarre. »

« Tarpé » serait-il vraiment moins nocif et plus véniel que « joint », son cousin angloricain prononcé à la française ? (Question posée à propos du langage, non pas de la santé ni du code pénal…)

Nous faudrait-il encore faire un effort pour nommer « Marie-Jeanne » ce que les Espagnols nous ont concédé sous la version castillane de ces deux prénoms, et qui sert de combustible défendu aux articles ci-dessus ?

Et que dire du pseudo-langage que nos enfants ont propagé pour communiquer sur leurs téléphones portables par messages SMS, et de l'éviscération du français qu'ainsi nous les laissons pratiquer ? Leur magasin *La Halle O Chaussures* a-t-il bien servi la cause de notre langue par le choix de sa raison sociale ? Ce que nos petits démons inventent pour écorcher notre langue est-il vraiment moins criminel que ce que les mêmes chérubins adaptent sauvagement de l'angloricain ? N'y aurait-il pas xénophobie lexicographique à donner préférence aux inventions des quartiers chauds dans lesquelles personne des quartiers froids ou tièdes n'arrive encore à se reconnaître ?

Enrichissement ou dévergondage par importation illégale de mots angloricains ?

Il est vrai que, simultanément, le français accueille à tour de bras les mots étrangers, dans la plus joviale des confusions.

Il nous est expliqué qu'ainsi, mot après mot, notre incurie nous emmènerait vers le précipice. Le parler des autres substituerait progressivement à notre apanage linguistique un nombre croissant de termes crasseux. Cette infection étant clandestine, continue et lente, elle serait imperceptible au jour le jour, et conduirait à notre disparition : nous serions en train de vivre un crépuscule tranquille, et même pas programmé, ce qui est encore plus scélérat. Le mot d'ordre serait alors clair : il faut lutter pied à pied, ne pas céder un pouce (pardon, un centimètre) de terrain, au nom de l'amour sacré de la patrie ; il convient de proscrire tous les mots allogènes qui nous pollueraient, qui grignoteraient notre parler, et qui, partant, dévoieraient notre moi collectif profond, notre manière d'être originale et inestimable pour chacun de nous ; nous devrions revenir à la pureté de Malraux ou de Mauriac, à tout le moins, et au plus vite.

Depuis quelques décennies, ces mots décadents seraient surtout importés de l'angloricain et formeraient le « sabir atlantique[1] ». Ils présenteraient trois inconvénients graves : leur concentration, résultant de la massification et de l'internationalisation des médias, leur origine, majoritairement américaine et donc souvent honnie, et enfin leurs consonances encore étrangères aux phonèmes de notre propre langue, ce qui nous conduit à les déformer jusqu'au ridicule dans bien des prononciations.

Examinons d'un peu plus près quelques-uns des vocables que l'usage populaire a ainsi interceptés :

- « Stop », mot que l'on retrouve sur des centaines de milliers de panneaux indicateurs qui ont le mérite d'être universels. Le vocable est utilisé sans qu'une lettre en soit altérée, même en caractères cyrilliques au cœur de la Sainte Russie. Seule la province de Québec échappe à son emprise en lui substituant « arrêt ».
- « Boom », qui nous guérit du « krach » quand les choses vont mieux et que les actions montent à Wall Street (mais « krach » vient de l'allemand ou du

1. Expression inaugurée par ÉTIEMBLE (René), *op. cit.*

hollandais). Après nous avoir servi le *baby boom* d'après-guerre, il nous promet l'imminent *pappy boom*, si funeste pour le financement de nos retraites.

- « Ring », pour échanger des coups, réservé à ceux qui pratiquent le noble…
- …« Sport »…
- « Star », promu(e) chez nous par oukase télévisuel, il y a peu, au niveau d'académicien(ne), sans habit vert, mais avec de juteux contrats, fruits d'un grand travail et de quelques dons.
- « Show », dans lequel la « star » se produit et se fait applaudir.
- « Coke », qui n'est pas uniquement un combustible industriel, mais également, en argot, une boisson dépourvue de tout ingrédient provenant du « coca ». C'est aussi un produit blanc interdit et colporté par des malfaiteurs.
- « Crack », pour celui qui gagne le Prix d'Amérique, si bien nommé en l'occurrence dans ce monde de jargon transatlantique, mais représentant aussi un autre hallucinogène tiré du précédent et encore plus dévastateur qu'icelui.
- « Lad », qui panse les chevaux se préparant à gagner le même Grand Prix d'Amérique si bien nommé, et les chevaux en général.
- « Van », dans lequel le même « lad » fait monter les mêmes chevaux pour leur transport routier.
- « Turf », sur lequel lesdits chevaux vont montrer ce qu'ils ont dans l'abdomen.
- « Boy », dont le service attentif faisait le confort de nos expatriés à l'époque de la colonisation.
- « Flirt », qui aurait bien pu se voir préférer un « conter fleurette », dont il tirerait son origine en anglais selon une hypothèse mal élucidée.

Tous ces mots ont deux caractéristiques en commun. La première, qui n'est pas forcément connue de tous, est que nous les employons depuis bien longtemps : le plus ancien (« coke ») est apparu en français en 1758 ; le plus récent, qui date de 1855, est « flirt », si largement pratiqué naguère, quand le temps était donné au temps... Mais voilà, plus personne n'a le temps de rien ! La seconde caractéristique de cette liste n'aura pas échappé au lecteur : il ne s'agit que de monosyllabes. Il faut admettre ici que la qualité qui a permis l'enracinement de ces termes est en premier lieu leur brièveté.

Car la préoccupation de l'expéditif ne cesse de tarauder nos propres locuteurs, même en français. Ce n'est pas récent : ils accumulent les apocopes, les aphérèses et les inventions douteuses pour gagner du temps ou faire chic. Exemples : le flic (avec Clemenceau, le premier de France, bien avant Nicolas Sarkozy) et le « flic-mar » (beau raccourci par rapport aux cinq à sept syllabes, selon la prononciation, du réglementaire « gendarme maritime »), le prof, l'instit, le resto, le véto (qui n'est pas opposé par la France au Conseil de sécurité, mais qui soigne mes toutous et mes minets), le bus, l'auto, l'univ (du moins en Belgique), la fac (son équivalent hexagonal), la télé, le métro, l'édito, la nécro, les stups, la crim, l'indic, le flag (...rant délit), la sécu, le matos, la pub, le bio, le suppo (dont le canal d'introduction est, de préférence à tout autre, nommé par un terme en une seule syllabe de trois lettres crues que tous les lecteurs auront aisément deviné), le neuf cube ou le neuf-trois au lieu du quatre-vingt-treize en quatre ou cinq syllabes pour repérer le département de Seine-Saint-Denis, etc. Bref, une autre forme de sabotage du français officiel, moins mise en lumière que celles qui nous viennent de l'étranger, mais au total, quand même, c'est « la cata »...

Nous vivons ainsi et sommes les inséminateurs d'une époque où tout va vite, et où tout doit même aller de plus en plus vite. Au grand siècle, flamberge au vent, le Duc de Gramont entraînait son régiment de cavalerie au combat en se retournant vers ses hommes pour leur dire : « Messieurs, assurez vos chapeaux, nous allons avoir l'honneur de charger[1] » ; et il piquait des deux pour entraîner tout son monde vers la batterie d'artillerie ennemie qu'il allait culbuter. Aujourd'hui, à la porte de l'avion de transport Transall, le sergent pousse les parachutistes en hurlant « *Go!* », et n'a pas le temps d'en dire plus : il faut à toute allure évacuer le stick sinon l'appareil aura dépassé la *DZ* (pour *dropping zone*, que de mots épouvantables...).

Au début du siècle écoulé, mon grand-père était un actif « plaisancier », bien qu'il n'ait pas utilisé ce néologisme apparu tout juste en 1893 — il l'aurait sans doute trouvé trop proche de « plaisantin », et la régate était une affaire diablement sérieuse. Il employait uniquement le mot « yachtman », répandu chez nous depuis 1858. L'introduction d'un foc ballon fut une innovation marquante sur les voiliers de cette époque. Il allait bientôt s'amurer au-delà de l'étai avant. Au début, il était surnommé, me raconta il y a bien longtemps cet aïeul, la « culotte à Madame ». J'imagine avec tendresse ce capitaine amateur, cravate rayée au vent, casquette et boutons dorés, s'adressant à son équipage, dans le tohu-bohu du bord en course : « Je vous prierais, jeunes gens, de bien vouloir donner un peu de mou au bras de la culotte à Madame. » En notre début de millénaire, on a tout juste le temps de dire « Choque le bras de spi ! » : *le spinnaker* a supplanté cette charmante métaphore du

1. Cité par le général Foray, *La route de Yorktown.*

rayon lingerie. À peine arrivé de ce côté-ci du Pas-de-Calais, il est forcément abrégé en « spi », les mots longs n'ayant plus cours, même au marché aux puces.

Complétons la démonstration par un supplément de ces monosyllabes perturbants, ou de leurs combinaisons et dérivés directs :

- « String » qui, de toute manière, aurait remplacé le sous-vêtement susmentionné sans le même effet propulsif, la surface de voilure s'y réduisant harmonieusement à des confettis reliés par de la ficelle à rôti. Qui se souvient que deux générations auparavant, le même vêtement portait un nom plus conforme ? Dans les années cinquante, les naturistes de l'île du Levant en étaient déjà adeptes et l'appelaient le « minimum ». Deux syllabes de trop ?
- « Top », qui nous indique ce qui se fait de mieux (le « top niveau », le « top secret », le « top model »).
- « Strip-tease », juxtaposition qu'il nous faudrait traduire par « taquineries par déshabillage ». Neuf syllabes contre deux : aucune chance…
- « Free », qui accompagne bien « lance » pour les travailleurs payés à la tâche.
- « Jazz », qui nous vint originellement de la Nouvelle-Orléans : à la rigueur, il pourrait donc être perçu comme innovation acceptable puisque natif de cette terre que nous aurions gardée française si Napoléon n'avait pas négocié ses 240 millions d'hectares pour cinq centimes d'euro[1] l'unité.
- « Rock », qui a détrôné définitivement le « menuet », la « gavotte » et même le « jazz ».

1. Des euros de 1803, cela s'entend.

- « Pop », son cousin, issu de *popular*, et non de « populaire ».
- « Fan », qui n'a rien à voir avec un éventail ou un ventilateur, mais adule les vedettes : nous avons connu le terme avant que notre « fanatique » ait eu le temps de subir une apocope, mais la proximité avec notre propre mot pourrait nous permettre de sauver les apparences, pour retrouver un soupçon de conscience proprette.
- « Biz », que les Américains ont substitué par apocope à *business*, insupportablement long, et qui nous propose « show-biz » et son petit monde de « stars ».
- « Led », auquel en toute logique nous devrions substituer « del », du fait de l'inversion des lettres que la traduction impose habituellement aux acronymes, ici pour « diode électroluminescente ».
- « Pull » que nous n'appelons même plus « pull-over » tant il faut faire vite ; milieu de tradition quand il convient, la marine nationale l'appelle encore « jersey ». Mais d'où procède donc le mot « jersey » ?
- « Tank », auquel la marque Cartier a consacré l'un de ses modèles de montre. En français, nous avons « char » pour équiper l'arme blindée, un monosyllabe qui a réussi à concurrencer « tank » uniquement parce qu'il n'est pas plus long.
- « Deal », qui nous a donné, avec ses « dealers », une race de criminels particulièrement répugnants.
- « Shit », qui désigne bien des choses et, entre autres, ce que commercialisent souvent les délinquants susnommés, outre la « coke » et le « crack ».

- « Dope », qui s'apparente aux substances que nous venons d'évoquer et qui a donné « doping » et « dopage », quoique ce dernier mot nous semble bien français, puisque son apparition daterait exactement de cent ans.
- « Speed », de la même famille psychotrope, qui par l'un de ses sens nous a fourni le participe passé « speedé », si caractéristique de notre folle époque de vitesse exigée.
- Il faut également compter avec le « cash », le « crash », le « clash », le « squash », le « smash », le « splash », le « trash ». Sans oublier le « make-up » avec son « eye-liner » et son « blush », qui visent à conférer un « look » avantageux, un jour peut-être rafraîchi par un « lifting ».

Arrêtons ici ce « test » destiné à juger de votre familiarité avec cette nouvelle langue... Rien de bien « clean » dans cette énumération, mais tout y est « short »...

Plus le milieu a une préexistence historique courte, plus l'apport frelaté avec des monosyllabes est considérable. Notre informatique, parmi les derniers nés de la technologie, en est friande : on retiendra notamment « hoax », « drive », « bug » (francisé en « bogue »), « byte », « meg », « bit », « boot », qui désigne l'opération (trop lente !) à laquelle chacun se livre pour démarrer tous les jours son micro-ordinateur.

Vient de nous arriver le « spam », nom de baptême des messages indésirables, qui véhiculent habituellement de la publicité intempestive sur l'Internet. Ma nièce Dominique, au prénom asexué, ne cesse d'en recevoir qui vantent des produits susceptibles d'augmenter la taille de son pénis... Spam serait l'acronyme de *spiced pork and meat*[1] (« pâté épicé à base de porc et viandes diverses ») : l'équivalent pour les US Marines de notre « singe », qui provenait en réalité de la chair du zébu. Pour trouver sa place, « singe » aurait une chance, puisque monosyllabique. Hélas, nous nous voyons proposer des inventions volumineuses : « arrosage » (3 syllabes), « courrier non sollicité » (7 syllabes), « pourriel » (2 ou 3, selon que les diphtongues sont prononcées à la mode d'Aix-en-Provence, ou à celle d'Aix-les-Bains), « polluriel » (3 ou 4), « courriel-rebut » (4 ou 5), « message-poubelle » (4 ou 6). Le tout pour réclamer le salvateur purgatif de notre micro-ordinateur. Ce dernier, avec ses six syllabes, se voit souvent préférer l'abréviation « PC », dont l'origine peccamineuse est « *personal computer* », mais qui a encore une fois l'avantage de l'indispensable brièveté. Pas trop encombrants, les français « souris » et « mulot » ont quand même survécu.

Le golf, sport dont l'origine géographique n'a pas empêché la diffusion sur nos terres, est farci d'emprunts monosyllabiques. L'exploration d'un lexique est révélatrice : dans celui qui clôture le livre en français de Jacques Nicklaus, *Leçons de golf*,[2] 77 % des termes anglo-ricains entérinés par nos passionnés du club sont des monosyllabes ou dérivés directs[3].

---

1. BEAUVAIS (Laurence), « Nos ordinateurs de plus en plus pollués par les "spams" », *Le Figaro*, 27 et 28 décembre 2003. Mais il semblerait que ce soit plutôt un air rendu célèbre par les *Monty Python*. Enfin, le Congrès américain préparerait une législation donnant à ces quatre lettres un sens plus moderne : le *Stop Pornography and Abusive Marketing Act*.
2. NICKLAUS (Jack), *Leçons de golf*, Solar, 1981.
3. Et encore est-ce en acceptant pour anglais des mots comme « étiquette » et « explosion », notamment.

Les monosyllabes se combinent et s'acoquinent pour nous donner des mots plus longs : « *self-made-man* », « *do-it-your-self* », « *one-man-show* », « *no-man's-land* ». Ajoutons-y les dérivés, usuellement en « *er* » ou en « *ing* » de quelques-unes de ces banalités : comme « *fucking* », parfois dissimulé en « *effing* » par un appel faussement chaste à sa seule première lettre. Il est utilisé avec une intrépide libéralité dans nombre de films américains, pour y souligner la virile vigueur de dialogues d'une consternante insignifiance.

Comptant également parmi les sous-produits des monosyllabes angloricains, le très répandu « shopping » : le sanctuaire linguistique hexagonal semble l'avoir pratiqué depuis deux siècles, même si les Québécois lui ont substitué « magasiner », avec bien du bon sens encore une fois. Nos mauvaises langues féminines et sexistes certifieraient que certains hommes prétendent avoir découvert dans sa dernière lettre un panneau indicateur avantageux dans la quête du paradisiaque « point G », si sensible et si utile.

Ces vocables brefs sonnent comme des onomatopées. Pour bon nombre, ils en sont. Par accumulation, ils rapprochent sans doute peu à peu l'angloricain de ce que fut le néanderthalien, il y a quelques milliers d'années. Les protecteurs de notre langue proposent en substitution des mots vierges de tout délit, ou voulus tels, dans des efforts de correction méritoires mais souvent tardifs : ils les exhument d'une histoire oubliée mais belle, ou les créent pour la circonstance en faisant appel à des racines en odeur de sainteté, le plus souvent latines ou grecques. Le résultat peut en être convaincant, mais l'invention ou la résurrection n'accrochent pas toujours aussi bien que pour « logiciel » ou « ordinateur » : c'est le cas quand le public a antérieurement ratifié un mot expéditif sorti d'une grosse fontaine bien connue, pour la seule raison qu'il tinte comme une déflagration.

Le fleuve n'est pas près de se tarir : les anglophones natifs, et en particulier ceux des États-Unis, ont la même pressante préoccupation de tout raccourcir. Ils créent ou acquiescent à n'importe quoi d'inopiné qui explose correctement sur leurs lèvres et acquiert le suffrage populaire dès le jour de sa naissance. Là où nos docteurs de la loi ne progressent qu'à pas comptés, les Américains acceptent pratiquement tout ce qui passe. Les mots naissent et meurent chez nous en un tempo olympien, mais chez eux au rythme du mustang lancé à travers la prairie. Dépourvu du même volcanisme inné, notre usage a vite fait d'aller y puiser ce que nous n'avons pas coutume de fabriquer ici. C'est par là que nous entretenons la nomadisation d'une terminologie irrésistible parce qu'évocatrice, sinon ensorcelante.

Ainsi donc, sur nos vocables d'appellation contrôlée, les monosyllabes extérieurs remportent des victoires faciles dans notre actuel univers de précipitation... J'ai encore peine à imaginer *flabbergasted*[1] atterrir dans ma langue, comme d'autres termes angloricains trop longs pour l'importation impulsive ; quoique je m'inquiète d'avoir vu récemment surgir à l'Assemblée nationale le mot « filibuster », pour distinguer les ruses parlementaires dilatoires dont sont prodigues les sénateurs et représentants américains. Je suis atterré à l'idée que nos députés puissent copier toute cette bassesse tactique...

Un jour, il nous faudra bien homologuer un honnête supplément de ces mots venus d'ailleurs, courts, rutilants comme des coups de sabre, et dont une solide majorité a

1. *Flabbergasted* : ahuri, éberlué, abasourdi.

déjà reçu l'eau bénite officielle au fil des ans. Mais leur attrait sonore n'aurait pas dû suffire pour traverser la barrière des langues : nous aurions pu les dépister ailleurs qu'en angloricain, et même si nous en avons recueilli quelques-uns à d'autres sources, c'est de l'angloricain qu'ils découlent en majorité.

Le plus souvent, ils nous ont souillés en raison de la contrebande initiale d'une sphère professionnelle solitaire et circonscrite : celle-ci les aura agréés, partie par snobisme, pour faire comme les grands dans cet environnement précis, partie par facilité, car l'équivalent exact n'avait pas encore été inventé en français (comme pour *casting*, *clap-man*, *sun-light*, *script-girl*, *rush*, etc. — tous construits à partir de monosyllabes d'origine réprouvée). Leur carrière a été inaugurée par une incubation imperturbable et invisible au sein de la langue vernaculaire familière à un métier ou un milieu préservés par leur isolement. Puis est venu le moment où ils ont débordé au grand jour pour entrer dans le parler de tout le monde. Certes, ils n'ont ni « vrai vrai » ni « vrai faux » passeport, encore moins de visa, mais ils sont difficiles à raccompagner aux frontières parce que visibles, fermement implantés et maintenant bruyants. Les autorités autorisées, lorsqu'elles les découvrent, voudraient bien réglementer, mais il est trop tard pour une répression visant une cible crédible et populaire. Trop tard... Tout va trop vite...

La domination d'une nation dans une compétence donnée entraîne ainsi le ralliement à ses mots. Nous en sommes actuellement les victimes, mais nous avons eu aussi notre place dans l'histoire. Ici et là, nous l'avons encore, et nous ne devrions pas l'oublier quand nous désespérons de la comparaison entre Marianne et l'oncle Sam.

À peine nommé général en chef des armées révolutionnaires américaines, George Washington, ancien ingénieur arpenteur, réalisa très tôt l'inanité de son emprise sur les régions campagnardes : elle ne pouvait aboutir à rien sans quelque choc frontal avec une ville de garnison anglaise conséquente. C'est pourquoi il ne cessait de demander à la cour de Versailles non pas des officiers et des soldats, mais surtout des ingénieurs du génie : après une brève histoire militaire consacrée principalement à des escarmouches avec les Indiens et les Français, personne dans les treize colonies ne savait comment conduire et gagner un siège. Ces spécialistes furent octroyés par Louis XVI. Le résultat en est que le jargon américain de cette science particulière abonde en mots français : « cheval de frise », « gabion », « fascine », « parallèle », « redoute » (écrit *redoubt*), « flèche », « barbacane » (écrit *barbican*), « palissade » (*palisade*), « bastide », etc. Pour eux, nous dominions alors cette technique, et ils razzièrent sans délai ni hésitation notre façon de la verbaliser.

Plus d'un patron français s'amuse à se voir surnommer « boss[1] ». Candide et vaniteuse puérilité… Mais un grand cuisinier anglophone sera toujours flatté de s'entendre appeler « chef » : la gastronomie est encore l'une de nos

1. *Boss* recouvre plusieurs acceptions en anglais. Parmi celles-ci, en provenance du parler campagnard et assez rarement utilisée, nous trouvons le « jeune enfant de la vache ». Ainsi, dans le cas où vous auriez accordé le surnom de « boss » à votre patron, vous pouvez tenter de lui faire plaisir en l'appelant maintenant « le veau », et si c'est une patronne, « la génisse ». Effet assuré… Pour vous rattraper, vous pourriez alors dévoiler que, dans le monde du *Rock and Roll*, le même vocable vient d'être revitalisé dans un sens ancien signifiant « excellent », appliqué particulièrement à Bruce Springsteen ces dernières années.

suzerainetés. Nous y conservons une réputation enviable, et notre langue s'y impose toujours sans peine. Y avoir un *French look*, ça fait classe… Les mêmes porteurs de toque étrangers connaissent bien et manient là notre vocabulaire technique, sans même rêver d'en créer un par la voie de la traduction. La lecture d'un livre de recettes américain pour le grand public est à cet égard éclairante : sans dépasser la seule lettre « A » dans l'ouvrage *The Joy of Cooking*[1], on trouve entre autres « à blanc », « à l'anglaise », « à la mode », « à l'étouffé », « à point », « ail », « aïoli », « allumette », « amandine », « andalouse », « anisé », « apéritifs », « aspic », « au gras », « au gratin », « au maigre », « au ruban », « aubergine », « aurore »…

Dans leurs manuels imprimés, les grands séducteurs nous apprennent que le seul forfait impardonnable serait de se tromper de prénom. Dans ce que les professionnels appellent « les industries de la bouche », encore sous notre heureux et flatteur ascendant, personne au monde parmi les gens qualifiés ne confondrait jamais « Julienne » avec « Bénédicte », « Aurore » ou « Suzette », ou encore « Madeleine » ou « Charlotte » : soyez-en convaincu, de Valaparaiso à Oslo chacun dans ces métiers sait affecter ces prénoms respectivement à une présentation de légumes, une préparation d'œufs, une sauce, une crêpe flambée, et de la pâtisserie pour les deux derniers. Il va sans dire que les sauces y sont bien représentées aussi, conservant leur vrai nom de baptême en bon français de France, et je ne citerai que celles répertoriées en angloricain par leur origine géographique : « andalouse », « béarnaise », « bordelaise », « bourguignonne », « créole »,

1. ROMBAUER (Irma) et ROMBAUER-BECKER (Marion), *Les Joies de la cuisine*, Bobbs-Merril Company, 1975.

« dijonnaise », « florentine », « hollandaise », « indienne », « lyonnaise », « maltaise », « mayonnaise[1] », « périgourdine », « polonaise », « tartare », etc.

Comme pour la débâcle du français au niveau mondial dans le dialecte quotidien des échanges (que j'ai appelée « déroute »), notre langue exporterait encore ses vocables si notre influence technologique était plus nette. Les attributions des prix Nobel vous ont rappelé que là se situait notre problème, non ailleurs. La langue n'est qu'une conséquence : quand nous brillions, notre langue se parlait partout ; dans le peu d'endroits où nous brillons encore, nos mots continuent à s'imposer. Ailleurs, il nous faut nous résoudre au globish et à l'accueil des termes délictueux.

Enrichissement par transposition de mots étrangers

La transposition de termes étrangers dans notre langue, sur la base de la prononciation, n'est que la création du pauvre qui, pour moitié déjà, s'est abandonné à une résignation maussade : la mesure semble tristement chiche, et les résultats encore moins certains que pour la composition *ex abrupto* ou *ex latino.*

Mais le procédé ne date pas d'hier. Le monde maritime nous en offre ses exemples, avec des termes aux orthographes entièrement différentes, mais dont l'origine ne fait pas de doute quand on en restitue la prononciation. Liste d'échantillons pour les amateurs, sans qu'il soit toujours possible d'établir qui a ensemencé qui :

- Ancre : *anchor.*

1. Inventée en 1756, selon la petite histoire, par le cuisinier du maréchal duc de Richelieu lorsque cet officier enleva, sur l'île de Minorque, la place forte de Port-Mahon, cette sauce fut appelée initialement « mahonnaise ».

- Anspect : *handspike.*
- Aussière : *hawser.*
- Bastaque : *backstay.*
- Beaupré : *bowsprit.*
- Boëte : *bait.*
- Bôme : *boom.*
- Bosco : *bosun.*
- Bouée : *buoy* (prononcé « bouïe »).
- Bouline : *bowline.*
- Bras : *brace.*
- Cabestan : *capstan.*
- Coq (cuisinier du bord) : *cook.*
- Cotre : *cutter.*
- Dame-jeanne : *demijohn.*
- Élingue : *sling.*
- Estrope : *strop.*
- Étai : *stay.*
- Galbord : *garboard.*
- Grappin : *grapple.*
- Lofer : *luff.*
- Lougre : *lugger.*
- Poulie : *pully.*
- Chaloupe : *shallop* (que l'on retrouve aussi dans « marie-salope », embarcation à fond amovible, qui permet de transporter au large des produits de dragage).
- Tribord : *starboard* (de *stirboard* ou *steerboard*, le côté de l'aviron servant de gouvernail latéral, du temps des Vikings. L'anglais a toujours le verbe *to steer* pour « diriger un navire », et « stribord » apparaît encore dans le *Dictionnaire de Marine* de Saverien, en 1758).

Nos ancêtres de l'eau salée n'y ont rien perdu, mais y ont-ils gagné ? Et nous, avons-nous beaucoup gagné en appelant « coquetèle » ce qui sort encore du « shaker » et s'appelait autrefois « cocktail » ? Il est vrai que nous l'avons accompagné de l'innovation « dinatoire » qui, bien issue de notre fantaisie locale, ne semble pas mériter les mêmes fustigations.

Tant mieux si nous avions réussi à remplacer *mail* par « mèl » sur l'Internet, et maintenant *e-mail* par « courriel ». Serons-nous tirés d'affaire quand nos enfants auront substitué à *playstation* quelque terme qui distillera une meilleure odeur de camembert, « plaît station », par exemple ? Et où serait le drame s'ils trouvaient *gang bang* plus sonore et plus rigoureusement précis que « orgie » ou « partouze » ? Et qu'adviendrait-il de nous si, par hasard, ils continuaient à appeler *chewing-gum* le produit dérivé de la sève du chicletier[1] ?

Dans sa parution de 2003, le dictionnaire *Larousse* vient d'homologuer « djobeur », pour la personne qui effectue des petits travaux non déclarés (c'est-à-dire « au black », comme il se dit plus souvent, voire « au schwartz », comme nous commençons à l'entendre entre gens qui se piquent d'audace linguistique...). Le sacrilège a été, ici encore, habilement conjuré par une francisation dont il est permis de se demander si elle a nous a vraiment sauvés d'une grande tragédie.

Les employés des sociétés américaines sont souvent les victimes consentantes et organisées de ce type de laisser-aller : les mots de l'angloricain les hypnotisent, ce sont ceux des maîtres, et les apprivoiser par une grossière

1. Arbre américain de la famille des sapotilliers, producteur d'une certaine forme de latex.

translation[1] est aussi facile qu'élégant à leurs yeux. Vous y verriez des déclarations telles que celle-ci : « Très concerné, l'exécutif incombant de l'office, qui prétendait être le président de la compagnie, a contemplé le statut courant. Après une revue compréhensive, il a décidé que l'issue était actuelle, et qu'à la fin de la journée il nous fallait éventuellement développer une police dédicacée, compassée des contributions de tout le monde. Nous sommes tous préparés à le supporter car il y a clairement émergence.[2] » Tous les mots sont français, et nous devrions donc nous réjouir, selon les théories intégristes. Nonobstant, tout ce maniérisme de colonisé contribue aussi à notre décadence. En français, il faudrait traduire : « Très soucieux, le dignitaire en charge de l'agence, qui se prenait pour le directeur général de la société, a évalué la situation présente. Après un examen d'ensemble, il a conclu que le problème était réel et qu'il convenait finalement de mettre au point une politique spécifique, intégrant tous les apports. Nous le soutiendrons, car l'urgence saute aux yeux. »

Les mots chapardés ainsi, par un avantageux transfert rebarbouillé de bleu-blanc-rouge, sont plus déloyaux que leurs équivalents tolérés tels quels, dans leur orthographe angloricaine authentique et leur prononciation approchée : les premiers sont moins visibles, mais ils

1. En français, « translation » ne signifie pas « traduction », comme certains commenceraient à le croire, mais bien « le fait de transporter », selon *Le Petit Robert*, 1967.

2. « *Very concerned, the incumbent executive of the office, who had pretended to be the Company's President, contemplated the current status. After a comprehensive review, he decided that the issue was actual, and that, at the end of the day, we would eventually have to develop a dedicated policy, encompassing contributions from everyone. All of us are prepared to support him, as there is clearly an emergency.* »

altèrent le sens même de notre verbe, sans en modifier l'orthographe, et sans prévenir. C'est la lèpre escamotée, mais elle sent bon, et personne ne semble vraiment s'en affliger… Certains même s'en glorifieraient. Ils stipulent l'obligatoire francisation des mots angloricains dont l'usage vulgaire bouderait la traduction. Une nouvelle orthographe doit les envelopper dans la bannière nationale, et les rendre plus comestibles. Au mot « jeep », nous devrions substituer « jipe ». Encore heureux que le véhicule légendaire de l'armée américaine n'ait pas été produit par la General Motors Corporation sous la marque Cadillac, en plus de ses célèbres camions GMC. Aurions-nous pu, sérieusement, réprouver « Cadillac » autant que nous devrions bouder « jeep »[1] ? Ainsi, nous aurions dû montrer du doigt le simple village de Cadillac, à une trentaine de kilomètres de Bordeaux : un certain roturier[2], Antoine Laumet (1658-1730), en adopta le nom en s'auto-proclamant de Lamothe-Cadillac. Officier du roi et aventurier, il fonda le fort puis la ville de Detroit, bien nommée puisque sise sur le détroit séparant les lacs Huron (plus précisément son appendice, le lac Saint-Clair) et Érié. En récompense, on le glorifia en attribuant son nom à la plus prestigieuse marque de voiture américaine, fabriquée dans cette ville naturellement.

1. Ainsi, il est généralement admis que le mot « jeep » proviendrait de la prononciation américaine des lettres « GP », pour *General Purpose*, désignant un véhicule à tout faire. Va pour l'origine, mais Morris et Alain Rey en expliquent plutôt l'immédiate diffusion par référence à un personnage créé en même temps que Popeye par E.C. Segar en 1936, aux États-Unis : *Eugene the Jeep*, petite créature aux pouvoirs surnaturels et à l'astuce réputée, comme la voiture militaire qui fut mise sur le marché quelques années après.
2. Les Québécois lui reconnaissent une origine noble dont la trace ne semble pas se trouver aussi facilement en France.

Le blason qu'il avait concocté en décore toujours les calandres, sans que 99 % de ses utilisateurs sachent pourquoi, même dans le Michigan. Qu'aurions-nous fait si cette marque nous avait coincés avec un nom d'usage commun ?

Aurons-nous également progressé quand le « foot » se sera vu réorthographier « foute » (en dehors de la plaisante référence à la troisième personne du subjonctif présent d'un verbe dont le sens s'est bien attiédi depuis le marquis de Sade et ses contemporains) ?

Et serons-nous bien plus assurés quand le « shoot » victorieux aura été remplacé par « choute » (qui pourrait correspondre à l'attachante aphérèse de « chouchoute ») ? Irons-nous vraiment mieux quand le « goal » (que les Anglais désignent en réalité par *goal keeper*, avec quelque raison, et que les Américains abrègent en *goalie*) aura pour de bon disparu au profit de « gardien de buts », ou de « gaule » (pour la pêche à la ligne) ? Faut-il vraiment échanger aussi « corner » pour « cornère », « lob » pour « lobe », et « penalty » pour « onze mètres », tous vocables que je ne vois guère préférés par la presse à leurs frères d'origine angloricains, alors que cela nous a été commandé initialement voilà quarante ans, dans la dénonciation de l'écueil franglais ?

L'étendue du piège linguistique angloricain

L'admission en provenance de l'étranger est-elle intrinsèquement délétère pour notre célèbre singularité ? Par quelques exemples, vous avez compris que le mouvement est ancien et constant. Le danger ne serait-il pas plus proclamé que réel ?

Mon quartier abritait naguère un sympathique estaminet sous l'enseigne *Le bistro d'Ivan*. Une ardoise en devanture signalait son offre en énumérant, avec leurs prix, une liste de boissons bien habituelles et de « sandwiches » bien inoffensifs. Ah ! Sandwich ! Que voilà un mot horrifique, encore une fois glissé chez nous par l'angloricain ! Ivan n'aurait-il pas dû le remplacer par quelque chose du genre « préparations culinaires entre deux tranches de pain » ? Hélas ! La mode et la perversion supposée de la langue avaient triomphé, préférant deux syllabes à treize. Il faut quand même se rappeler que « sandwich » est un nom propre, tout autant que notre « poubelle ». John Montague, comte de Sandwich, premier Lord de l'Amirauté britannique sous le règne de George III, et sponsor (pardon, commanditaire...) des voyages de l'explorateur James Cook[1], était un joueur tellement invétéré qu'il ne prenait plus le temps de se mettre à table : il commandait à son majordome de lui loger entre deux tartines des tranches de rosbif (initialement « ros de bif » pour nous, dès 1698, et surtout pas *roast-beef !*).

Devrions-nous donc rejeter aussi les noms communs dérivés de patronymes lointains pour n'accepter que ceux d'origine hexagonale ? Proscririons-nous le confortable « pullman », provenant du nom éponyme de son inventeur, George M. Pullman, à qui l'on doit le wagon de luxe (pardon, la « voiture ferroviaire de luxe ») ?

Que faire du bordélique « barnum », que nos parents employaient plus facilement que nous pour décrire une situation confuse et désorganisée, et que nos forains utilisent encore pour un certain modèle de tente : il nous a été légué au XIXe siècle par Phineas Taylor Barnum,

1. C'est en son honneur que les îles Hawaï furent initialement nommées « archipel des îles Sandwich » par ce grand navigateur. Il y termina sa carrière, transformé par les autochtones en entrecôte pour barbecue.

affabulateur et génie du spectacle, montreur de curiosités qui réussit à faire poser son dromadaire pour servir d'emblème perpétuel aux cigarettes Camel.

Devrions-nous à l'avenant condamner le « condom », qui ne doit rien à un chef-lieu d'arrondissement du Gers illustré par un bref épiscopat de Bossuet, mais tout à un inventeur médecin grand-breton, selon une attribution dont Alain Rey nous dit qu'elle est encore controversée ?

Et que ferions-nous du « grog[1] », cette dilution de rhum dans l'eau, si curative en début de grippe, inventée à bord des navires de la Royal Navy ? La désignation nous vient du surnom Old Grog infligé en 1741 par ses matelots à l'auteur de la trouvaille, l'amiral Edward Vernon (en raison de son habituel vêtement en tissu mélangé de laine et de soie, nommé grogram en anglais, et qui aurait trouvé son géniteur dans le français « gros grain »).

Exit encore « boycotter », autre verrue étrangère, mais si explicite pourtant et donc homologué depuis bien longtemps par nos sages, sans doute en raison de l'absence de synonyme exact ! Il nous vient du capitaine Charles Cunningham Boycott : ce sanguinaire collecteur de loyers fut la première victime de cette combinaison de représailles coordonnées dans l'Irlande affamée par la maladie de la pomme de terre, il y a un peu plus de cent cinquante ans. En lieu et place, peut-être pourrions-nous employer « embargo collectif concerté ». Malheureusement, « embargo » procède de l'espagnol (*embargar*, pour « embarrasser, séquestrer »). *¡Caramba! Holy shit!* Saperlotte ! Nous n'en sortirons jamais : non content de

1. C'est ce mot qui nous a donné « groggy », et on devine pourquoi.

venir jusque dans nos bras égorger nos fils et nos compagnes, l'agresseur féroce et mugissant a abreuvé notre dictionnaire …

Par chance, nous pourrions tout de même retenir « klaxon », aux sonorités et aux lettres abominablement aigres : il a le malheur d'être par ailleurs un nom propre, puisque c'est la raison sociale d'une société américaine (ce qui devrait le conduire à l'échafaud…), mais il a aussi le bonheur de pirater un verbe grec signifiant « hurler, crier » (ouf ! il sera gracié…).

Par voie de réciprocité dans cette logique infernale, irions-nous de même interdire aux Anglo-Saxons d'utiliser notre « silhouette », dérivé du patronyme de notre contrôleur général des Finances mort en 1767 ?

Ou la célèbre « guillotine », qui ne s'applique pas qu'aux « bois de justice » d'avant l'abolition en France, mais à toute machine qui y ressemble mécaniquement ? Le cadeau nous en vient de son médecin inventeur, l'humaniste Joseph Guillotin, et de Louis XVI qui l'approuva sans grande prescience le 25 mars 1792.

Il nous faudrait également leur enjoindre de bannir le « vernier » que nous trouvons sur les « pieds à coulisse » (qui ne mesurent plus rien en pieds chez nous) : les Anglo-Saxons le doivent comme nous au génie d'un enfant du Doubs, Pierre Vernier, abondant producteur d'inventions et d'études au début du XVIIe siècle.

Ajoutons aussi la savoureuse « clémentine ». Elle ne sort pas d'une chanson américaine ancienne et célèbre lui attribuant un papa troglodyte et chercheur d'or de 1849[1], mais doit tout au père Clément : en Oranie, au

1. « *In a cavern, in a canyon, dwelt a miner, fortyniner, and his daughter Clementine… Oh, my darling, oh, my darling…* »

tournant du XXe siècle, ce religieux réussit à fabriquer cet hybride en ensemençant manuellement la fleur de mandarinier avec du pollen d'orange amère.

Et nous leur revendiquerions pour finir la « nicotine », nommée d'après notre ambassadeur Jean Nicot : c'est ce grand « intoxicateur » qui introduisit chez nous le tabac en envoyant depuis Lisbonne, à Catherine de Médicis, la poudre et les graines supposées combattre les migraines de la souveraine. Nous étions en 1559.

De quel droit les angloricains se serviraient-ils de tous ces termes français, si nous nous embarquons dans la campagne de purification ethnique des langues ?

Finalement, il nous faut soit accepter tous les mots étrangers, soit décider que les patronymes se trouvent à part (mais alors en vertu de quoi ?), soit encore les répudier comme l'intégralité des autres : nous devrions alors clarifier les unités de mesure en renvoyant le volt aux Italiens compatriotes de Volta, le watt aux Anglais munis du même passeport que le savant inventeur, le diesel aux Allemands en méprisant le prénommé Rudolf qui lui donna son nom par prise de brevet en 1892, et le doppler aux Autrichiens. Par chance, il nous resterait les ampères. Nous pourrions aussi revendiquer le kilomètre, que nous avons tout de même inventé, et que l'armée américaine a uniformément adopté (il va sans dire qu'il était plus pratique que le *mile* périmé dans sa vieille orthodoxie, pour mesurer les distances au Vietnam, région que nous avions heureusement pourvue de notre système métrique) : ses GI's, toujours dans la quête de la rapidité, ont oublié le mot en quatre syllabes et l'ont remplacé par le diminutif *klick* : c'est bien plus commode à prononcer. Il nous reste encore à le voir revenir chez nous sous cette nouvelle identité monosyllabique *made in USA*…

Mais nous n'avons pas vocation à rectifier la pureté des langues en dehors de nos frontières, semble-t-il. Notre problème nous suffit amplement, par un réflexe d'égoïsme, et nous nous moquons de faire aux autres ce que nous n'aimons pas qu'ils nous fassent. Comme l'écrivait le professeur Étiemble : « Que les Anglais, que les Yanquis bousillent leur langue en y acceptant tels quels des mots français, c'est leur affaire et non la mienne… j'en suis navré pour eux, et je leur conseille de balayer aussi devant leur porte.[1] » En clair, chacun chez soi, et les ruminants seront bien gardés, par les vachers et les *cowboys* respectivement.

Revenons à Ivan : un jour lui prit le caprice de moderniser son établissement, *Le bistro d'Ivan*. Par amour de l'enfant mis au monde en 1992, autant que pour sacrifier à la mode en décrivant mieux ses créations, dans un langage plus « tendance », il changea l'enseigne en *Le fast-food de Kevin*. Quelle horreur ! piaillèrent les sentinelles du français dans ce petit coin de France bien franchouillarde. « Fast-food », encore un terme que l'angloricain a transplanté dans nos régions, encore un arpent (*acre* : 4 047 m²) d'identité cédé à la barbarie, encore une once (*ounce* : 28,35 grammes) de poison dans l'agonie de notre langue bénie…

C'était malheureusement amnistier une autre immonde contrefaçon dissimulée sous « bistro », ce vocable bien de chez nous, incontestablement parisien, synonyme du petit blanc, du petit noir, du petit crème, et des confidences échangées sur le zinc avec la belle Amélie : ce sont les cosaques arrivés à Paris au lendemain de Waterloo qui l'ont introduit en 1815, pendant qu'ils campaient en bas des Champs-Élysées. C'est aussi

1. ÉTIEMBLE (René), *op. cit.*

pourquoi personne ne sait très bien s'il faut l'orthographier « bistro » ou « bistrot ». Le mot signifie « vite » en russe, et c'est celui que ces cavaliers triomphants utilisaient pour réclamer une accélération du service : à tel point qu'il est passé dans notre langue avec une tout autre signification, dans le sillage des tenanciers qui l'affichaient pour faire savoir que, chez eux, les choses étaient menées rondement. Tout comme Kevin avec son fast-food. Un peu plus de malchance, moins de détermination, et nous pourrions trouver dans nos rues, depuis juin 1940, le *Schnell de Günther*. D'ailleurs, qui se formaliserait maintenant de voir Mustapha appeler son restaurant *Fissa Mère Guez* ?

Dans mon quartier, d'aucuns certifièrent que le prénom Kevin n'aurait jamais eu de notoriété sans un comédien nommé Costner : il l'aurait immortalisé en dansant avec les loups sur les écrans des salles obscures. C'était oublier qu'Ivan était au moins aussi réfugié que Kevin, puisque non moins russe que bistro. C'était encore ignorer que saint Kevin fut un très zélé prieur irlandais dont le prénom n'a rien de moins recevable que le bien répandu Patrick, son compatriote évangélisateur et fameux prédécesseur de quelque deux cents ans. Il apparaîtrait que ce Kevin ait été le prénom masculin le plus largement distribué en France au cours du millésime 1992. Et alors ?

Pourquoi donc approuver Patrick, un Irlandais connu depuis longtemps, et rejeter un autre Irlandais parce que fraîchement tombé de la caméra ? Pourquoi donc ne rien dire contre « bistro », qui signifie « service rapide », et s'insurger contre « fast-food », qui exprime la même idée ? Profanation en 2003, peccadille en 1815 ?

La réalité est que nous n'échapperons pas à cette transmutation : selon Maurice Druon, « l'usage est un maître auquel on n'impose pas aisément fantaisie...[1] » Nous pourrions toujours nous égosiller sans fin derrière nos lignes Maginot pour bloquer les hordes vandales et leur argot angloricain : celui-ci est enracinné chez nous depuis belle lurette, et nous ne semblons pas plus moribonds aujourd'hui que quarante ans en arrière, quand le pronostic fatal nous fut annoncé avec une échéance rapprochée.

L'impudicité angloricaine ne nous affecte qu'à travers le vocabulaire

Même notre langue ne saurait se confondre avec son vocabulaire. Une langue, c'est aussi le support d'une culture, d'une histoire, d'une façon de penser, et surtout d'une logique dans l'expression.

Ainsi, les Allemands placent le verbe en fin de phrase, et nous ailleurs. Cela force salutairement nos voisins d'outre-Rhin à écouter leur interlocuteur jusqu'à ce qu'il ait fini de parler. Chez eux, il faut en effet attendre le fin mot de la phrase pour la comprendre et pour savoir comment va terminer celui qui commence : « En ce moment, et à la suite de tout ce que j'ai pu observer et entendre, je vous... » (complimente ? contredis ? insulte ? licencie ? mute ? promeus ?). Avantage comportemental clair aux Allemands, faculté de l'attention soutenue

1. Maurice Druon, lors d'un débat avec Marie-Éva de Villers, directrice de la qualité de la communication à l'École des HEC de Montréal, cité dans *Centraliens*, septembre-octobre 2003.

jusqu'au bout, incidence évidente sur leur mode de communication, leur appréhension de l'interlocuteur, leur manière d'être.

L'anglais, ou plus exactement l'angloricain, a sa propre logique : « *the mistress of a boy school* » exerce le métier le plus beau du monde, et « *the mistress of a school boy* » perpètre le crime le plus vilain du monde et finira bientôt au tribunal[1]. Dans son discours, l'angloricain place le qualifiant devant le qualifié, et en particulier l'adjectif devant le nom. Dans notre logique française, nous le plaçons où cela nous convient, en profitant pour varier les sens. Je n'ai pas encore vu le péril angloricain nous faire oublier, par contamination, la différence entre « une personne d'un certain âge » et « une personne d'un âge certain », entre « une bonne femme » et « une femme bonne », entre « un grand homme » et « un homme grand », entre une « sacrée occupation » et « une occupation sacrée », entre « une petite réaction à une théorie sur le langage global » et « une réaction petite à une… », etc.

Pour nous, le changement de genre fournit des nuances parfois pimentées. J'aime bien ma langue : elle me montre que « femme publique », « courtisane », « coureuse », « professionnelle », « entraîneuse » correspondent plus ou moins à la même très ancienne profession. Mais, convertis au masculin, ces mots nous donnent : « homme public » au perchoir du Palais-Bourbon, « courtisan » à la cour du Roi-Soleil, « coureur » sur le Tour de France, « professionnel » bien meilleur que l'amateur quand il répare ma machine à laver, « entraîneur » qui devrait faire gagner l'OM.

1. « La maîtresse d'une école de garçons », et « La maîtresse d'un écolier ».

Nous ne confondons pas non plus la fille qui fait le trottoir avec l'homme qui fait le même trottoir : celui-ci n'est, en principe, qu'un ouvrier paveur. Et je me glorifie de savoir qu'il me faut les majuscules à l'écrit, ou les liaisons phoniques à l'oral, pour bien observer que les « bonnes espagnoles » ne sont pas forcément de « bonnes Espagnoles ». Chaque langue a son charme et son génie, et je n'ai pas encore vu le parti de l'envahisseur détruire ces aspects de la nôtre.

Les constructions grammaticales d'outre-Manche ou d'outre-Atlantique ne sont donc pas encore vraiment parvenues à perturber la logique de notre syntaxe, et nous ne semblons pas avoir emprunté la voie vers cet épilogue. Or c'est cette logique de construction, et certainement pas les mots dans leur nudité, qui imprime une tournure particulière à notre manière de penser et de raisonner. Par conséquent, cette manière qui nous particularise ne semble pas en détresse. Tout au plus voyons-nous le nom s'adjectiver çà et là : « une série culte », « une référence béton », « une jeune fille canon ». Est-ce mortifère ?

Proscrire les mots émanant de l'anglais est ainsi illusoire. Bien plus fondamental, et bien plus grave : la culture que nous aimerions préserver est minée et dominée ailleurs, insidieusement, sans les clameurs des censeurs habituels. Elle est détruite par l'importation de vecteurs audiovisuels arrivant de Hollywood, bien traduits en bon français bien de chez nous. Les habitudes, les comportements, les tropismes, les valeurs, nous sont inoculés, non par les mots objets de tant de sollicitudes vertueusement scandalisées, mais par les jeux, les feuilletons, les personnages dans leurs rôles devenus familiers au point d'être promus au rang de prototypes. Il y a pour nous plus de perversion culturelle dans la production cinématographique des États-Unis, dans *Les Feux de l'amour*, dans *Amour, gloire et beauté*, dans *Alerte à Malibu*, que dans toutes le franglais que nous avons adopté. Et lutter contre ce séisme n'est pas enfantin : une heure de fiction télévisuelle produite en France coûte 61 000 euros, contre 7 000 en emplette aux États-Unis[1]… Le budget du film *Terminator 3* est plus de dix-sept fois supérieur à celui de notre production *Le fabuleux destin d'Amélie Poulain*[2]. Comment résister face au déploiement de semblables ressources pécuniaires ? Certainement pas en abandonnant le combat avant d'en avoir réalisé la proximité. Non plus en se trompant de conflit.

Nous serons bien mieux protégés lorsque les Américains nous vendront des programmes dans lesquels la langue parlée sera exclusivement le globish. Ils finiront par reconnaître que là est leur intérêt ultime, et, une fois acquise cette prise de conscience économique, gageons que la mise en œuvre ne tardera pas. Lors donc, persuadées que ce dialecte est universellement compris, dans le Périgord itou, nos chaînes hexagonales ne prendront plus la peine de traduire en français. Tout au plus nous donneront-elles des sous-titres. La progression de nos jeunes dans la pratique du globish n'en sera que facilitée, et ce qui est culturellement américain sera clairement affiché comme tel, au grand jour, dans une langue qui ne trompera plus.

---

1. STANGER (Ted), *op. cit.*
2. 170 millions de dollars pour *Terminator 3* ; 72 millions de francs, soit 9,88 millions de dollars à date du 7 avril 2001 (le jour de sa sortie) pour *Amélie*.

CHAPITRE 12

Où l'on ose esquisser une autre ambition pour la langue française

Face à cette invasion, nous méritons une place, et même une place privilégiée : nous devons prendre de l'altitude, éclairer plus loin. Le français a aussi un destin : rayonner ailleurs, autrement. Il serait facile d'admettre cette perspective si le dépit et l'envie ne nous faisaient jalouser la diffusion de l'angloricain, dans laquelle nous n'arrivons pas encore à lire l'abaissement et la vulgarisation au niveau du globish. Obnubilés par l'antagonisme qui se joue sur le terrain de la diffusion mondiale, un trop grand nombre d'entre nous sommes aveuglés par notre ressentiment et incapables de voir où se trouve notre intérêt.

Il est connu qu'il existe toujours au moins deux pistes possibles pour livrer une bataille : frontalement, là où se présente l'adversaire, et subtilement, en le combattant sur le terrain qu'il n'attendait pas.

J'illustrerai ce propos par la fable du fusil d'assaut. Toutes les armées du monde sont maintenant équipées d'une telle arme ; le nôtre s'appelle le FAMAS. Toutes utilisent une munition à haute vélocité, dont le calibre habituel, en Occident, est de 5,56 mm. Les dimensions géométriques de la munition entraînent la définition de chargeurs qui se trouvent similaires dans leur partie active : les lèvres métalliques d'entre lesquelles la culasse extrait la cartouche pour alimenter le tir. Or l'écartement de ces lèvres a le grave inconvénient de les transformer partout en un parfait décapsuleur pour canettes de bière. Les soldats de s'en privent pas ; ils détériorent ainsi le chargeur, occasionnant des incidents de tir de nature à leur coûter la vie au combat quand l'arme s'enraye et devient incapable de faire feu. Les officiers s'insurgent, inspectent, punissent, affichent des menaces partout dans les casernes, expliquent la gravité des enjeux, interdisent la bière, etc. Rien n'y fait, le problème persiste, sauf dans une seule armée au monde. C'est l'armée israélienne. Elle a mis au point un fusil appelé *Galil*, ou *Khalil* (le « copain » ou le « confident » en hébreux et en arabe). Comment évite-t-elle le problème ? Elle a incorporé un décapsuleur dans le métal même de l'arme : il est tout de suite préféré au chargeur, parce qu'infiniment plus pratique. Bagarre gagnée en organisant plutôt qu'en réglementant et en confrontant.

Ainsi, nous pouvons couvrir nos murs de réprobations et de semonces contre l'angloricain, nous n'arriverons à rien. Nous n'arriverons pas à le supplanter dans ce qu'il est en train de devenir, le globish mondial. Nous n'arriverons pas à faire du français la langue véhiculaire mondiale, et le sort de nos voisins Italiens, Allemands, Portugais, Néerlandais, n'a rien à envier au nôtre. Seul le Chinois mandarin, un jour peut-être, dans bien longtemps, pourrait triompher du vainqueur toutes catégories évoqué ici. Sans doute pas de notre vivant…

En outre, pour se risquer dans cette compétition, il ne suffirait pas de baliser, gémir ou glapir : il faudrait comprendre les forces de l'adversaire, et proposer, comme alternative, un produit aussi engageant pour l'usage qui en est attendu. Il conviendrait donc de ramener notre langue à une sous-version de 1 500 mots, et de recommander à l'humanité entière cet embryon de français étripé. Nous devrions en même temps massacrer la syntaxe, admettre des bataillons d'orthographes fantaisistes, cesser de nous soucier des répétitions que nous trouvons repoussantes, et accepter de gaieté de cœur tous les apports extérieurs sans même les évaluer. Est-ce vraiment la fatalité que nous souhaitons pour le français[1] ?

Que diraient nos distingués linguistes si l'un de leurs admirateurs leur expliquait crûment : « Votre français, notre français, est une langue merveilleuse qui peut toujours supplanter l'angloricain pour la communication unifiée. Cela est possible si nous décidons un désossage qui empêchera ses futurs locuteurs de jamais accéder à Sartre, Maupassant et Voltaire ».

Du quai Conti, de la Coupole, le tumulte des protestations outragées irriguerait toute la francophonie : je l'entendrais même jusqu'au tréfonds de ma Provence profonde, au fin fond du Comtat Venaissin. Il nous serait expliqué que nous ne devons en aucun cas avarier l'illustre statut de notre dévolution linguistique pour une finalité aussi mesquine, mercantile et sordide. Les apôtres de cette doctrine auraient raison en tout point.

Et admettons donc enfin que vouloir nous hisser au niveau, voire au-dessus de l'angloricain, sans accepter cette mutilation, revient à fantasmer sur la détention simultanée du Beur, de l'argent du Beur et des très improbables frivolités conciliantes d'une très hypothétique Beurette.

L'Académie française s'applique à maintenir notre langue au niveau d'un serviteur de la francophonie, en préservant sa précision, son élégance, sa subtilité. Sa secrétaire perpétuelle, Mme Carrère d'Encausse, le

1. Pour cette variante décharnée, il faudrait inventer un nom clairement différent, par exemple « franglal » pour « français dans le village global », ou plus exactement pour ce qui subsisterait du français.

rappelle : « On nous appelle Immortels : ce n'est pas parce que nous ne n'allons pas mourir ; c'est parce que nous veillons à ce que notre langue ne meure pas.[1] » Est-il possible de concilier une telle vocation avec l'ambition d'imiter ce qui reste de l'anglais en faisant du français un engin de terrassement passe-partout ? Certainement pas ! En se déclarant de notre bord dans ce combat, notre plus haute institution préservera l'essentiel qui lui est naturel, et fera la part du feu quant à l'artifice universel qu'il nous faut réserver au globish encanaillé. Nous avons besoin de son implication et de son impulsion. Car le concurrent n'est plus l'anglais : nous devons décider de ne plus jouer dans la même cour. À lui celle des innombrables petits : nous savons qu'ils seront repus grâce à sa variante dégradée, le globish. À nous le pré carré des grands, en avance sur les autres compétiteurs sérieux, que nous étudierons avec plaisir mais que nous ne devons pas laisser nous distancer : il s'agit principalement des autres langues du vieux continent européen.

Pas plus que pour le fusil d'assaut, la solution ne saurait résider dans l'engagement frontal en prenant pour cible l'anglais, alors qu'il n'est même plus l'ennemi. Non, la solution nous attend dans la mobilité et le choix du théâtre d'opération. Si nous n'avons aucune chance de nous élever au-dessus de l'angloricain, nous pouvons encore l'abaisser au-dessous du français. En quantité de locuteurs ou de prétendants ? C'est plus que douteux... Mais en qualité ? Pourquoi pas...

Installons donc pour de bon le français ailleurs, là où il jouit d'une force évidente ; là où il y a une demande patente ; et là où, singulièrement mal proportionné pour

1. Au journal de 20 heures de TF1 le 15 février 2004.

le défier, l'angloricain ramené au globish ne pourra jamais faire figure de *challenger*.

Les témoins compétents dans les autres nations ne manquent pas pour nous mettre sur la voie. Ils ne sauraient être taxés de chauvinisme.

Comme son nom peut l'indiquer, John de Courcy-Ireland est Irlandais. Il est surtout membre de l'Académie de marine fondée en France il y a deux cents cinquante ans. Il fait également partie d'un organisme comparable au Portugal. Il est versé dans des instances analogues en Espagne et, outre les parlers de ces différents pays, il pratique encore l'allemand. Un homme du monde, dans tous les sens du terme. Lui donnant la palme devant toutes les autres, c'est dans notre langue qu'il confie une conviction illuminante, avec une syntaxe meilleure que la mienne et un gracieux accent fleurant bon la bière rousse : « Dès qu'il s'agit d'exprimer avec exactitude quelque chose de complexe, le français est sans rival. »

Roumain naturalisé américain et professeur à Boston, Elie Wiesel précise sous le titre « pourquoi j'écris en français », dans une interview récente : « L'esprit d'un peuple, peut-on le définir ? Ce serait le cerner, donc l'enfermer. Or l'esprit est par définition libre. “Caractériser” est un mot qui conviendrait peut-être mieux. Eh bien, l'esprit français cherche et se recherche dans une quête permanente de clarté : il ne permet pas de tricher. Il déchire le masque dont l'ignorance essaie de se vêtir, et arrache celui qui cache le superficiel.[1] »

Docteur ès sciences, professeur d'université, cofondatrice du premier Comité sibérien pour le français langue européenne, Larissa Vikoulova apporte sa pierre à

1. *Le Point*, n° 1582, 10 janvier 2003.

l'édifice : « Le français est une langue belle et qui nous anoblit. Elle est aussi bien plus claire et précise que l'anglais… cette langue faite à 70 % de mots français mal prononcés et plus ou moins déformés.[1] »

Auteur de *La Joueuse de Go*, chinoise arrivée en France tardivement, Shan Sa donne aussi sa caution : « J'ai découvert le secret de mon style avec l'écriture en langue française… Si je n'avais pas écrit en français, je serais seulement une déracinée avec son lot de misères… Choisir la France et le français, c'était entre autres une manière de dire non à l'Amérique, à sa modernité de profit et de concurrence économique. C'était choisir un pays suspendu, un refuge culturel…[2] »

En 1992, l'Église catholique romaine a décidé de diffuser une version mise à jour de son catéchisme, la première depuis le concile de Trente et la Contre-réforme au XVIe siècle. Il lui fallut bien la rédiger dans une première langue, pour ensuite la traduire dans les autres. Croyez-vous que la facilité de la diffusion allait lui faire choisir l'anglais, voire l'angloricain, voire une forme contractée qui se serait apparentée au globish ? Pas du tout. La langue retenue fut le français, pour la raison que nous a donnée mon ami Irlandais : c'est la langue la plus éblouissante, la plus transparente, la plus nuancée, celle qui se prête le moins aux équivoques ; à elle seule, cette dernière qualité aurait emporté le jugement car, en matière de foi, l'Église ne pouvait se permettre aucun risque et aucun à peu près. Le volume parut pour la première fois dans le monde aux éditions Fleurus-Mame.

1. Citée par LAVENIR DE BUFFON (Hervé), « Le français, une langue pour l'Europe », *Paris Match*, n° 109, janvier-février 2003.
2. Citée par HAUBRUGE (Pascale), *Le Soir*, 27 février 2002.

Après, et après seulement, le texte français a permis la traduction en latin, puis dans toutes les autres langues de la planète.

Le Vatican pratique en fait trois langues de travail, les trois seules qu'il reconnaît officiellement : le latin pour des raisons historiques, l'italien pour des raisons de voisinage, et le français. Ce n'est pas sans raison en ce qui nous concerne… Il y aura bientôt deux mille ans qu'a été fondée et transmise à Simon Bar Jonas, l'Église dont ce petit État abrite le siège : c'est dire qu'elle a eu le loisir de voir évoluer les civilisations, les langues et les influences des nations. Elle a eu le temps d'observer la part de marché, récente et actuelle, de l'angloricain sous toutes les latitudes. N'est-ce pas une forme de parler pratiquée dans nombre de territoires où le catholicisme est largement implanté ?

Si le français a conservé sa place aux yeux du Pape, des cardinaux et d'innombrables étrangers dont j'ai cité quelques-uns qui font autorité, c'est en raison de certaines qualités indubitables. Sur elles nous devrions nous focaliser, au lieu de tenter de parodier l'angloricain, en explosion quantitative, et en déclin qualitatif à cause de l'émergence du globish.

Ainsi, nous devrions ambitionner, selon les points de vue, de devenir la première langue de culture mondiale, de le redevenir, ou de nous maintenir à ce rang. L'encadrement que nous avons du français en assure la qualité et la stabilité. Nous détenons un capital parlé — et surtout écrit — sans pareil, si nous acceptons qu'une majorité de ce qui est imprimé dans le langage du concurrent est impropre à la consommation culturelle.

Dans une incroyable majorité de milieux et de territoires, notre langue est celle que chérissent les gens un tant soit peu cultivés. Beaucoup la pratiquent avec une aisance suffisante pour en tirer plaisir et fierté.

La distribution du prix Nobel nous a tristement renseignés sur notre capacité dans les domaines technologiques. Peut-il aussi nous éclairer à propos de la culture ? La seule mesure qu'il en offre est la littérature. Plus de quatre fois plus nombreux que les francophones, les anglophones natifs n'ont obtenu que le double de récompenses par rapport à nous depuis sa fondation. Nos penseurs et écrivains sont donc deux fois meilleurs que ce qui serait normalement attendu. Avec 291 millions de citoyens, les Américains ont reçu moins de prix en ce domaine que les 113 millions de francophones. Nous les battons dans une mesure qui dépasse un rapport de un à trois. Qui dit mieux ? Où ?

Aidons le globish à prospérer cahin-caha. Aidons-le même de toute notre persévérance. Enseignons-le uniquement pour ce qu'il est, et ne transmettons l'authentique anglais qu'à ceux qui le préfèrent à l'allemand, l'espagnol ou l'italien et caressent l'espoir d'accéder à sa riche littérature. Renforçons notre action intellectuelle partout dans le monde. Attirons des locuteurs de qualité. Encourageons-les à se glorifier d'un progrès personnel à nos côtés, plutôt qu'à ressentir l'humiliation de se distinguer par une insuffisance en anglais : ils comprendront bien vite qu'ils sont plus qu'à l'aise en globish, et que l'outrepasser ne ferait que les rapprocher de l'angloricain, ce qui ne leur servirait de rien dans les échanges transfrontaliers. En français, tout au contraire, le champ de perfectionnement sera infini, prometteur de satisfaction et d'agrément. Et surtout, faisons en sorte que sa maîtrise ne se limite pas à celle d'un langage, mais fournisse la clé d'accès à une pensée.

Nous nous rapprocherons alors de la place que nous occupions au siècle des Lumières, et que nous a décrite Marc Fumaroli : nous croyons que le français y était universellement parlé. Il n'en est rien, car il était assez peu pratiqué en Avignon, à Quimper et à Strasbourg. Mais il était universellement parlé, ou presque, par les gens qui voyageaient, par l'élite, par l'épée et par la robe, par les bourgeois. Nous pouvons briguer ce rôle, que nous n'avons pas perdu, et qui ne demande qu'à être conforté et remis à son premier rang. Mais pour cela, il nous faut consciemment abandonner au globish la communication du tout venant, du quotidien, de ce qui est exempt de contenu profond. Et il nous faut promouvoir cet avorton d'anglais jusqu'à l'ériger en langage global de référence. Il nous appartient de faire connaître la codification de cette nouvelle langue et d'en assurer la diffusion dans toutes ses infirmités de forme.

Ce faisant, nous commencerons à protéger un peu mieux notre propre culture des empiétements angloricains.

Notre place, la seule que nous puissions encore convoiter, est donc celle de l'excellence. Si, comme Alain Decaux et d'autres nous l'ont dit, la vaste langue du nouveau monde n'est plus « une langue de culture », la place est à prendre, ou à ne pas perdre. Certains jugeront cette aspiration minable. Rappelons encore qu'elle va de pair avec l'amoindrissement de l'angloricain au niveau du globish : nombreux seront les humains qui souhaiteront pratiquer une « langue de culture » une fois qu'ils auront compris qu'à cet égard, le dernier avatar nécessiteux de l'angloricain ne les comblera jamais. Il serait dommage que dans une concurrence futile et inutile avec lui, nous passions à côté de cette opportunité en consommant forces et énergie à prolonger un conflit terminé.

Voici donc tracé le programme. À la communication pour la planète : le globish calamiteux, qui doit supplanter urgemment l'angloricain, grâce à une succession organisée et orchestrée par nous. Ce sera l'ultime variante enfin imposée par les non-anglophones natifs incroyablement majoritaires, qui infligeront partout ce dialecte de caniveau, tout à fait nécessaire et tout à fait suffisant. L'anglais, le vrai, fera ce qu'il pourra… À la culture pour l'humanité : le français, langue princière, avec sa structuration unique, objet du souci de grands prêtres qui en garantissent la pérennité. Loin de la barricader dans un corset rigide et immuable, ces derniers divorceront de leur perspective pasteurisée pour y accepter de la vermine terminologique étrangère : elle seule sera de nature à alimenter le moteur vital du français, un peu au détriment du purisme. Le plébiscite antérieur de l'usage l'imposera. Ce destin requiert un effort de positionnement du français, une propagande pour montrer ce qu'il détient en trésor et que ne possédera jamais le globish, et enfin une promotion active de celui-ci. Au travail ! Nous avons largement de quoi nous battre dans l'épopée culturelle, et cet avenir commençait hier.

Autotest

Mesurez votre niveau en globish

Test 1

Mot français	Ma traduction
accident	
angle	
bar	
continent	
conférence	
document	
excellent	
fertile	
influence	
jury	
message	
normal	
océan	
public	
sabotage	
signal	
surprise	
terrible	
urgent	
violence	

Mode d'emploi

Examinez la liste à gauche. Inscrivez votre traduction dans la rubrique intitulée « ma traduction ». Quand vous aurez terminé, soulevez le feuillet que vous lisez et gardez-le vertical : sur la feuille apparaissant à sa droite, vous trouverez les traductions les plus fréquentes des mots que vous aurez lus ici à gauche.
Si ce que vous avez inscrit correspond à ce que vous trouvez, comptez 1 dans la colonne « mon score ». Inscrivez le total dans la case du bas, et lisez à la fin des tests (p. 252) les commentaires correspondant à ce résultat.

Avertissement

Ceci n'est pas un test de votre niveau en anglais, mais seulement d'une indication de votre capacité potentielle en globish. Pour évaluer votre capacité en anglais, il vous faut vous référer aux tests :

- TOEFL : *Test Of English as a Foreign Language.*
- TOEIC : *Test Of English for International Communication.*

Test 2

Mot	Ma traduction
apple	
authority	
baby	
brother	
bullet	
committee	
finish	
guarantee	
guilty	
holiday	
market	
navy	
oil	
pocket	
river	
smile	
summer	
twenty	
wine	
young	

Résultats du test 1

Traduction	**Mon score**
accident	
angle	
bar	
continent	
conference	
document	
excellent	
fertile	
influence	
jury	
message	
normal	
ocean	
public	
sabotage	
signal	
surprise	
terrible	
urgent	
violence	
Total	

Test 3

Mot	Ma traduction
again	
almost	
although	
either	
every	
half	
instead	
less	
loose	
never	
nothing	
seldom	
several	
since	
than	
theirs	
unless	
until	
why	
yet	

Résultats du test 2

Traduction	Mon score
pomme	
autorité	
bébé	
frère	
balle	
comité	
finir	
garantie	
coupable	
vacance	
marché	
marine	
huile, pétrole	
poche	
rivière	
sourire	
été	
vingt	
vin	
jeune	
Total	

Test 4

Mot	Ma traduction
daughter	
alive	
dig	
curtain	
deaf	
disease	
feather	
heavy	
iron	
laugh	
mistake	
noon	
red	
roof	
rubber	
shelf	
shelter	
third	
weapon	
woman	

Résultats du test 3

Traduction	Mon score
de nouveau, encore, derechef	
presque, à peu près, quasi	
quoique, bien que, en dépit de	
l'un ou l'autre, ou bien	
chaque, chacun, tout, toute	
moitié, à moitié, à demi	
à la place de, au lieu de	
moindre, moins	
lâche, desserré, lâcher,	
jamais	
rien	
rarement	
plusieurs	
depuis, puisque	
que (comparatif)	
les leurs, le leur, la leur	
à moins que	
jusqu'à, jusqu'à ce que	
pourquoi, parce que	
cependant, encore	
Total	

Test 5

Mot	Ma traduction
ate	
bitten	
bled	
brought	
caught	
children	
dug	
flown	
led	
left	
ran	
risen	
shook	
spoken	
stolen	
swum	
teeth	
went	
were	
worn	

Résultats du test 4

Traduction	**Mon score**
fille	
vivant, en vie	
creuser	
rideau	
sourd	
maladie	
plume	
lourd	
fer	
rire	
erreur, faute	
midi	
rouge	
toit	
caoutchouc	
étagère, rayon	
abri, abriter	
troisième	
arme	
femme	
Total	

Test 6

Mot	Ma traduction
bereft	
cassock	
cant	
dapper	
elope	
embezzlement	
heifer	
lark	
akimbo	
manmonth	
pageant	
arsonist	
peg	
predicament	
promiscuous	
slant	
spigot	
swindle	
vicariously	
weevil	

Résultats du test 5

Traduction	Mon score
mangeais	
mordu, piqué	
saigné	
apporté, amené	
attrapé, saisi, pris	
enfants	
creusé, bêché	
volé (sens aérien), fui, enfui	
conduit, amené, dirigé	
quitté, laissé, cessé	
couru	
levé, monté, augmenté	
secouais, remuais, tremblais	
parlé	
volé (sens délictueux)	
nagé	
dents	
allais	
étiez, étions, étaient	
porté, usé	
Total	

Résultats du test 6

Traduction	Mon score
privé de	
soutane	
inclinaison, dévers, pan coupé	
pimpant, tiré à quatre épingles	
se faire enlever (par un amant)	
détournement de fonds	
génisse	
alouette	
les poings sur les hanches	
activité d'un homme en un mois	
spectacle pompeux	
incendie volontaire	
cheville, fiche	
mauvaise passe, situation difficile	
confus, aux mœurs distendues	
oblique, en écharpe	
robinet	
escroquerie, filouterie, duperie	
par procuration, substitution	
charançon	
Total	

Vos points

Test 1

Mon score total pour le test 1 est situé entre :

- **20 et 19** : vous n'avez pas grand mérite. Ces mots sont les mêmes dans les deux langues. Vous connaissez aussi 480 autres mots du globish qui profitent de la même similitude. Passez au test suivant
- **19 et 0** : faites preuve de plus d'imagination et de moins de timidité.

Attention cependant ! Comme pour tous les mots, le fait que vous les reconnaissiez par écrit ne veut pas dire :

- que vous connaissiez leurs sens plus rares, et il y en a de nombreux à comprendre aussi ;
- que vous les reconnaissiez quand un Anglophone les prononce ;
- que vous soyez capable de les prononcer de manière intelligible partout.

Test 2

Mon score total pour le test 2 est situé entre :

- **20 et 15** : ce sont des mots courants, et il est assez normal que vous les connaissiez.
- **14 et 8** : un effort limité vous permettrait d'acquérir 300 mots simples de cette sorte.
- **8 et 0** : travail normal à faire sur le vocabulaire.

Test 3

Mon score total pour le test 3 est situé entre :

- **20 et 15** : pas mal du tout, le globish ne vous demandera pas d'immenses efforts.
- **14 et 0** : si vous aviez entre 20 et 15 au test précédent, votre problème est courant. Vous connaissez de nombreux substantifs et adjectifs, mais n'arrivez sans doute pas assez à construire les phrases. Les mots structurants vous manquent. Il faut maintenant vous concentrer sur les verbes, les adverbes, les conjonctions, les prépositions et les postpositions. Travaillez syntaxe et grammaire.

Test 4

Mon score total pour le test 4 est situé entre :

- **20 et 15** : plutôt bon, passez au test suivant.
- **14 et 8** : moyen.
- **8 et 0** : au boulot sur le reste du vocabulaire.

Test 5

Mon score total pour le test 5 est situé entre :

- **20 et 15** : très bien, vous connaissez vos conjugaisons et déclinaisons.
- **14 et 8** : il faut remettre au point votre connaissance de toutes les anomalies que le globish a héritées de l'anglais.
- **8 et 0** : une fois maîtrisé l'accent, il faut apprendre en priorité les mots imprévisibles du globish. Ils ne sont pas très nombreux (85).

Test 6

Mon score total pour le test 6 est situé entre :

- **20 et 15** : votre vocabulaire, trop vaste pour le globish, indiquerait un anglais riche.
- **14 et 8** : votre problème sera encore de limiter votre fortune en mots pour être compris spontanément partout dans le monde.
- **8 et 1** : vous connaissez des vocables pas très courants, efforcez-vous de vous concentrer sur la liste des 1 500 mots sans la dépasser.
- **0** : Bravo ! N'ayez aucune inquiétude pour votre globish, bien au contraire : aucun de ces mots n'est dans la liste nécessaire.

Globish-français

L'anglais est multiforme, mais il faut bien se ranger à l'une de ses versions. Celle des États-Unis étant majoritaire tant en effectifs qu'en influence, nous l'avons retenue.

A

A, un, une

ABLE, capable, compétent, habile

A**BOU**T, autour de, environ, presque, au sujet de, à propos de

A**BOVE**, au-dessus de, ci-dessus

AC**CEPT**, accepter, agréer, admettre (quelque chose)

ACCIDENT, accident

AC**COUNT**, compte, compte rendu, motif, compter, rendre compte

AC**CUSE**, accuser, incriminer

A**CROSS**, en travers de, de l'autre côté de

ACT, agir, jouer (une pièce), remplir un rôle, acte, action

ACTIVIST, activiste

ACTOR, acteur, comédien

ADD, ajouter, joindre à, additionner

ADMINIS**TRA**TION, administration, gestion, gouvernement (exécutif)

AD**MIT**, admettre (quelqu'un), admettre (idée)

AD**ULT**, adulte

AD**VER**TISEMENT, annonce, publicité

AD**VISE**, conseiller, recommander

AF**FECT**, affecter, toucher, atteindre

AF**RAID**, pris de peur

AFTER, après, suivant, selon

A**GAIN**, de nouveau, derechef, encore, en outre

A**GAINST**, contre, en opposition à, par comparaison avec

AGE, âge, époque, vieillir, mûrir

AGENCY, agence, bureau, entremise

AG**GRE**SSION, agression

A**GO**, il y a (+ période)

AG**REE**, consentir, être d'accord, convenir

AGRICULTURE, agriculture

AID, aider, assister, secourir, soutenir

AIM, viser, pointer, jeter un projectile, poursuivre un but, but, dessein

AIR, air, brise, aérer

AIR FORCE, armée de l'air

AIRPLANE, avion, aéroplane

AIRPORT, aéroport

ALBUM, album, disque de musique

A**LIVE**, vivant, en vie, remuant

ALL, tout, tous, toutes

ALLY, allié

ALMOST, presque, à peu près, quasi

A**LO**NE, seul, (laisser) tranquille

A**LONG**, le long de, à côté de

AL**REA**DY, déjà, dès à présent

ALSO, aussi, également

AL**THOUGH**, quoique, bien que, en dépit de

ALWAYS, toujours

AMMU**NI**TION, munitions

A**MONG**, parmi, au milieu de

A**MOUNT**, montant, somme, quantité de

ANARCHY, anarchie

ANCESTOR, ancêtre, aïeul

ANCIENT, ancien

AND, et

ANGER, colère, emportement, courroux

ANGLE, angle

ANGRY, fâché, irrité, courroucé

ANIMAL, animal

ANNI**VER**SARY, anniversaire

AN**NOU**NCE, annoncer, faire part de

A**NO**THER, encore, un (une) autre

ANSWER, réponse, réplique, répondre

ANY, un ou quelqu'un

A**PO**LOGIZE, s'excuser

AP**PEA**L, faire appel, se pourvoir, demander des secours, attirer, séduire, charmer, appel, attirance

AP**PEA**R, paraître, apparaître, devenir visible, sembler, donner l'impression de

APPLE, pomme

AP**POI**NT, nommer, désigner, prescrire

AP**PRO**VE, approuver, sanctionner, ratifier, agréer

AREA, terrain, aire, étendue, territoire, région, superficie, zone

ARGUE, prouver, démontrer, discuter, débattre, argumenter, soutenir que, prétendre que, (se) disputer

ARM, bras, armes, armer

ARMY, armée

A**ROUN**D, autour, à l'entour de

AR**REST**, arrêter, appréhender, arrestation

AR**RIVE**, arriver

ART, art

AR**TI**LLERY, artillerie

AS, aussi, si, autant que, au moment où

ASH, cendre

ASK, poser une question, demander (faveur), se renseigner

AS**SIS**T, aider, secourir, assister

AS**TRO**NOMY, astronomie

AT, à, au (lieu), à (heure)

ATMOSPHERE, atmosphère

AT**TACH**, attacher, lier, fixer, annexer (document), saisir

AT**TACK**, attaquer, attaque

AT**TEM**PT, essayer, tenter de, s'efforcer de, tâcher de, tentative

AT**TEN**D, s'occuper de quelque chose, assister à, soigner (un malade)

AT**TEN**TION, attention, garde-à-vous

AU**THO**RITY, autorité

AUTO**MA**TIC, automatique

AUTOMOBILE, automobile

AUTUMN, automne

AVERAGE, commun, ordinaire, moyen, normal, moyenne, moyenner

A**VOID**, éviter, se soustraire à, esquiver, se dérober

A**WA**KE, éveillé, averti, avisé

A**WARD**, récompense, arbitrage, récompenser

A**WAY**, loin, au loin

B

BABY, bébé

BACK, dos, arrière, en arrière, verso, revers, reculer

BAD, mauvais, méchant

BAG, sac

BALANCE, balancer, peser, équilibrer, stabiliser, compenser, hésiter entre, ajuster, équilibre

BALL, boule, bille, balle, boulet de canon

BAL**LOO**N, ballon, aérostat

BALLOT, scrutin, vote, bulletin de vote

BAN, bannissement, bannir

BANK, banque, banquette, remblai, banc (en mer), berge

BAR, empêcher, bloquer, barrer, s'opposer à

BARRIER, barrière, obstacle

BASE, base, fondement, soubassement, baser, fonder

BASKET, panier

BATTLE, bataille, combat

BE, être, avoir (chaud, soif), exister

BEAT, battre, frapper, mesure, battement

BEAUTIFUL, beau, belle

BE**CAU**SE, parce que, à cause de, en raison de

BE**CO**ME, devenir

BED, lit, couche

BE**FOR**E, en avant, devant

BE**GIN**, commencer, débuter, entamer

BE**HIN**D, derrière

BE**LIE**VE, croire, penser que

BELL, cloche, sonnerie, carillon

BE**LONG**, appartenir, faire partie de

BE**LOW**, plus bas que, en dessous de, au-dessous de

BEND, courber, plier, fléchir, courbure, tournant

BEST, meilleur (le, la)

BE**TRAY**, trahir, révéler (quelque chose de caché), mettre en évidence

BETTER, meilleur (comparatif), mieux, améliorer

BET**WEE**N, entre

BIG, gros, grand, lourd

BILL, proposition de loi, addition, facture, note, facturer, afficher

BILLION, milliard

BI**OL**OGY, biologie

BIRD, oiseau

BIRTH, naissance

BITE, mordre, piquer (insecte), morsure, bouchée

BLACK, noir, sombre

BLADE, lame

BLAME, blâmer, accuser, condamner, incriminer, blâme, critique

BLANKET, couverture

BLEED, saigner

BLIND, aveugle

BLOCK, bloquer, faire obstacle, arrêter

BLOOD, sang

BLOW, souffler, chasser, faire exploser, coup, souffle

BLUE, bleu

BOARD, planche, tableau, conseil (réunion), bord, pension, aborder, prendre pension

BOAT, bateau, embarcation

BODY, corps

BOMB, bombe

BONE, os

BOOK, livre (à lire), volume (de lecture), registre, cahier

BORDER, frontière, bordure

BORN, naître, arriver à la vie

BORROW, emprunter

BOTH, les deux ensemble, l'un et l'autre, tous les deux

BOTTLE, bouteille, embouteiller

BOTTOM, fond, base, bas

BOX, boîte, caisse, coffre, mettre en boîte

BOY, garçon

BOYCOTT, boycott, boycotter

BRAIN, cerveau

BRAKE, frein, freiner

BRANCH, branche, embranchement, succursale

BRASS, laiton

BRAVE, brave, courageux, braver, défier

BREAD, pain

BREAK, briser, casser, rompre, rupture, brisure, répit, repos

BREATHE, respirer

BRICK, brique

BRIDGE, pont, relier

BRIEF, bref, court, informer, instruire, briefer

BRIGHT, brillant, lumineux, éclatant

BRING, apporter, amener

BROADCAST, diffuser, répéter partout

BROTHER, frère

BROWN, brun, marron (couleur)

BRUSH, brosse, brosser

BUDGET, budget, enveloppe budgétaire

BUILD, construire, bâtir, édifier

BUILDING, édifice, bâtisse, bâtiment, immeuble

BULLET, balle (projectile)

BURN, brûler, brûlure

BURST, exploser, éclater, explosion

BURY, enterrer, ensevelir, enfouir, inhumer

BUS, autobus

BUSINESS, affaire, occupation, métier, entreprise, secteur professionnel

BUSY, occupé, affairé, animé (rue, zone)

BUT, mais, sauf (à l'exception de)

BUTTER, beurre, beurrer

BUTTON, bouton, boutonner

BUY, acheter, acquérir, acquisition, achat, affaire

BY, par, près de, à (heure)

C

CABINET, cabinet, meuble

CALL, appel, appeler, visite

CALM, calme, calmer

CAMERA, appareil photo

CAMP, camp, camper

CAM**PAI**GN, campagne militaire

CAN, pouvoir, savoir, boîte, bidon

CANCEL, annuler

CANCER, cancer

CANDIDATE, candidat

CAPITAL, capital, majuscule

CAPTURE, capture, capturer

CAR, voiture, wagon, automobile

CARD, carte

CARE, soin, souci, attention, se soucier, s'inquiéter

CAREFUL, prudent, soigneux

CARRIAGE, voiture, wagon

CARRY, porter, emporter, emmener

CASE, cas, caisse, étui, cause (juridique)

CASH, espèces, comptant, en liquide, encaisser

CAT, chat, chatte, fouet

CATCH, attraper, saisir, prise

CAUSE, cause, motif, causer

CELEBRATE, célébrer

CENTER, centre, centrer

CENTURY, siècle

CEREMONY, cérémonie

CERTAIN, certain

CHAIN, chaîne, enchaîner

CHAIRMAN, président

CHAMPION, champion, défendre

CHANCE, hasard, occasion, risquer, tenter

CHANGE, changement, monnaie, bourse, changer

CHARGE, charge, prix, accusation, faire payer, charger, percevoir

CHASE, chasse, poursuite, chasser

CHEER, applaudir, s'égayer, applaudissements

CHEESE, fromage

CHEMICAL, chimique

CHEMISTRY, chimie

CHEST, poitrine, commode, coffre

CHIEF, chef

CHILD, enfant

CHOOSE, choisir, décider

CHURCH, église, temple

CIRCLE, cercle, encercler, mettre en cercle

CITIZEN, citoyen

CITY, ville, cité, agglomération

CI**VI**LIAN, civil

CLAIM, demande, droit, réclamation, réclamer, proclamer

CLASH, conflit, choc, choquer, résonner

CLEAN, propre, blanc, nettoyer

CLEAR, clair, libre, éclaircir, nettoyer

CLIMATE, climat

CLIMB, grimper, escalader, monter, ascension

CLOCK, horloge, pendule

CLOSE, fermer, terminer, fin, serré, près de

CLOTH, drap, toile, vêtements (pluriel)

CLOUD, nuage, obscurcir

COAL, charbon

COAST, côte, côtoyer

COAT, habit, revêtir

COFFEE, café

COLD, froid

COLLAR, col, collier

COL**LECT**, percevoir, recueillir, collecter, collecte

COLLEGE, collège

COLONY, colonie

COLOR, couleur, colorier

COM**BINE**, combiner, s'unir, réunir

COME, venir, arriver

COMFORT, confort, aisance, consoler, réconforter

COM**MAND**, ordre, commander

COMMENT, commenter, commentaire

COM**MI**TTEE, comité

COMMON, commun

COM**MU**NICATE, communiquer

COM**MU**NITY, communauté

COMPANY, compagnie, société

COM**PARE**, comparer

COM**PE**TE, rivaliser, concurrencer

COM**PLE**TE, complet, compléter

COMPLEX, complexe

COMPROMISE, transiger, arranger, compromis

COM**PU**TER, ordinateur

CON**CERN**, souci, intérêt, entreprise, concerner, intéresser, inquiéter

CON**DEMN**, condamner

CON**DI**TION, condition

CONFERENCE, conférence, entretien, congrès, consultation

CON**FIR**M, confirmer

CON**GRA**TULATE, féliciter, complimenter

CONGRESS, congrès

CON**NECT**, lier, connecter, relier

CON**SER**VATIVE, conservateur

CON**SI**DER, envisager, considérer

CON**TAIN**, contenir, maîtriser, retenir, refouler

CONTINENT, continent

CON**TIN**UE, continuer

CON**TROL**, contrôle, autorité, maîtriser, contrôler, diriger

CON**VEN**TION, convention

COOK, cuisinier, cuisiner

COOL, frais, calmer, calme

CO**O**PERATE, coopérer

COPY, copie, copier, exemplaire, cahier

CORK, bouchon, liège

CORN, grain, blé, maïs

COR**RECT**, correct, corriger, rectifier

COST, coût, coûter, frais, dépense

COTTON, coton

COUNT, compter, compte, calcul

COUNTRY, pays, province, campagne, contrée

COURT, cour, passage, tribunal, prétoire, courtiser

COVER, couvrir, dissimuler, couverture, couvercle, prétexte

COW, vache

CRASH, fracas, accident, s'écraser

CRE**ATE**, créer

CREATURE, créature

CREDIT, crédit, créditer

CREW, équipage, bande

CRIME, crime

CRIMINAL, criminel

CRISIS, crise

CRITICIZE, critiquer

CRUSH, écraser, cohue, écrasement

CRY, pleurer, crier

CULTURE, culture

CUP, coupe, tasse, prendre dans la main

CURE, guérir, guérison, remède

CURRENT, courant, en cours, actuel

CURTAIN, rideau

CUSTOM, coutume, pratique

CUT, couper, tailler, coupure

D

DAMAGE, endommager, dommage

DANCE, danser, danse

DANGER, danger

DARK, sombre, obscurcir

DATE, date, rendez-vous, prendre rendez-vous

DAUGHTER, fille

DAY, jour, journée

DEAD, mort, définitivement

DEAF, sourd

DEAL, quantité, transaction, agir, commercer

DEAR, cher

DE**BA**TE, débattre, débat, discuter, discussion, dispute

DEBT, dette

DE**CI**DE, décider

DE**CLA**RE, déclarer

DE**CREA**SE, diminuer, décroître, diminution

DEEP, profond, profondément, abîme, profondeur

DE**FEAT**, battre, déjouer, défaite

DE**FEND**, défendre

DEFICIT, déficit

DE**FINE**, définir

DE**GREE**, degré, diplôme

DE**LAY**, délai, report, tarder, différer, retarder

DELICATE, délicat

DE**MAND**, demander, demande, exiger

DE**MO**CRACY, démocratie

DEMONSTRATE, démontrer, manifester

DEN**OUN**CE, dénoncer

DE**NY**, nier, dénier, refuser

DE**PEND**, dépendre de

DE**PLOY**, déployer

DE**PRE**SSION, dépression, abaissement, abattement

DES**CRI**BE, décrire

DE**SERT**, mérite, déserter, abandonner

DE**SIGN**, projeter, destiner, dessiner, concevoir, modèle, dessin, design

DE**SIRE**, désirer, prier, désir

DES**TROY**, détruire

DETAIL, détailler, détail

DE**VE**LOP, développer

DE**VI**CE, appareil, moyen, expédient, dispositif, devise

DIC**TA**TOR, dictateur

DIE, mourir

DIET, régime, diète, jeûner, suivre un régime

DIFFERENT, différent

DIG, creuser, bêcher

DINNER, dîner

DIPLOMAT, diplomate

DI**RECT**, direct, diriger, ordonner

DI**REC**TION, direction, instruction, ordre

DIRT, sale

DISAP**PEAR**, disparaître

DIS**ARM**, désarmer

DIS**CO**VER, découvrir

DIS**CUSS**, discuter

DIS**EASE**, maladie

DISK, disque

DIS**MISS**, renvoyer, congédier, rejeter

DIS**PUTE**, dispute, conflit, disputer, discuter, discussion

DISSIDENT, dissident

DISTANCE, distance, distancer

DI**VI**DE, diviser, se diviser, séparation

DO, faire

DOCTOR, docteur, truquer, frelater, soigner

DOCUMENT, document, documenter

DOG, chien

DOLLAR, dollar

DOOR, porte, portière

DOUBT, douter, soupçonner, hésiter, doute

DOWN, en bas, dune, duvet

DRAIN, drainer, drain

DREAM, rêver, rêve

DRESS, habiller, apprêter, vêtement, tenue

DRINK, boire, boisson

DRIVE, conduire, pousser, chasser, actionner, conduite, promenade

DROP, chute, goutte, abandonner, tomber

DRUG, droguer, drogue, médicament

DRY, sécher, sec

DURING, pendant, durant

DUST, poussière, épousseter

DUTY, devoir, droit, taxe

E

EACH, chaque, chacun

EAR, oreille, épi (de maïs)

EARLY, précoce, de bonne heure

EARN, gagner

EARTH, terre

EASE, aise, facilité, soulagement, repos, mettre à l'aise, alléger, soulager

EAST, est

EA**SY**, facile, aisé

EAT, manger

E**CO**LOGY, écologie

E**CO**NOMY, économie

EDGE, bord, tranchant, lisière, aiguiser, affiler

EDU**CA**TION, éducation, enseignement, formation

EFF**EC**T, effet, effectuer

EFFORT, effort

EGG, œuf

EIGHT, huit

EITHER, l'un ou l'autre, ou bien

EL**AS**TIC, élastique

ELECT**RI**CITY, électricité

E**LE**VEN, onze

ELSE, autre, autrement, ou bien

EMBASSY, ambassade

E**MER**GENCY, urgence, circonstance critique

E**MO**TION, émotion

EMPL**OY**, employer, emploi, service

EMPTY, vide, vider

END, fin, finir, terminer

ENEMY, ennemi

ENERGY, énergie

EN**FOR**CE, contraindre, faire observer, assurer

ENGINE, machine, moteur, locomotive

ENGIN**EER**, ingénieur, mécanicien

EN**JOY**, jouir de, s'amuser, prendre plaisir à

EN**OUGH**, assez, suffisamment

ENTER, entrer dans

EN**VI**RONMENT, milieu, entourage

EQUAL, égal

E**QUI**PMENT, équipement, armement

ES**CAP**E, évasion, fuite, s'échapper, fuir

ES**PE**CIALLY, particulièrement, spécialement

ES**TA**BLISH, établi, fonder

ESTIMATE, estimation, devis, évaluer

ETHNIC, ethnique

E**VA**PORATE, évaporer

EVEN, égal, uni, pair, même, égaliser

EV**ENT**, événement

EVER, toujours, à jamais

EVERY, chaque, chacun, tout, toute

EVIDENCE, preuve, évidence, prouver

EVIL, mauvais, mal, malheur

E**XA**MINE, examiner, interroger, visiter

EX**AM**PLE, exemple

EXCELLENT, excellent

EX**CEPT**, excepter, à moins que

EX**CHAN**GE, échange, change, bourse, échanger

EXC**USE**, excuse, excuser, dispense

EXEC**UTE**, exécuter

EXERCISE, exercice, exercer

EXILE, exil, exiler

EXIST, exister

EXP**AND**, étendre, dilater, se dilater

EXP**ECT**, attendre

EX**PE**RIENCE, expérience, éprouver

EX**PE**RIMENT, expérience, expérimenter

EXPERT, expert, habile

EX**PLAIN**, expliquer, éclaircir

EX**PLO**DE, exploser, éclater

EX**PLO**RE, explorer

EX**PORT**, exporter, exportation

EX**PRESS**, exprès, formel, exprimer, express

EX**TEND**, étendre, prolonger

EXTRA, supplémentaire, extra

EXT**REM**E, extrême

EYE, œil, regarder, observer

F

FACE, visage, façade, cadran, affronter, donner sur

FACT, fait

FACTORY, usine, fabrique

FAIL, échouer, faiblir, manque, faute

FAIR, beau, bon, juste, honnête, foire

FALL, tomber, diminuer, baisse, automne

FALSE, faux

FAMILY, famille

FAMOUS, célèbre

FAR, lointain, éloigné, loin, beaucoup

FAST, rapide, vite, ferme, jeûner, jeûne

FAT, gras, corpulent

FATHER, père, engendrer

FEAR, crainte, craindre

FEATHER, plume

FEED, nourrir, alimenter, nourriture

FEEL, sentir, tâter, sentiment, impression

FEMALE, féminin, femelle, femme

FERTILE, fertile

FEW, peu, quelques

FIELD, champ, terrain

FIERCE, féroce, farouche

FIFTEEN, quinze

FIFTH, cinquième

FIFTY, cinquante

FIGHT, combat, lutte, bataille, combattre

FILL, remplir

FILM, pellicule, film

FINAL, final, ultime

FIN**AN**CE, finance, financer

FIND, trouver, découvrir, trouvaille

FINE, beau, joli, amende, mettre à l'amende

FINGER, doigt, manier

FINISH, finir, fin, arrivée

FIRE, feu, faire feu, tirer

FIRM, ferme, firme, société, entreprise

FIRST, premier

FISH, poisson, pêcher

FIST, poing

FIT, accès, attaque, convenable, convenir, ajuster

FIVE, cinq

FIX, fixer, arrêter, réparer, réparation, position

FLAG, drapeau, pavillon

FLAT, plat, insipide, appartement

FLOAT, flotter

FLOOR, plancher, parquet, étage

FLOW, couler, écoulement, flot, flux

FLOWER, fleur, fleurir

FL**U**ID, fluide

FLY, voler, fuir, mouche

FOG, brouillard

FOLLOW, suivre

FOOD, nourriture

FOOL, sot, fou, tromper, duper

FOOLISH, sot

FOOT, pied

FOR, pour, quant à, pendant

FOR**BID**, défendre, interdire

FORCE, force, forcer

FOREIGN, étranger

FOREST, forêt

FOR**GET**, oublier

FOR**GIVE**, pardonner

FORM, forme, formulaire, former

FORMER, antérieur, précédent, premier, ancien

FORTY, quarante

FORWARD, avancé, précoce, en avant, avancer, expédier, transmettre

FOUR, quatre

FRAME, construction, structure, ossature, charpente, cadre, projeter, encadrer

FREE, libre, gratuit, libérer, affranchir

FR**EE**DOM, liberté

FREEZE, geler, bloquer

FRESH, frais, nouveau

FRIEND, ami

FRIGHTEN, effrayer

FROM, de, par, d'après, selon, depuis

FRONT, devant, façade, front

FRUIT, fruit

FUEL, combustible, carburant, alimenter, ravitailler

FULL, plein, complet, repu

FUN, drôle, amusement, drôlerie, plaisir

FUTURE, futur, avenir

G

GAIN, gain, gagner, avancer

GAME, jeu, gibier

GARDEN, jardin, jardiner

GAS, gaz, essence

GATHER, amasser, cueillir, apprendre

GENERAL, général, public

GET, obtenir, recevoir, arriver, devenir

GIFT, don, cadeau, présent, douer, doter

GIRL, fille

GIVE, donner, céder

GLASS, verre, vitrine

GO, aller, devenir

GOAL, but

GOD, dieu

GOLD, or

GOOD, bon

GOVERN, gouverner

GOVERNMENT, gouvernement

GRASS, herbe

GREAT, grand

GREEN, vert

GREY, gris

GROUND, sol, terrain, fond, motif, fonder, baser, échouer

GROUP, groupe, grouper

GROW, croître, pousser, augmenter, faire pousser, devenir

GUARANTEE, garantie, garantir

GUARD, garde, garder

GUIDE, guide, guider

GU**IL**TY, coupable

GUN, arme à feu, fusil, canon

H

HAIR, cheveu, chevelure, poil

HALF, moitié, à moitié, à demi

HALT, halte, faire halte

HAND, main, donner, remettre

HANG, pendre

HAPPEN, arriver, se trouver, advenir

HAPPY, heureux

HARD, dur, difficile, pénible

HARMONY, harmonie

HAT, chapeau

HATE, haïr, haine

HAVE, avoir

HE, il, lui

HEAD, tête, chef, source, conduire

HEADQUARTERS, quartier général

HEAL, guérir, cicatriser

HEALTH, santé

HEALTHY, bien portant, salubre, sain

HEAR, entendre, apprendre

HEART, cœur

HEAT, chaleur, colère, chauffer

HEAVY, lourd, pesant

HELICOPTER, hélicoptère

HELP, secourir, aider, servir

HER, elle, sa, son, ses

HERE, ici

HERS, les siens, les siennes, le sien, la sienne

HIDE, cacher, se cacher, peau

HIGH, haut

HIJACK, s'emparer de force, détourner (un avion)

HILL, colline, mont

HIM, lui

HIS, son, sa, ses, le sien, la sienne, les siens, les siennes

HISTORY, histoire

HIT, frapper, atteindre, heurter, coup, succès

HOLD, tenir, contenir, arrêter, demeurer, cale (avion)

HOLE, trou, trouer

HOLIDAY, congé, fête

HOLLOW, creux, creuser

HOLY, saint, sacré, béni

HOME, foyer, chez soi, maison, demeure, patrie

HONEST, honnête

HONOR, honneur, distinction, honorer

HOPE, espoir, espérer

HORRIBLE, horrible

HORSE, cheval

HOSPITAL, hôpital, infirmerie

HOSTAGE, otage

HOSTILE, hostile

HOT, chaud

HOTEL, hôtel

HOUR, heure

HOUSE, maison, héberger, loger

HOW?, comment ?

HOWEVER, cependant, toutefois, pourtant

HUGE, énorme

HUMAN, humain

HUMOR, humeur, caprice, humour

HUNDRED, cent

HUNGER, faim

HUNT, chasser, chasse

HURRY, hâte, hâter, se hâter

HURT, faire mal, mal, blessure, tort

HUSBAND, mari, époux, économiser

I

I, je

ICE, glace

ID**E**A, idée

I**DEN**TIFY, identifier

IF, si

ILL, malade, mauvais, mal

IL**LE**GAL, illégal

I**MA**GINE, imaginer

IM**ME**DIATE, immédiat

IM**PORT**, importer, importation, sens, signifier

IM**POR**TANT, important

IMP**RO**VE, améliorer, perfectionner

IN, dans, dedans

INCIDENT, incident, événement

IN**CLU**DE, comprendre, embrasser, comporter

INCREASE, augmenter, augmentation

INDEP**EN**DENT, indépendant

INDI**VI**DUAL, individuel, particulier, individu, personne

INDUSTRY, industrie, activité, diligence

IN**FECT**, infecter, corrompre, vicier, contaminer

IN**FLA**TION, inflation, enflure

INFLUENCE, influence, influencer

INF**OR**M, informer

INFOR**MA**TION, information, renseignement

INJ**ECT**, injecter

INJURE, blesser, endommager, nuire, blessure

INNOCENT, innocent

INS**ANE**, fou, insensé, dérangé

INS**PECT**, inspecter, contrôler, vérifier

INST**EAD**, à la place de, au lieu de

INSTRUMENT, instrument

INSULT, insulte, insulter

IN**SU**RANCE, assurance

IN**TE**LLIGENCE, renseignement, information

INT**EN**SE, intense

INTEREST, intérêt

INTER**FE**RE, intervenir, s'immiscer, s'ingérer

INTER**NA**TIONAL, international

INTO, dans, en

IN**VA**DE, envahir

INV**ENT**, inventer

IN**VEST**, investir, placer

IN**VES**TIGATE, enquêter, rechercher

IN**VI**TE, inviter, convier, engager à

INV**OL**VE, impliquer, engager, entraîner

IRON, fer, repasser

ISLAND, île

ISSUE, issue, écoulement, sortie, question, problème, émettre, publier, sortir

IT, il, elle, le, la, lui, on

J

JACKET, veste, vareuse

JAIL, prison, geôle

JEWEL, joyau, bijou

JOB, situation, emploi, boulot, besogne, travail

JOIN, joindre, se joindre

JOINT, solidaire, jointure, articulation

JOKE, plaisanterie, blague, plaisanter

JUDGE, juge, magistrat, juger

JUMP, saut, sauter

JURY, jury

JUST, juste, justement

K

KEEP, garder, conserver, retenir, continuer

KEY, clé, touche

KICK, coup de pied, ruer

KILL, tuer

KIND, bon, genre, espèce

KISS, baiser, embrasser

KIT, équipement, outil

KNIFE, couteau

KNOW, savoir, connaître, reconnaître

KNOWLEDGE, connaissance

L

LABOR, travail, main-d'œuvre

LABORATORY, laboratoire

LACK, manque, manquer

LAKE, lac

LAND, terre, atterrir, débarquer

LANGUAGE, langage, langue

LARGE, grand, vaste

LAST, dernier, ultime, dernièrement, ultimement, durer

LATE, tardif, récent, en retard

LAUGH, rire

LAW, loi

LEAD, conduire, amener, diriger, conduite, direction

LEAK, fuite, fuir

LEARN, apprendre, instruction, érudition

LEAVE, quitter, laisser, cesser, partir, permission

LEFT, gauche

LEG, jambe, patte, pied

LEGAL, légal

LEND, prêter

LESS, moindre, moins

LETTER, lettre

LEVEL, niveau, de niveau, niveler

LIBRARY, bibliothèque

LIE, mensonge, mentir

LIFE, vie

LIFT, lever, ascenseur

LIGHT, léger, clair, lumière, jour, allumer, éclairer

LIKE, ressemblant, pareil, comme, aimer

LIMIT, limite, limiter

LINE, ligne, trait, border, doubler

LINK, lien, anneau, chaînon, joindre, relier

LIP, lèvre

LIQUID, liquide

LIST, liste, enrôler

LISTEN, écouter

LITTLE, petit, peu

LIVE, vivre, vivant, en vie

LOAD, chargement, charge, charger

LOAN, emprunt, prêt

LOCAL, local

LOCK, serrure, mèche, fermer à clé

LONG, long, soupirer, attendre, longtemps

LOOK, regarder, sembler, regard, air, mine

LOOSE, lâche, desserré, lâcher, déchaîner

LOSE, perdre

LOUD, bruyant, sonore

LOVE, amour, tendresse, aimer

LOW, bas

LOYAL, loyal

LUCK, chance

M

MA**CHI**NE, machine

MAGA**ZI**NE, magazine, magasin, chargeur

MAIL, courrier, poster

MAIN, principal

MA**JO**RITY, majorité

MAKE, faire, façon, former

MALE, mâle

MAN, homme

MANU**FAC**TURE, industrie, usine, fabriquer, manufacturer

MANY, beaucoup

MAP, carte

MARCH, marche, Mars, marcher

MARK, marque, marquer, remarquer

MARKET, marché, mettre en vente

MARRY, marier, épouser

MATCH, match, allumette, pareil, assortir

MA**TE**RIAL, matériel, matière, tissu

MATTER, matière, sujet, importance, importer

MAY, pouvoir, Mai

MAYOR, maire

MEAL, repas

MEAN, médiocre, moyen, avare, bas, signifier

MEASURE, mesure, mesurer

MEAT, viande, chair

MEDIA, média, presse

MEDICINE, médecine, médicament

MEET, rencontrer, réunir

MEMBER, membre

MEMORY, mémoire

MENTAL, mental

MERCY, miséricorde, pitié, grâce

MESSAGE, message

METAL, métal

METHOD, méthode

MIDDLE, milieu, centre

MIGHT, pouvoir, force, puissance

MILITARY, militaire, forces armées

MILK, lait, traire

MILLION, million

MIND, esprit, âme, faire attention, surveiller

MINE, le mien, la mienne, à moi, mine, miner

MINISTER, ministre, prêtre

MINOR, mineur, moindre

MINUTE, minute

MISS, manque, perte, manquer, regretter, mademoiselle

MIST, brume

MIS**TA**KE, erreur, faute, se tromper

MIX, mélanger, mélange

MOB, foule, populace

MODEL, modèle, mannequin, modeler

MODERATE, modéré, modérer

MODERN, moderne

MONEY, argent, monnaie

MONTH, mois

MOON, lune

MORAL, moral, morale, mœurs

MORE, plus, encore, davantage

MORNING, matin

MOST, le plus, très

MOTHER, mère

MOUNTAIN, montagne

MOUTH, bouche, gueule, embouchure, déclamer

MOVE, remuer, déplacer, transporter, déménager, émouvoir, circuler, mouvement

MOVIE, film

MUCH, beaucoup

MURDER, meurtre, assassiner

MUSCLE, muscle

MUSIC, musique

MUST, devoir, falloir, obligation, nécessité

MY, mon, ma

MYSTERY, mystère

N

NAIL, ongle, clou, pointe, clouer

NAME, nom, nommer

NARROW, étroit, rétrécir, détroit

NATION, nation

NATIVE, natif, indigène, autochtone

NATURAL, naturel

NAVY, marine

NEAR, proche, près, près de, approcher

NECESSARY, nécessaire

NECK, cou

NEITHER, ni, non plus

NERVE, nerf, nervure, courage

NEUTRAL, neutre

NEVER, jamais

NEW, neuf, nouveau, récent, frais

NEWS, nouvelles, informations

NEXT, suivant, prochain, ensuite

NICE, agréable, bon, bien, joli

NIGHT, nuit

NINE, neuf

NINTH, neuvième

NO, non, pas de…, nul, aucun

NOISE, bruit

NOMINATE, désigner

NOON, midi

NORMAL, normal

NORTH, nord

NOSE, nez

NOT, non, ne… pas

NOTE, note, ton, noter

NOTHING, rien, nullement

NOW, maintenant

NOWHERE, nulle part

NUCLEAR, nucléaire, atomique

NUMBER, nombre, numéroter, décompter

O

O**BEY**, obéir, se soumettre

OBJECT, objet, but, objecter, s'opposer à

OBSERVE, observer

OCCUPY, occuper

OCEAN, océan

OF, de

OFF, au loin, éteint, retiré, annulé

OF**FEN**SIVE, offensant, offensif, offensive

OFFER, offre, offrir

OFFICE, agence, bureau, fonction, office

OFFICER, officier, fonctionnaire, agent, responsable

OF**FI**CIAL, officiel

OFTEN, souvent

OIL, huile, pétrole, huiler, graisser

OLD, vieux

ON, sur, dessus

ONCE, une fois, autrefois, jadis

ONE, un

ONLY, seul, seulement

OPEN, ouvert, ouvrir

OPERATE, opérer

O**PI**NION, opinion, avis

OPPOSITE, opposé, vis-à-vis, en face

OPP**RES**S, opprimer, oppresser

OR, ou, ou bien

ORANGE, orange

ORDER, ordre, arrêter, ordonnance, mandat, commande, ordonner, commander

ORGANIZE, organiser

OTHER, autre

OUR, notre, nos

OURS, le nôtre

OUST, chasser, évincer

OUT, dehors

OVER, sur, dessus, par-dessus, en excès de

OWE, devoir

OWN, propre, posséder

P

PAGE, page, paginer, numéroter

PAIN, souffrance, douleur, faire souffrir

PAINT, peinture, couleur, peindre

PAN, casserole

PANTS, pantalon

PAPER, papier

PA**RA**DE, parade, défilé, parader

PARALLEL, parallèle

PARCEL, colis, paquet, partie, lot, partager

PARENT, parent, père, mère

PARLIAMENT, parlement

PART, part, pièce, partie, région, rôle, séparer, partager

PARTY, partie, réunion, soirée

PASS, passer, voter, approuver, passage, passe, laisser passer

PASSENGER, passager, voyageur

PASSPORT, passeport

PAST, passé

PASTE, pâte, colle, coller

PATH, sentier, piste, route

PATIENT, patient

PAY, paye, salaire, gages, payer, régler

PEACE, paix

PEN, plume, stylo

PENCIL, crayon

PEOPLE, peuple, citoyens, gens, peupler

PER**CENT**, pour cent

PERFECT, parfait

PER**FOR**M, jouer, accomplir

PERIOD, période, règles

PERMANENT, permanent

PER**MIT**, permettre, permis, congé

PERSON, personne

PHYSICAL, physique

PICTURE, image, tableau, cinéma, peindre, dépeindre

PIECE, morceau, pièce

PIG, cochon, porc

PILOT, pilote, piloter

PIPE, tuyau, pipe

PLACE, lieu, endroit, place, demeure, placer

PLAN, plan, projeter

PLANT, usine, plante, planter, établir

PL**AS**TIC, plastique

PLATE, assiette, plaque, planche

PLAY, jeu, jouer

PLEASE, contenter, plaire, s'il vous plaît

P**LEN**TY, abondance, en abondance

POCKET, poche

POINT, point, viser, indiquer

POISON, poison, empoisonner

PO**LI**CE, police, policer

POLICY, politique, diplomatie

POLITICS, la politique

POL**LU**TE, polluer, souiller, corrompre

POOR, pauvre

POPULAR, populaire

POPU**LA**TION, population

PORT, port, bâbord

PO**SI**TION, position, situation, positionner

POSS**ESS**, posséder

POSSIBLE, possible

POST**PON**E, remettre, ajourner, différer

PO**TA**TO, pomme de terre

POUR, verser

POWDER, poudre, saupoudrer, poudrer, pulvériser

POWER, pouvoir, puissance, autorité

PRAISE, louange, éloge, glorifier, louer, vanter

PRAY, prier

PREGNANT, enceinte

PRESENT, présent, actuel, don, cadeau, présenter, offrir

PRESIDENT, président, directeur général

PRESS, pression, presse, presser, appuyer

PRESSURE, pression

PRE**VENT**, empêcher, prévenir

PRICE, prix, coter

PRINT, imprimer, impression, estampe, épreuve

PRISON, prison

PRIVATE, privé, personnel, soldat

PRIZE, prix, récompense, priser, évaluer

PROBABLE, probable

PROBLEM, problème

PROCESS, processus, développement, avancement

PRO**DU**CE, produire

PRO**FES**SOR, professeur

P**RO**FIT, profit, bénéfice, profiter

PROGRAM, programme, programmer, planifier

PROG**RES**S, progrès, avancer, progresser

PROJECT, projet, projeter

PROPERTY, propriété

PRO**PO**SE, proposer

PRO**TE**CT, protéger

PROTEST, protester, manifestation, protestation

PROVE, prouver

PRO**VI**DE, pourvoir, stipuler

PUBLIC, public

PUBLISH, publier, éditer

PULL, tirer, secousse

PUNISH, punir

PURCHASE, achat, acquisition, acheter, acquérir

PURE, pur

PURPOSE, dessein, objet, but

PUSH, pousser, poussée, effort

PUT, mettre, poser

Q

QUALITY, qualité

QUESTION, question, questionner, interroger

QUICK, rapide, vif, fin, vite

QUIET, tranquille, tranquillité, tranquilliser, calmer

QUIT, quitter, abandonner, démissionner

R

RACE, race, course, courir

RADAR, radar

RADI**A**TION, rayonnement, radiation

RADIO, radio

RAID, incursion, raid, attaquer

RAIL, rail, rampe, barre, barrière

RAIN, pluie, pleuvoir

RAISE, dresser, élever, ériger, bâtir, augmentation

RARE, rare

RATE, taux, estimation, cours, évaluer, classer, estimer

RAY, rayon

REACH, atteindre, portée

REACT, réagir

READ, lire

READY, prêt

REAL, réel

REA**LIS**TIC, réaliste

REASON, raison, raisonner

REC**EI**VE, recevoir

RE**CES**SION, recul, retraite, récession

RECOGNIZE, reconnaître

RECORD, registre, inscription, archives, disque, record

RE**CO**VER, reprendre, recouvrer, se remettre

RED, rouge

RE**DU**CE, réduire, diminuer

REFU**GEE**, réfugié

REFUSE, rebut, ordure, refuser

REG**RET**, regret, regretter

RE**JECT**, rejeter, rebus

RE**LA**TION, relation, rapport

REL**EA**SE, relâcher, décharger, libérer, élargissement, décharge

RE**LI**GION, religion

REM**AI**N, rester, demeurer

RE**MEM**BER, se souvenir, se rappeler

REM**OVE**, éloigner, enlever, déplacer

RE**PAIR**, réparer, raccommoder, réparation

REP**EAT**, répéter

REP**OR**T, rapport, compte rendu, rendre compte

REPRESENT, représenter

RE**QUES**T, demander, demande

REQ**UI**RE, exiger, requérir, réclamer

RESCUE, sauvetage, délivrance, secourir, sauver, délivrer

RE**SEAR**CH, recherche

RE**SI**GN, démissionner, se résigner

RE**SIST**, résister

RESO**LU**TION, résolution, détermination

RE**SOUR**CE, ressource

RES**PECT**, respect, respecter, en relation avec

RES**PON**SIBLE, responsable

REST, rester, repos, appui, reposer, se reposer

RESTR**AI**N, retenir, contenir, détenir, contenu, mesuré

RE**SULT**, résultat, résulter

RE**TIR**E, se retirer, se démettre, partir en retraite

RE**TUR**N, retourner, revenir, répliquer, rendre, rembourser, résultat, profit, retour

REV**OL**T, révolte, se révolter

REW**ARD**, récompense, récompenser

RICE, riz

RICH, riche

RIDE, monter (cheval, vélo), promenade, course

RIGHT, droit, direct, exact, correct

RIOT, émeute, tumulte, agitation, bagarrer, troubler

RISE, se lever, monter, augmenter, montée, hausse, crue

RISK, risque, risquer

RIVER, fleuve, rivière

ROAD, route, chemin, chaussée

ROB, voler

ROCK, rocher, balancer, osciller, balancement

ROCKET, fusée

ROLL, rouler, roulement, roulis, rouleau, petit pain

ROOF, toit, couvrir

ROOM, chambre, salle, pièce, espace

ROOT, racine, enraciner

ROPE, corde, cordage, lier avec une corde

ROUGH, rude, âpre, grossier, approximatif

ROUND, rond, arrondir

RUBBER, caoutchouc

RUIN, ruine, ruiner

RULE, règle, pouvoir, empire, gouverner, dominer

RUN, courir, se sauver, course

S

SABOTAGE, sabotage, saboter

SACRIFICE, sacrifice, sacrifier

SAD, triste

SAFE, sauf, sûr, coffre-fort

SAIL, voile, naviguer, faire voile

SALT, sel, saler

SAME, même, même chose

SAND, sable, sabler, polir à l'abrasif

SATELLITE, satellite

SATISFY, satisfaire

SAVE, sauver, épargner, économiser, éviter, sauf

SAY, dire, énonciation, dit

SCALE, échelle, balancer, écaille, escalader, écailler

SCHOOL, école, enseigner, instruire

SCIENCE, science

SEA, mer

SEARCH, chercher, fouiller, recherche, visite

SEASON, saison, assaisonner

SEAT, siège, place, emplacement, asseoir, placer

SECOND, second, deuxième, adjoint, seconder, appuyer

SECRET, secret

SE**CU**RITY, sécurité, sûreté, caution, garantie, valeur boursière

SEE, voir

SEEK, chercher

SEEM, sembler

SEIZE, saisir, amarrer

SELDOM, rarement

SELF, moi, même

SELL, vendre

SENATE, sénat

SEND, envoyer

SENSE, sens, opinion, sentiment, sentir, pressentir

SENTENCE, phrase, sentence, jugement, opinion, condamner, juger

SEPARATE, séparer, détacher, désunir, séparé, détaché

SERIES, série

SERIOUS, sérieux

SERVE, servir

SET, placer, planter, assortiment, collection

SETTLE, établir, régler, décider, résoudre

SEVEN, sept

SEVERAL, plusieurs

SE**VE**RE, sévère, violent

SEX, sexe

SHADE, ombre, trace, nuance, abat-jour, volet, ombrager

SHAKE, secouer, remuer, trembler, secousse

SHALL, auxiliaire formant le futur

SHAME, honte, déshonorer

SHAPE, forme, former

SHARE, part, action de société, partager

SHARP, aigu, tranchant, pointu

SHE, elle

SHELF, rayon, étagère

SHELL, coquille, écaille, obus, bombarder

SHELTER, abri, abriter, s'abriter

SHINE, briller, faire briller, brillant, éclat

SHIP, navire, vaisseau, bateau, expédier

SHIRT, chemise

SHOCK, choc, commotion, choquer

SHOE, chaussure, soulier, fer à cheval, chausser, ferrer

SHOOT, tirer, coup

SHORT, court, insuffisant, caleçon, brusquement

SHOULD, auxiliaire formant le conditionnel

SHOUT, cri, crier

SHOW, montrer, se montrer, spectacle, représentation

SHRINK, se contracter, rétrécir

SHUT, fermer

SICK, malade

SIDE, côté, flanc, bord

SIGN, signe, panneau, enseigne, signer

SIGNAL, signal, signaler, faire signe

SILENCE, silence, faire taire

SILK, soie

SILVER, argent

SIMILAR, semblable, similaire

SIMPLE, simple

SINCE, depuis, puisque

SING, chanter

SINGLE, seul, célibataire, séparer, choisir

SISTER, sœur

SIT, s'asseoir, être assis, siéger

SIT**UA**TION, situation

SIX, six

SIZE, taille, pointure, grandeur, format, mesurer

SKELETON, squelette

SKILL, adresse, talent

SKIN, peau, peler, écorcher

SKIRT, jupe

SKY, ciel

SLAVE, esclave, peiner, s'éreinter

SLEEP, dormir, sommeil

SLIDE, glisser, glissade, glissement

SLIP, glisser, échapper, erreur

SLOW, lent, en retard, ralentir

SMALL, petit

SMASH, fracas, fracasser

SMELL, odeur, sentir

SMILE, sourire

SMOKE, fumée, fumer

SMOOTH, uni, lisse, doux, aplanir, lisser

SNAKE, serpent

SNEEZE, éternuer, éternuement

SNOW, neige, neiger

SO, donc, aussi, tant

SOAP, savon, savonner

SOCIAL, social

SO**CIE**TY, société

SOFT, doux, mou, tendre, faible, doucement

SOIL, sol, saleté, souiller, salir

SOLDIER, soldat

SOLID, solide, massif

SOLVE, résoudre, dissoudre

SOME, quelques

SON, fils

SOON, bientôt

SORT, genre, sorte, trier, assortir

SOUL, âme

SOUND, sain, sensé, solide, profond, son, bruit, sonner, sembler

SOUTH, sud

SPACE, espace, espacer

SPEAK, parler

SPECIAL, spécial, particulier

SPEECH, parole, discours

SPEED, vitesse, hâter

SPEND, dépenser

SPIRIT, esprit, spiritueux, ardeur, humeur, subtiliser

SPORT, jeu, sport

SPREAD, étendre, répandre, étaler, étendue

SPRING, bondir, jaillir, source, ressort, printemps

SPY, espion, espionner, épier

SQUARE, carré, équerre, cadrer

STAND, se tenir debout, rester, stationner, estrade, stand

STAR, étoile, étoiler

START, commencer, tressaillir, commencement, début, départ

STARVE, avoir faim, affamer

STATION, station, gare, poste, placer

STATUE, statue

STAY, rester, étayer, séjour, étai

STEAL, voler

STEAM, vapeur, évaporer

STEEL, acier

STEP, pas, marche, degré, faire un pas

STICK, bâton, baguette, canne, coller, piquer

STILL, silencieux, tranquille, immobile, calmer, encore, toujours, alambic

STOMACH, estomac, digérer

STONE, pierre, noyau, lapider, empierrer

STOP, arrêt, empêcher, arrêter

STORE, magasin, entrepôt, dépôt, pourvoir, accumuler, emmagasiner

STORM, tempête, orage, assaut, prendre d'assaut

STORY, histoire, reportage, étage

STRAIGHT, droit, rectiligne, juste, honnête, directement, franchement, immédiatement

STRANGE, étrange, bizarre, singulier

STREET, rue

STRETCH, étendue, tension, étendre, tendre

STRIKE, frapper, saisir, grève

STRONG, fort, solide

ST**RUC**TURE, structure, bâtiment

STRUGGLE, lutte, lutter

STUDY, étude, soin, étudier

STUPID, stupide

SUBJECT, sujet, question, assujettir, assujetti

SUBSTANCE, substance, solidité

SUBSTITUTE, substitut, substituer

SUCCEED, succéder, réussir

SUCH, tel, pareil, semblable

SUDDEN, soudain

SUFFER, souffrir, subir, permettre

SUGAR, sucre

SUGGEST, suggérer

SUMMER, été

SUN, soleil, exposer au soleil

SUPERVISE, contrôler, surveiller

SUPPLY, fourniture, provision, pourvoir, munir, fournir, approvisionner

SUPPORT, soutenir, appuyer, maintenir, tolérer, soutien

SUPPOSE, supposer

SUPPRESS, réprimer, supprimer, étouffer, refoulé, contenu

SURE, sûr, certain

SURFACE, surface, polir, apprêter

SUR**PRI**SE, surprise, surprendre, étonner

SUR**REN**DER, reddition, abandon, rendre, se rendre, céder

SURR**OUN**D, environner, entourer, entourage, environs

SUR**VI**VE, survivre

SUS**PEC**T, soupçonner, suspect

SUS**PEN**D, suspendre, interrompu

SWALLOW, avaler, engloutir, gosier, hirondelle

SWEAR, jurer, prêter serment

SWEET, doux, suave, chéri

SWIM, nager, nage, bain

SYMPATHY, compassion, sympathie, solidarité

SYSTEM, système, réseau, méthode

T

TABLE, table

TAIL, queue, suivre de près, filer

TAKE, prendre, saisir, prise

TALK, parler, bavarder, conversation, discours, bavardage

TALL, grand, haut

TARGET, cible, but, objectif, viser

TASTE, goût, penchant, prédilection, goûter, déguster, sentir

TAX, impôt, taxe, imposer, taxer

TEA, thé

TEACH, enseigner

TEAM, équipe, atteler, faire équipe

TEAR, déchirer, arracher, déchirure

TECHNICAL, technique

TECH**NO**LOGY, technologie

TELEPHONE, téléphone, téléphoner

TELEVISION, télévision

TELL, dire, parler, récit, narration

TEN, dix

TERM, terme, trimestre, appeler, nommer

TERRIBLE, terrible

TERRITORY, territoire

TERROR, terreur

TEST, essai, épreuve, éprouver

THAN, que (comparatif)

THANK, merci, remerciement, remercier

THAT, que

THE, le, la, les

TH**E**ATER, théâtre

THEIR, leur

THEIRS, le leur, la leur, les leurs

THEM, eux

THEN, alors, puis, donc, dans ce cas, d'ailleurs, contemporain

THEORY, théorie

THERE, là

THESE, ces, ceux-ci, celles-ci

THEY, ils, elles

THICK, épais

THIN, mince, clairsemé, diluer, amincir

THING, chose, objet, affaire

THINK, penser, croire, imaginer, trouver

THIRD, troisième

THIRTEEN, treize

THIRTY, trente

THIS, ce, cet, cette, ceci

THOUGH, bien que, quoique

THOUGHT, pensée, opinion

TH**OU**SAND, mille, millier

THREATEN, menacer, intimider

THREE, trois

THROUGH, à travers, par, jusqu'à

THROW, jeter, lancer, renverser, jet

TIE, cravate, nœud, attacher, nouer, lier

TIGHT, serré, étroit, ajusté, bien clos

TIME, temps, moment, heure, fois, chronométrer

TIN, étain, boîte, fer blanc, étamer

TIRED, fatigué, las

TO, à travers, pour

TODAY, aujourd'hui, du jour

TO**GE**THER, ensemble

TO**MO**RROW, demain, lendemain

TONGUE, langue, idiome

TONIGHT, cette nuit, ce soir

TOO, aussi, également, trop

TOOL, outil

TOOTH, dent

TOP, sommet, faîte, couvercle, couronner, dominer

TORTURE, torture, torturer

TOTAL, total, totaliser

TOUCH, toucher, touche

TOWARD, vers, en direction de

TOWN, ville

TRADE, commerce, métier, emploi, commercer, trafiquer

TRA**DI**TION, tradition

TRAFFIC, circulation, trafic

TRAIN, train, suite, éduquer, entraîner, dresser

T**RAN**SPORT, transport, transporter, déplacer, déporter

T**RA**VEL, voyage, voyager

T**REA**SON, trahison

T**REA**SURE, trésor, thésauriser, priser

TREAT, traiter, régal

T**REA**TMENT, traitement

T**REA**TY, traité

TREE, arbre

TRIAL, épreuve, essai, jugement

TRIBE, tribu

TRICK, ruse, supercherie, tour, truc, duper, mystifier, attraper

TRIP, voyage, excursion, faux pas, trébucher

TROOP, troupe, s'attrouper

T**ROU**BLE, ennui, problème, trouble, chagrin, préoccuper, s'inquiéter

TRUCK, camion

TRUE, vrai, exact, fidèle, droit

TRUST, avoir confiance, confier, confiance, charge, trust

TRY, essayer, tenter, tentative, essai

TUBE, tube, tuyau, canal, conduit, métro

TURN, tourner, retourner, changer, devenir, changement, virage, tournant

TWELVE, douze

T**WEN**TY, vingt

TWICE, deux fois, à deux reprises

TWO, deux

U

UNDER, sous, au-dessous

UNDERS**TAN**D, comprendre

U**NI**TE, unir

UNIVERSE, univers

UNI**VER**SITY, université

UN**LESS**, à moins que

UN**TIL**, jusqu'à ce que

UP, en haut

URGE, pousser, exhorter, encourager, impulsion, poussée

URGENT, urgent

US, nous

USE, emploi, usage, utilité, coutume, utiliser

USUAL, usuel, habituel, ordinaire

V

VALLEY, vallée, vallon

VALUE, valeur, estimer

VEGETABLE, légume

VEHICLE, véhicule

VERSION, version, traduction

VERY, très, vrai, véritable

VETO, veto, opposer son veto

VICIOUS, vicieux

VICTIM, victime

VICTORY, victoire

VILLAGE, village

VIOLATE, violer, profaner, enfreindre

VIOLENCE, violence

VISIT, visiter, visite

VOICE, voix, exprimer

VOTE, vote, voix, voter

W

WAGE, salaire, rémunération

WAIT, attendre, attente

WALK, marcher, aller, promenade, marche

WALL, mur, muraille

WANT, vouloir, manquer, besoin, manque

WAR, guerre, faire la guerre

WARM, chaud, chaleureux, chauffer

WARN, avertir, prévenir, avis, préavis

WASH, laver, baigner, lessive

WASTE, perte, gaspillage, dégât, rebut, gaspiller, gâcher

WATCH, montre, garde, quart, veiller

WATER, eau, arroser

WAVE, vague, ondulation, agiter, onduler

WAY, chemin, direction, manière

WE, nous

WEAK, faible

WEALTH, richesse, fortune

WEAPON, arme

WEAR, porter, user, usage, usure

WEATHER, temps, résister

WEEK, semaine

WEIGHT, poids

WELCOME, bienvenue, accueillir

WELL, bien, heureux, utile, puits, fontaine, source

WEST, ouest

WET, humide, mouillé, pluvieux, humecter

WHAT, quoi, ce qui, ce que, qu'est-ce que

WHEAT, froment, blé

WHEEL, roue, rouler, tourner

WHEN, quand ?, quand, lorsque

WHERE, où, là où

WHICH, qui, lequel, laquelle, lesquels, lesquelles, quel

WHILE, pendant que, temps, moment

WHITE, blanc

WHO, qui

WHOLE, entier, en totalité, tout, totalité

WHY, pourquoi, parce que

WIDE, large, vaste, largement

WIFE, épouse, femme, conjointe

WILD, sauvage, désert, insensé, bizarre

WILL, vouloir, volonté, auxiliaire du futur

WIN, gagner, conquérir, victoire, gain

WIND, vent, souffle, tourner, enrouler, remonter

WINDOW, fenêtre

WINE, vin

WING, aile, voler

WINTER, hiver, hiverner

WIRE, fil métallique, dépêche, télégraphier

WISE, sage, réfléchi

WISH, souhait, vœu, désir, souhaiter

WITH, avec

WITHDRAW, retirer, se retirer

WITH**OU**T, sans, en dehors de

WOMAN, femme

<u>WON</u>DER, étonnement, admiration, merveille, se demander, s'étonner

<u>WON</u>DERFUL, merveilleux

WOOD, bois

WOOL, laine, de laine

WORD, mot, parole, exprimer

WORK, travail, travailler, exploiter, actionner, manœuvrer

WORLD, monde

<u>WO</u>RRY, ennui, souci, tracas, tourmenter, tracasser, inquiéter

WORSE, pire, plus mal

WORTH, valeur, valant

WOUND, blesser, blessure

WRECK, épave, naufrage, ruine, faire naufrage, détruire

WRITE, écrire

WRONG, faux, mauvais, faire du tort, erroné

Y-Z

YEAR, année

<u>YE</u>LLOW, jaune, jaunir

YES, oui

<u>YES</u>TERDAY, hier

YET, cependant, encore

YOU, vous

YOUNG, jeune

YOUR, votre, ta, ton, tien, tienne

YOURS, le vôtre, la vôtre, les vôtres, le tien, la tienne

ZERO, zéro

Composé par Nathalie Bernick
Achevé d'imprimer : Jouve, Paris

N° d'éditeur : 2957
N° d'imprimeur : 353319S
Dépôt légal : Juillet 2004
Imprimé en France